玉神

MYTHOLOGICAL JADE
of SHIJIAHE CULTURE
SPECIAL EXHIBITION

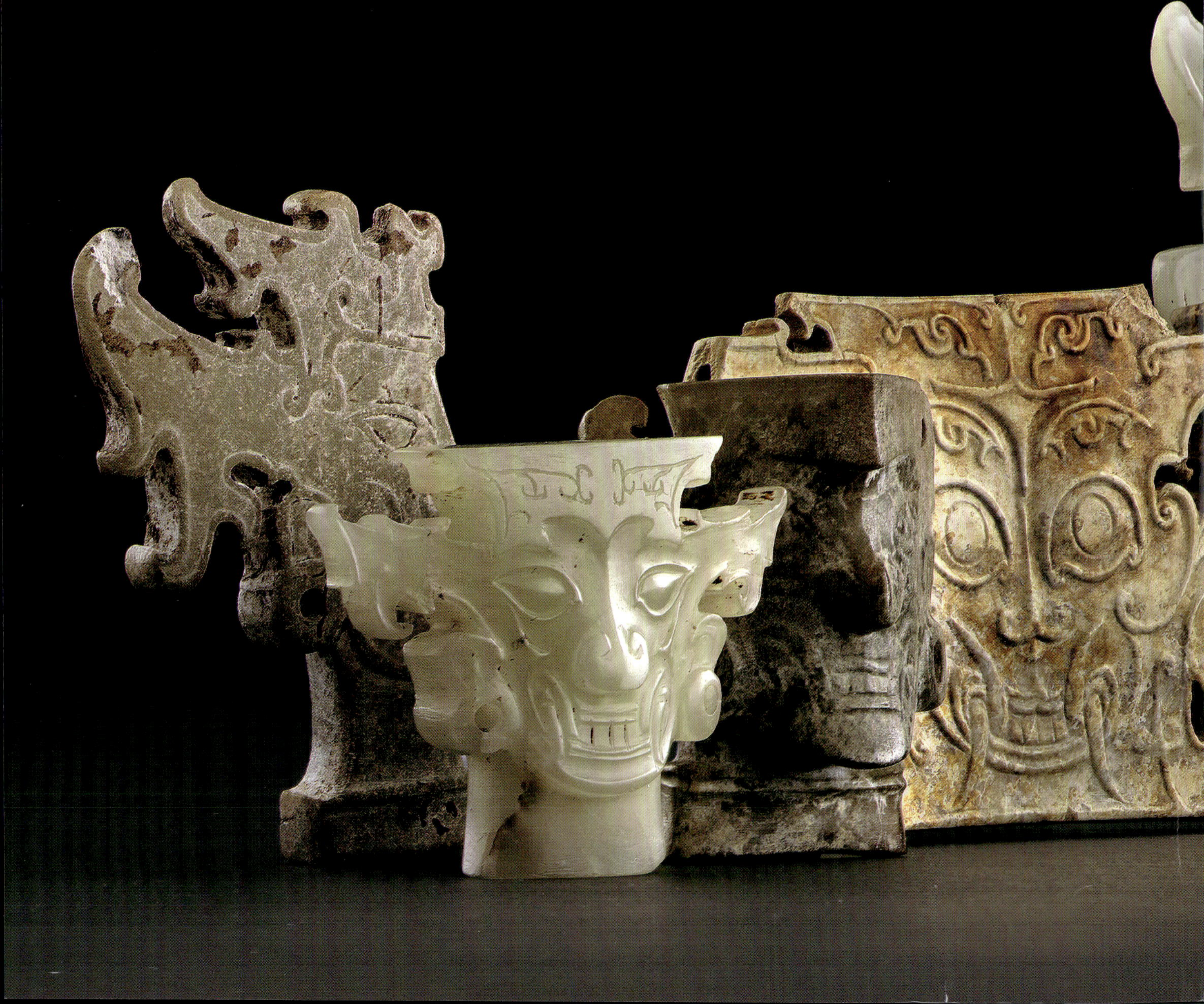

玉神

石家河玉文化 特展

盘龙城遗址博物院 编

科学出版社

北 京

图书在版编目（CIP）数据

玉神：石家河玉文化特展 / 盘龙城遗址博物院编.
北京：科学出版社，2024.9. -- ISBN 978-7-03
-078931-0

Ⅰ.K876.84
中国国家版本馆CIP数据核字第2024QN8096号

责任编辑：郑佐一 / 责任校对：张亚丹
责任印制：张　伟 / 书籍设计：李猛工作室

科学出版社 出版
北京东黄城根北街16号
邮政编码：100717
http://www.sciencep.com

北京汇瑞嘉合文化发展有限公司印刷

科学出版社发行　各地新华书店经销
*
2024年9月第　一　版　开本：889×1194　1/16
2025年2月第二次印刷　印张：20 3/4　　插页：2
字数：538 000

定价：318.00元
（如有印装质量问题，我社负责调换）

图录编辑委员会

展览筹备组

总策划 万 琳

统筹管理 张艺军 蒋卫锋

执行策展人 程酩茜

内容撰稿 程酩茜 李 琪 沈美辰

形式设计 黄碧媛 黄 佳 李 琪 程酩茜 沈美辰

项目协调 廖 航 王 颖 李一帆

文物管理 付海龙 郭 剑 吕宁晨 王 忍

展览数字化 廖 航

宣传策划 宋若虹 汪 筠 贺潇华 杨紫瑄 黄 景 黄昌艳

社会教育 宋若虹 杨紫瑄 贺潇华 郝雨涵 殷晓梦 胡嫄嫄 黄 景
　　　　　龚 媛 邱宸荟

文创策划 宋若虹 杨紫瑄 李 琪 程酩茜

安全保卫 赵 东 杨志威

展览辅助 李 巍 王 智 杨蕊荣 罗素璇 李 曙 王岸英 余 甜

指导单位

湖北省文物事业发展中心　武汉市文化和旅游局

主办单位

盘龙城遗址博物院

协办单位

湖北省博物馆　天门市博物馆　荆州博物馆　湖南省文物考古研究院
湖北省文物考古研究院

参展单位

中国国家博物馆　天津博物馆　山西博物院　山西省考古研究院
浙江省文物考古研究所　良渚博物院（良渚研究院）　安徽省文物考古研究所
含山博物馆　江西省博物馆　山东博物馆　山东大学博物馆　河南博物院
成都金沙遗址博物馆　四川广汉三星堆博物馆　陕西历史博物馆
陕西省考古研究院（陕西考古博物馆）

特别鸣谢

湖北大学历史文化学院　武汉大学长江文明考古研究院　四川省文物考古研究院

扫码看展览

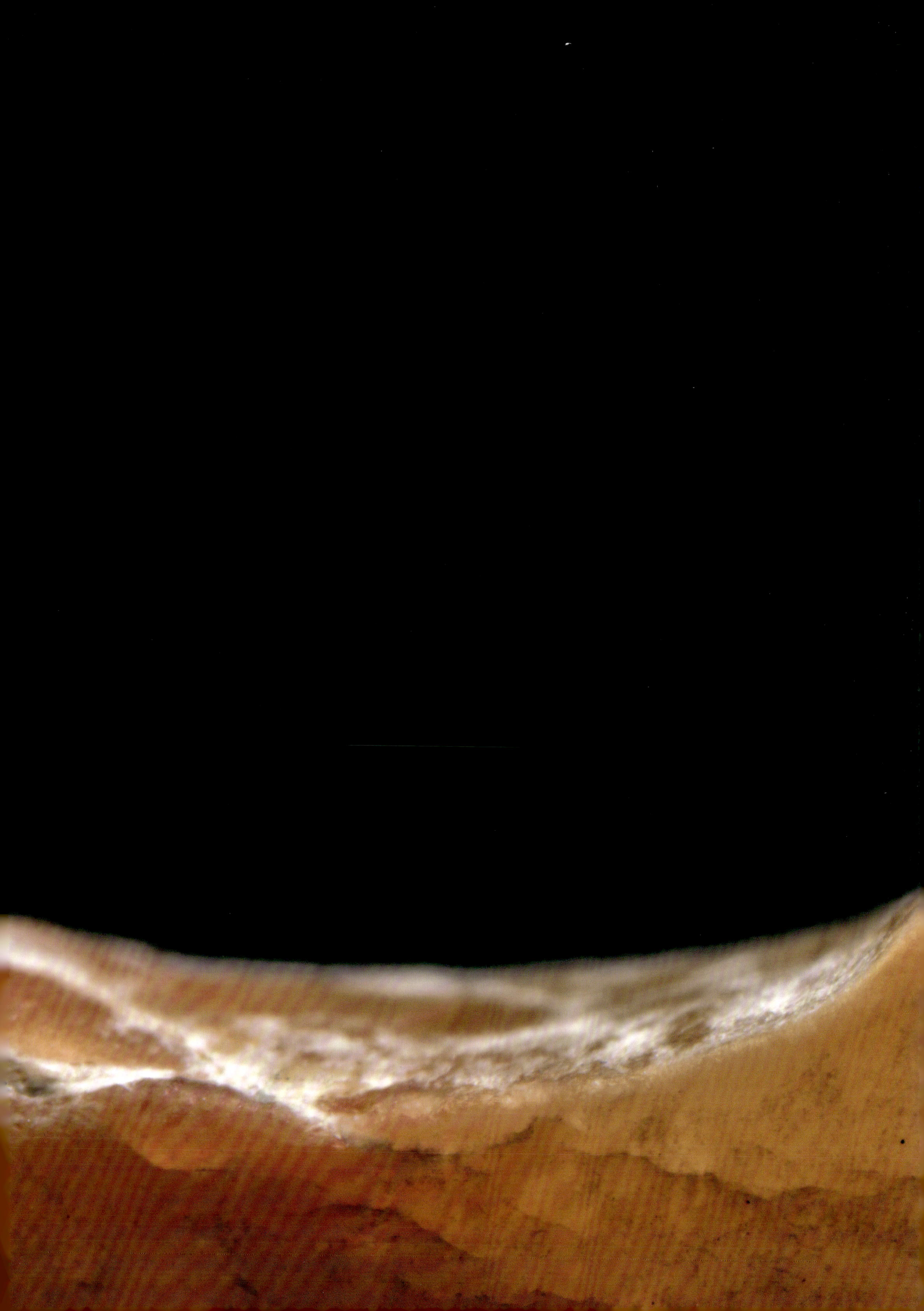

凡　例

本书为盘龙城遗址博物院"玉神——石家河玉文化特展"展览图录，依照展览展线顺序，先按照单元编排参展文物摄影、线图及文物发掘与尺寸信息，辅以石家河玉文化的象征意义与工艺手法等解说。为弥补部分代表性文物未能展出的遗憾，图录将如妇好玉凤、金沙太阳神鸟金饰、三星堆高冠铜人头像等补辑其中，以供学术研究之便。

后石家河文化玉器以其细致精巧闻名，玉器多体积小、雕刻艺术风格奇幻，是中国古代玉文化中极其特殊的一支。本书器物线图以无比例尺的原大形式呈现，文物摄影以放大形式呈现，以形成对比，希望读者借此得以直观感受石家河古玉的奇特魅力。

"玉神——石家河玉文化特展"为纪念石家河遗址发现 70 周年所作，展览联合全国 12 个省、直辖市的 22 家文博机构共同举办，汇聚了 174 件（套）参展文物。为更好呈现石家河玉文化的独特风格、琳琅色彩与跨地域的强大风格影响，本书特设置"神玉赏珍"章节，使用突出表现的文物摄影凸显石家河古玉的形态之美、工艺之精、玉色之韵。同时，首次大规模地为不同区域的石家河古玉拍摄合影，以此纪念后石家河文化玉器的此次"团圆"。

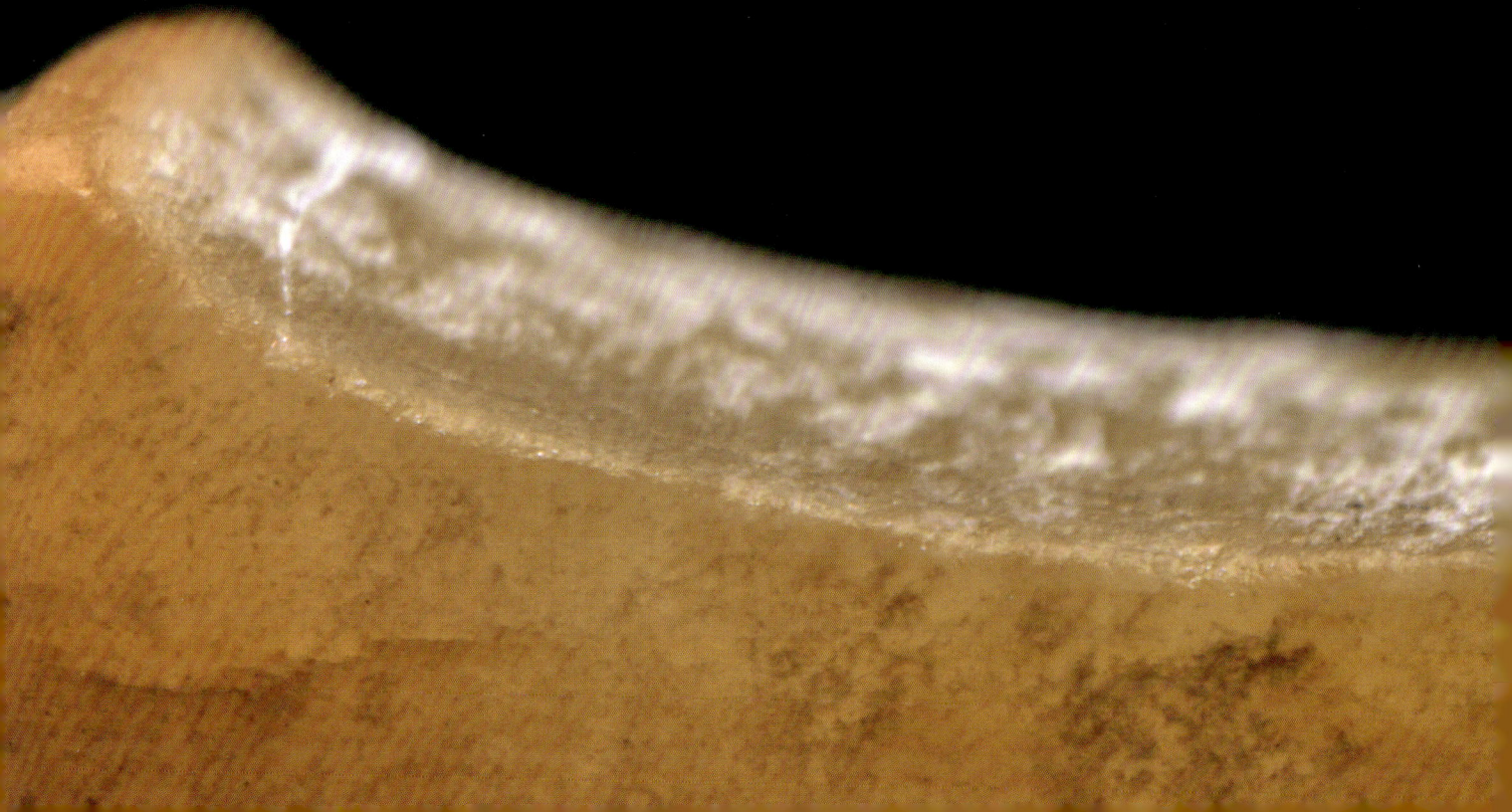

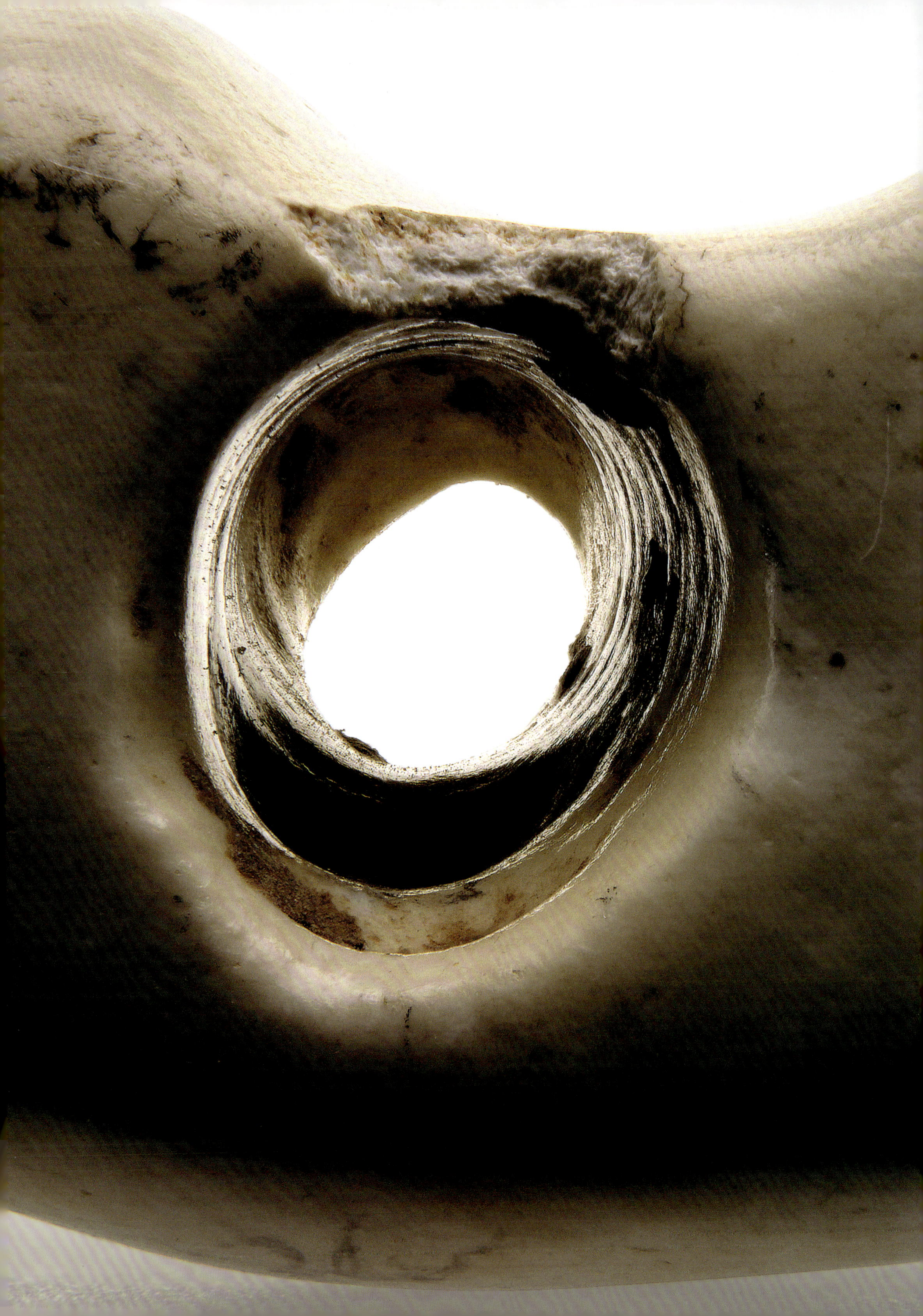

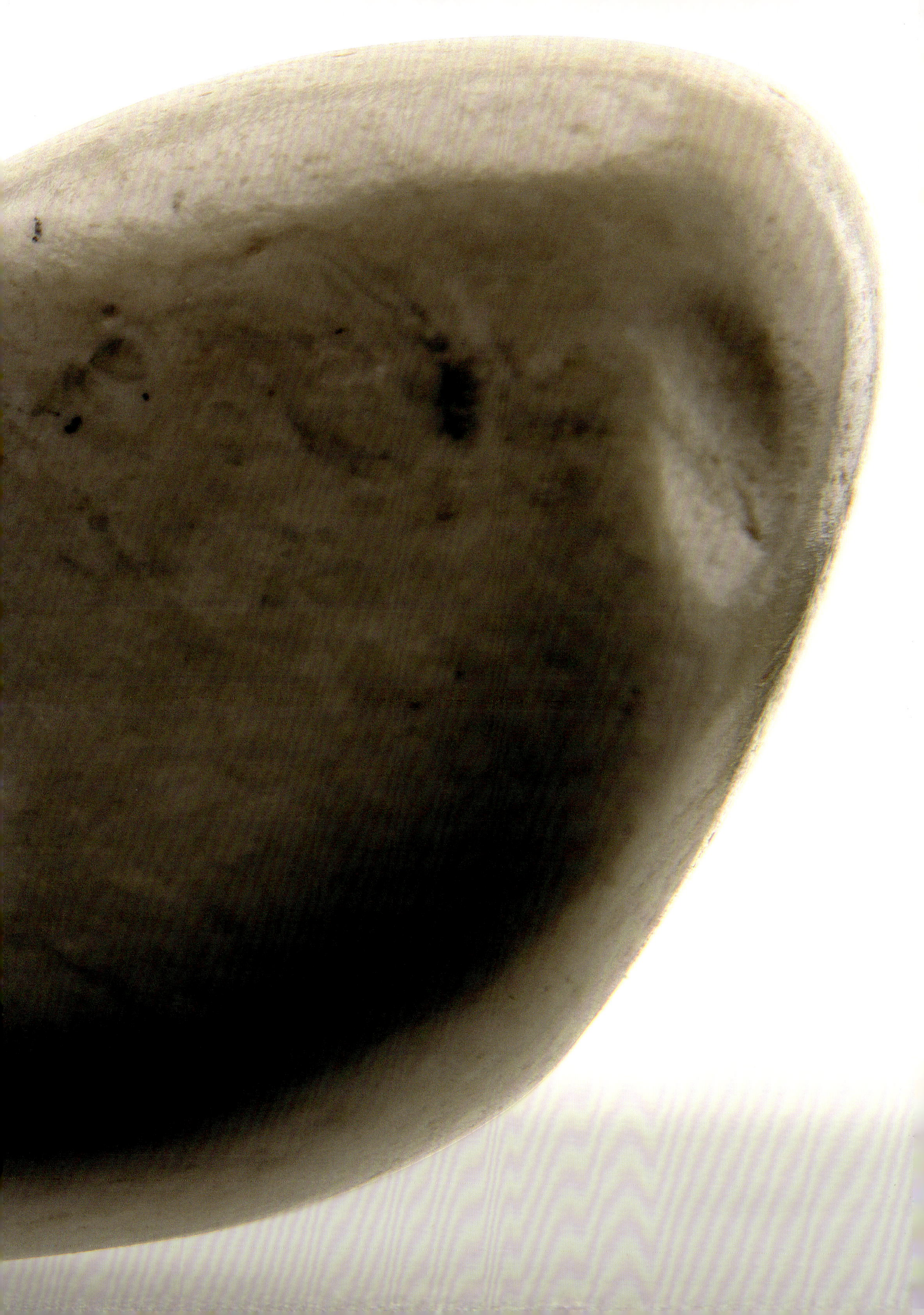

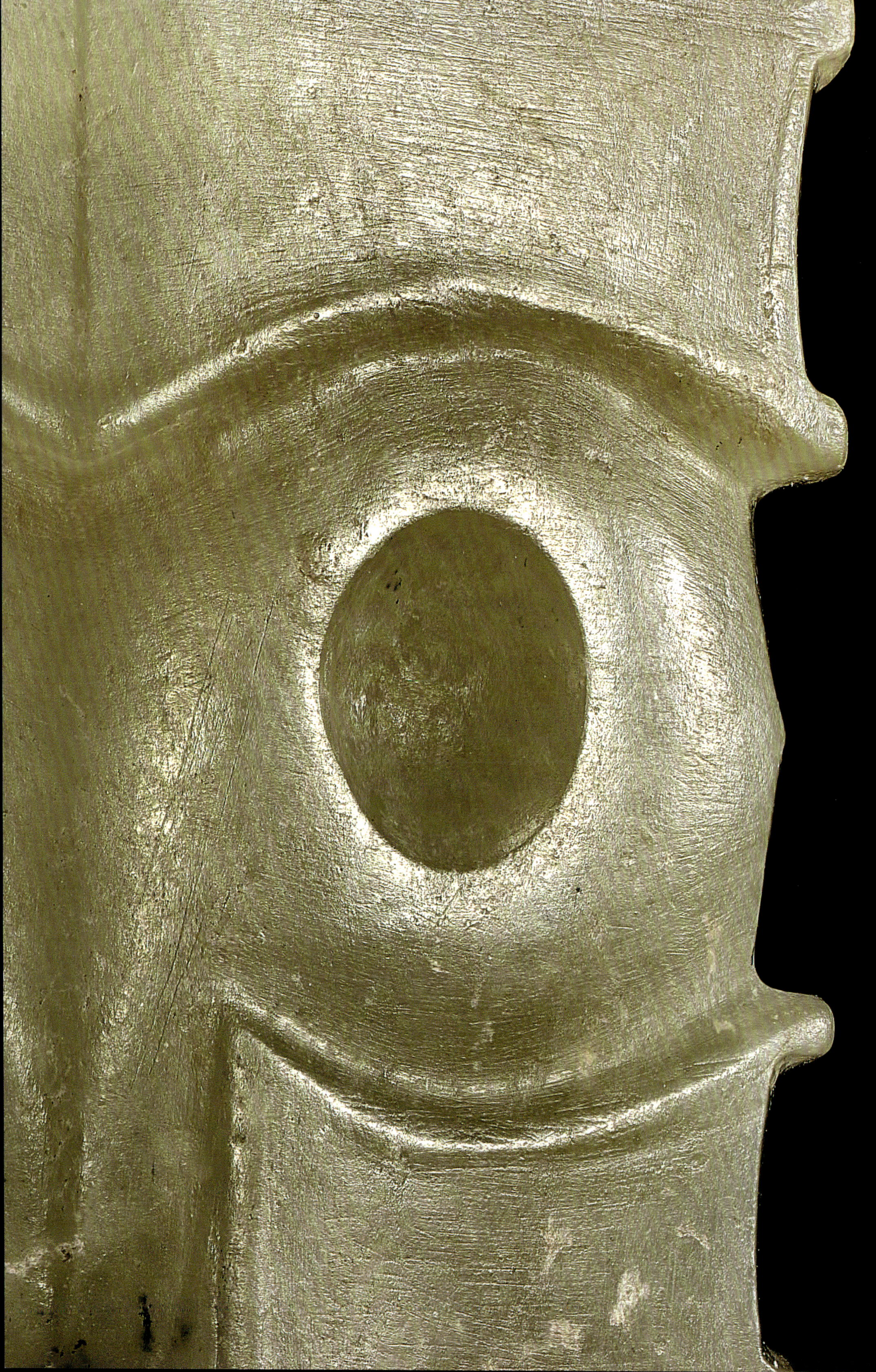

序　一

　　位于湖北省天门市石家河镇北郊的石家河遗址自 1954 年发现、考古工作者在此开始发掘,迄今已有 70 载。通过几代考古工作者不懈的努力,获得了大量考古资料。现有的发现表明,石家河遗址是长江中游规模最大、时间跨度最长、等级最高、附属聚落最多的史前时期都邑性聚落,石家河古城也是该区域同时期规模最大的城址,曾经引领长江中游地区的文明进程。

　　石家河遗址存续时期,长江中游地区以其为中心,存在规模不等的聚落,中心聚落石家河进一步整合文化与资源,使长江中游成为中华文明起源的重要区域,石家河遗址更是在中华文明的发展进程中占有着举足轻重的地位,在同周边其他区域文明的交流互鉴中不断焕发新的生命力,是中华文明从多元起源到一体化伟大进程的深度参与和积极贡献者,构成了早期中华文化圈的重要组成部分。

　　石家河玉文化正是石家河遗址最晚阶段最伟大的贡献,它所蕴含的精神信仰可以追溯至长江中游距今 7000 年的高庙文化,它所运用的琢玉工艺则受长江下游的凌家滩文化和良渚文化影响,它传承、串联起各区域文化的精髓,又向前推进和发展,石家河玉器工艺之高超在很大程度上改写了对中国古代玉文化包括玉器制作、使用乃至玉礼器的认识。

　　集中发现于江汉平原、澧阳平原的后石家河文化玉器,类型丰富、数量众多,其中尤以神人、凤、鹰、龙、虎、蝉等造型的玉器别具一格;减地起阳、圆雕、透雕等技术工艺,则堪称史前东亚琢玉技术发展的巅峰。自 1955 年石家河罗家柏岭地点出土玉器以来,肖家屋脊、谭家岭、孙家岗、七星墩……一次次发现震惊世人,不断地给研究者带来惊喜。盘龙城遗址博物院在石家河遗址发现 70 周年之际,策划"玉神——石家河玉文化特展",让观众也能在展览中领略石家河玉文化的独特魅力,感受史前先民丰富的精神世界。

　　展览展出来自全国 22 家文博机构的文物精品共计 174 件(套),来自石家河、孙家岗、凌家滩、良渚、陶寺、石峁、两城镇、三星堆等全国重要遗址。更难能可贵的是,湖北著名的文化符号、"中华第一凤"——玉团凤,也在中国国家博物馆的大力支持下,回到她的故土江汉平原省亲,圆了湖北人民的团圆之梦。展览尽可能发动全国文博力量,让历年出土的石家河玉器史无前例地汇聚一堂,这是广大观众的喜事,也是文博事业的幸事。我很庆幸,能够看到当代青年文博从业者,为了理想去花心思、勤打磨、勇拼搏的工作状态，这才有了此次展览的完美落地。

　　石家河遗址凭借其地理位置，与黄河流域、长江上游和下游频繁互动，对中原夏商文明乃至古蜀青铜文明都产生了重要影响。"玉神"展也注意到这一点，并未囿于玉器的简单陈列和介绍，而是将石家河玉文化置于宏观的时空背景下，展出陶器、青铜器、玉器不同材质的文物，组合比较展示，探讨石家河与各考古学文化的关系，为观众呈现了一幅中华文明多元一体格局形成的历史图景。展览给予观众不同以往的观察视角，引导观众或专家学者去思考和讨论，或许能够为解开长江中游地区文明进程的众多未解之谜带来启发和研究热潮，这也是这个展览的创新与贡献。

　　石家河玉器小巧精致，若非在专业设备下仔细观察，恐怕难以观赏全貌。因此，盘龙城遗址博物院邀请了专业文物摄影师，利用专业设备，为展出文物拍摄多角度的高清照片，汇总成此本展览图录，让石家河玉器首次以"真貌"集中呈现在大众眼中，也为研究者留下了宝贵的图像资料，这一点也是值得称道的。相信在未来，盘龙城遗址博物院还将继续策划一系列兼具学术性与观赏性的原创大展，为社会大众奉上更多文化大餐，用展览照鉴古今，让中华文明起源、形成、发展的历程更好地展现在世人和世界面前。

中国社会科学院

2024 年 3 月 15 日

序　二

　　去年 11 月 7 日，盘龙城遗址博物院万琳院长邀我参加石家河玉文化展展览大纲的评审会，我内心实际上存有不少疑虑，主要担心的是如何呈现器小类多但组合不明的石家河玉文化，以及能否有效集中分散于各地的相关文物。然而，仅仅经过 2 个多月的时光，2024 年 2 月 1 日，"玉神——石家河玉文化特展"在盘龙城遗址博物院隆重开展了，看到来自全国 22 家文博机构的 174 件（套）文物精品所展示的石家河玉文化深深吸引着观众目光，我想我的担心显然是多余的。

　　石家河遗址首次发现于 1954 年，位于湖北省天门市石家河镇，地处大洪山南麓、江汉平原北部的山前地带，其主体年代跨度距今 5900 ～ 3800 年，是长江中游地区已知分布面积最大、保存最完整、延续时间最长、等级最高的史前都邑性聚落群，也是五千年中华文明史的重要实证地。

　　大约距今 4200 年之后，石家河遗址发展至后石家河文化阶段，原有的城址废弃，大量源自黄河流域的文化因素出现，石家河遗址呈现新的文化繁荣景观，其中的玉文化尤其引人注目。最早于 1955 年在石家河遗址东南部的罗家柏岭即发掘出土一批玉器，但直到 1987 ～ 1992 年，随着石家河遗址东南部的肖家屋脊发掘出明确随葬于瓮棺中的玉器，其年代才得以确认，从而奠定了石家河遗址玉器研究的重要基础。2015 年在石家河遗址核心区的谭家岭新发现一批玉器，其新颖的造型、精湛的工艺轰动学术界，极大地丰富了石家河遗址玉器研究的内涵，成为石家河遗址荣获"2016 年度全国十大考古新发现"的点睛之笔。同时，在石家河遗址西北部的严家山出土的随葬于瓮棺中的玉残料进一步加深了对于石家河玉文化的理解。

　　石家河遗址出土的玉器多属于后石家河文化晚期，往往散见于瓮棺葬具底部，无明显的组合排列关系，难以准确判断其具体功能和组合方式。这些玉器形体较小，多属透闪石软玉，以人物形象、及虎、鹰、蝉、鸟等动物题材最负盛名，其制作精巧，双面减地阳刻与掏膛工艺代表了史前中国乃至东亚地区玉器加工工艺的最高水平，显示出不同于中国其他传统玉文化区的玉文化特征，蕴含着特殊的精神信仰与思想表达。

　　与石家河玉文化特征相似的玉器在长江中游地区的湖北钟祥六合、荆州枣林岗、湖南澧县孙家岗、华容七星墩等遗址也有集中发现，反映出后石家河文化时期长江中游地区文化发展的共性。而黄河中下游地区的陕西石峁、山西陶寺、河南瓦店、山东西朱封等遗址陆续发现的类石家河玉器，表明在中华文明一体化进程加速、文化冲突与文化整合加剧的趋势下，石家河玉文化的出现可能存在复杂的背景。

"玉神——石家河玉文化特展"以神秘的玉神人像为主线，不仅对石家河玉器的考古学背景、用途、琢玉工艺等信息进行细致阐释，更是以玉为镜，将石家河玉器置于新石器时代晚期至夏商时期的广阔时空视野下，通过与凌家滩文化、良渚文化、龙山文化、石峁文化、陶寺文化、中原商文化、三星堆文化等等进行横向或纵向比较，为观众展示出一幅中华文明多元一体格局形成发展的浪漫画卷，中华文化交融传承的精神内涵跃然其间。

"玉神——石家河玉文化特展"的展品除遴选自湖北、湖南出土的石家河玉器精华外，还汇聚中国国家博物馆、天津博物馆、山西博物院、山西省考古研究院、浙江省文物考古研究所、良渚博物院（良渚研究院）、安徽省文物考古研究所、含山博物馆、江西省博物馆、山东博物馆、山东大学博物馆、河南博物院、成都金沙遗址博物馆、四川广汉三星堆博物馆、陕西历史博物馆、陕西省考古研究院、盘龙城遗址博物院等单位的相关馆藏珍品，这是首次将石家河玉文化文物"团聚"呈现给观众的文化大餐，策展团队的策展模式与魄力值得点赞。

值此石家河遗址发现 70 周年之际，盘龙城遗址博物院将"玉神——石家河玉文化特展"的大量文物经过重新拍照、整理，汇集成展览图录，不仅多角度、高画质地再现了文物之美，而且许多只能在微观镜头下才能观察到的痕迹与细节可供大众细致品味。可以说，这本图录既是展览的真实记忆，更是研究者和爱好者的珍贵资料，期待在推进石家河玉文化研究中发挥更大的价值。

是为序！

湖北大学

2024 年 3 月 14 日

目录

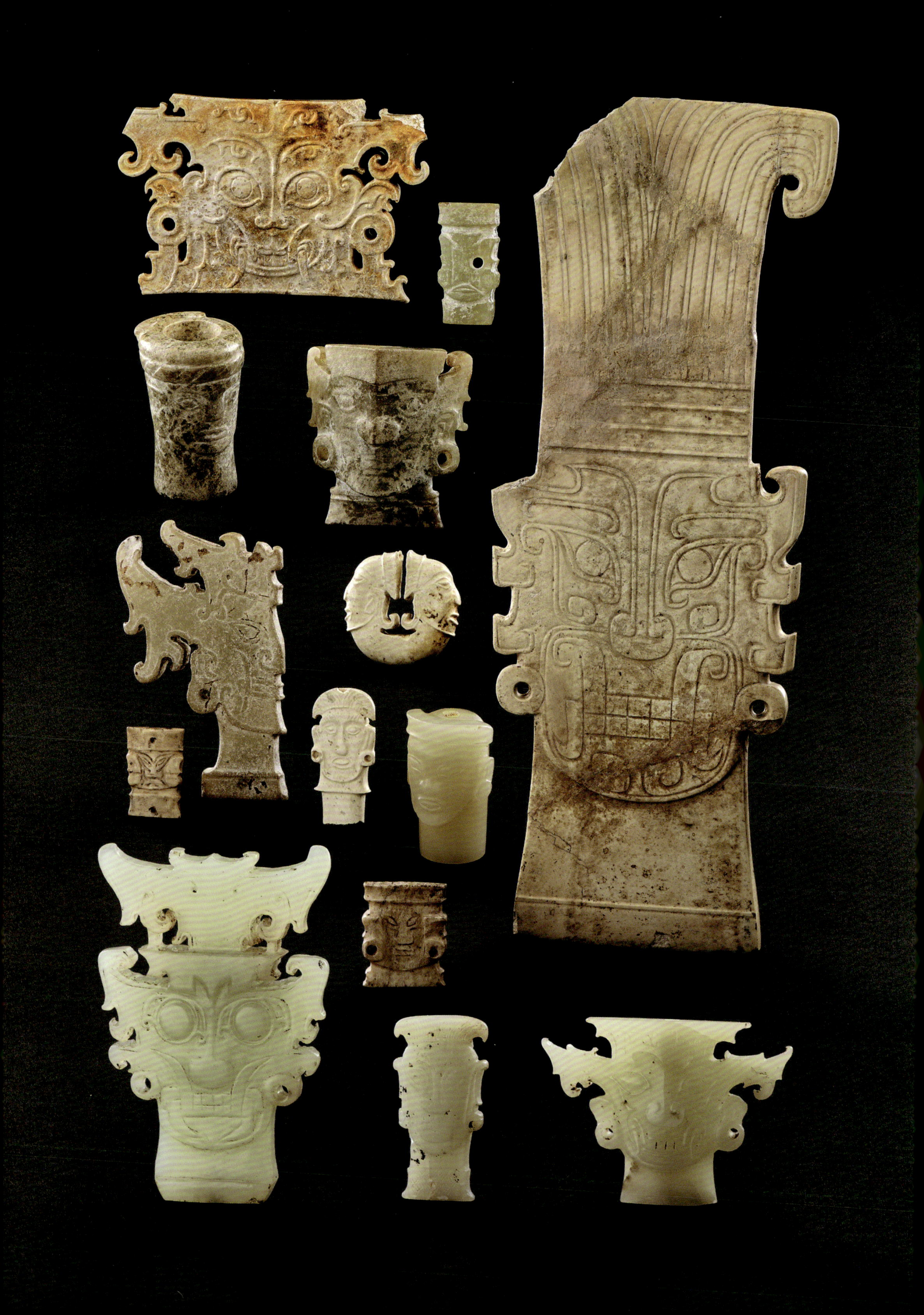

距今 5900 年前，长江中游的江汉平原，水泽密布，沃野千里。勤劳、勇敢、智慧的石家河人，聚居于此，深耕千年，缔造了辉煌灿烂的石家河文化。巍峨的城址，恢宏的祭祀……无不彰显着石家河在长江中游史前文明中的核心地位。在距今 4000 年前后，又一神迹悄然诞生。

神秘的玉人，优雅的玉鸟，灵动的玉虎，象生的玉蝉……造型奇巧，雕琢精致，凝聚着石家河人非凡的创造力，蕴含着他们对祖先神祇的信仰，对自然生灵的崇敬，生动诠释"玉，亦神物也"。石家河玉文化，以其独有的魅力，在中华文明进程的关键时期广泛传播、发展，推动区域社会的交流互鉴，最终汇入中华文明多元一体化的巨流。

适逢石家河遗址发现七十周年之际，走进石家河玉文化，领略沟通天地的圣物，再会文化交流的使者，感受千年传承的信仰。

Resided in the Jianghan Plain in the middle reaches of the Yangtze River, Shijiahe people deeply benefited from the fertile land and sufficient waters 5,900 years ago. The industrious, brave and wise people of Shijiahe gathered, cultivated, and domesticated for thousands of years, contributing to a splendid culture—Shijiahe Culture. The lofty city sites, magnificent rituals ...... all highlight the uniqueness of Shijiahe among other prehistoric civilizations in the middle reaches of the Yangtze River. Around 4,000 years ago, a miracle was quietly born.

The mysterious jade man, elegant jade bird, dynamic jade tiger, and vivid jade cicada ...... are exquisitely shaped and carved, condensing the extraordinary creativity of Shijiahe people, which implied their belief in ancestral gods and reverence for the spirits of nature. The artistic jade culture of Shijiahe vividly interprets the ancient saying "Jade is deity's object." With its unique charm, Shijiahe Jade Culture widely spread and developed during the critical period of the Chinese civilization process, promoting exchanges and mutual understanding among regions. Ultimately, Shijiahe merged into the giant stream of the diversified integration of Chinese civilization.

On the occasion of the 70th anniversary of the discovery of the Shijiahe site, this exhibition presents Shijiahe Jade Culture, allowing the transcendent jade objects amaze us once again.

UNIT 1

THE GROUNDBREAKING DISCOVERY OF SHIJIAHE

Located in Tianmen, Hubei Province, the Shijiahe sites are situated in the middle reaches of the Yangtze River, with a chronological span of ca. 5,900 to 3,800 years. Shijiahe sites with their massive settlements are the largest in scale, longest in time, highest in grade in the middle reaches of the Yangtze River, serving as an important witness of the 5,000-year history of Chinese civilization. Shijiahe site was firstly excavated in 1955, during which time 44 pieces of jade artifacts were unearthed from the Luojia Boling site. Among these jades, a round piece of jade depicting a pair of phoenixes later known as "the first phoenix figure of China" is considered as the beginning of phoenix culture of China. After nearly 70 years of archaeological excavations and research, the Hubei and Hunan regions represented by the Shijiahe and Sunjiagang sites, continue to emerge a large number of beautifully shaped jade artifacts, indicating the development of civilization in the Yangtze River Basin around 4,000 years ago, which is the peak of an outstanding prehistoric jade artifact in China and even around the globe.

石破天惊

　　石家河遗址群位于湖北天门，地处长江中游腹地，年代跨度距今约5900～3800年，是长江中游地区迄今发现规模最大、时间跨度最长、等级最高、附属聚落最多的都邑性聚落，是五千年中华文明史的重要实证地。1955年石家河遗址首次发掘，罗家柏岭遗址点出土了44件精美玉器。其中，有"中华第一凤"之称的玉团凤，被认为是中华凤文化的重要源头。历经近70年的科学发掘研究，以石家河遗址和孙家岗遗址为代表的湖北、湖南地区，不断涌现出数量众多、造型精美的玉器，标志着距今约4000年前后长江流域文明的发展高度，窥探着一个史前玉作的巅峰。

古城遗玉

JADE UNEARTHED FROM CITY SITES

石家河遗址时间跨度逾 2000 年之久，在石家河文化时期迎来发展的顶峰，拥有面积超 300 万平方米的古城、工程浩大的城墙与城壕、复杂的水利系统、大型祭祀遗迹、大型制陶作坊等诸多遗存。在两湖地区早期社会演进中占据了经济、文化和社会意识形态等各层面的核心地位，引领了该区域的文化发展，是研究长江中游乃至整个早期中华文明进程的关键。玉文化是石家河古城晚期最具代表性的文化，造型别致、纹饰精巧的玉器集中出土于石家河遗址中心区，并广泛见于湖北钟祥、荆州，湖南澧县、华容等地。

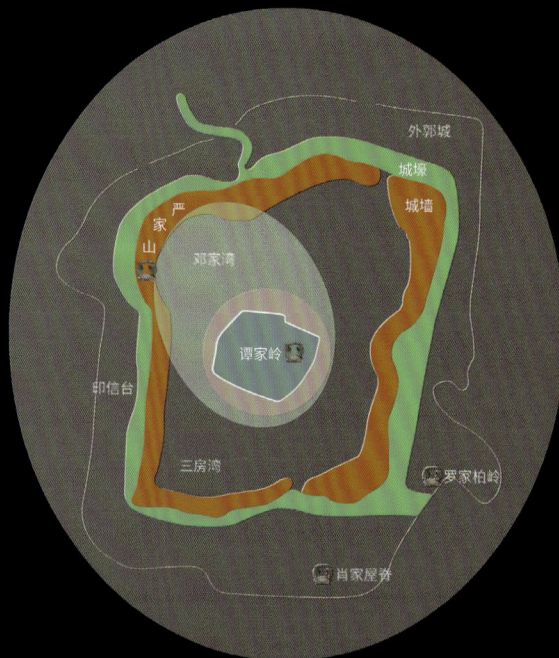

石家河遗址发展阶段

- 油子岭文化：距今约5900～5300年逐渐形成以谭家岭古城为中心的聚落。

- 屈家岭文化：距今约5300～4500年沿用谭家岭古城，晚期向西北方向的邓家湾区域发展。

- 石家河文化：距今约4500～4200年古城范围扩大，由内城、城壕、外郭城构成，面积近350万平方米。

- 后石家河文化：距今约4200～3800年玉器集中出现。

石家河玉文化特展

"后石家河文化"与"肖家屋脊文化"

石家河文化是我国新石器时代晚期引领整个长江中游地区的繁荣文化，其晚期阶段以玉器为标志呈现出有别于早期的文化面貌，引发学术界对遗存性质和分期的讨论热潮。目前的主流看法，普遍认为距今4200～3800年的石家河文化最晚阶段，在融合了多种文化因素后，形成了独特的自身特点，可被视为独立的考古学文化，又被称之为"后石家河文化"，或以这一阶段的典型遗址命名为"肖家屋脊文化"。

石家河遗址玉器主要出土地点

石家河遗址外玉器主要出土地点

出土地点	数量	来源	发现意义	出土地点	数量	来源	发现意义
罗家柏岭	44	地层	石家河玉器首个发现地点	钟祥六合	不详	瓮棺	以不规则玉料碎片为主
肖家屋脊	157	瓮棺	奠定了石家河玉器研究的基础	荆州枣林岗	197	瓮棺	首次在汉水流域以外发现瓮棺随葬玉器的葬俗
谭家岭	246	瓮棺	迄今出土玉器数量最多、质量最高、类型最丰富的一次发现	澧县孙家岗	182	土坑墓及瓮棺	仅离群独葬的71号墓为瓮棺葬，墓主可能是来自石家河中心区域的使者
严家山	54	瓮棺	其中40件均为半成品或残次品，墓主可能是制玉工匠群体，另发现有疑似玉器加工作坊	华容七星墩	39	采集、土坑墓及瓮棺	为长江中游史前文化交流互动提供了新的佐证

注：数量以可辨形态的玉器及残件总合计。

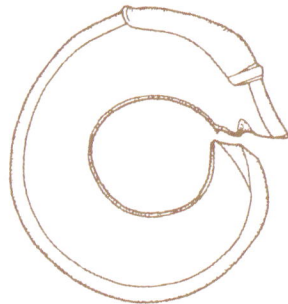

◎ 玉龙

新石器时代后石家河文化（距今 4200～3800 年）

直径 3.8、体侧宽 1.2、厚 0.8 厘米

湖北天门石家河遗址肖家屋脊 6 号瓮棺出土

湖北省博物馆藏

∴另见第 280 页

　　玉质黄绿色、局部灰白色。龙体首尾相卷、成块形。龙首上颌前凸、微翘、下颌短小、嘴微张、额部刻一道凸棱、额后浅浮雕龙角、龙尾收卷。

线图摘自《肖家屋脊》、第 327 页

◎ 玉连体双人头像

新石器时代后石家河文化（距今 4200～3800 年）

直径 2.4～2.5、厚 0.6 厘米

湖北天门石家河遗址谭家岭 9 号瓮棺出土

天门市博物馆藏

∴另见第 204～210、278 页

　　这种造型的玉器系国内首次出土发现、整体形似玉玦、立体圆雕、玉色近鸡骨白、不透明。双首同身、菱形眼、人首皆戴头冠、耳后有"S"形披发、颈部弯曲相连、额头饱满、面部写实、神态似在微笑。

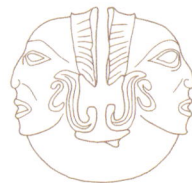

◎ 玉獠牙神面牌饰

新石器时代后石家河文化（距今 4200～3800 年）

残宽 7.9、高 4.7、厚 0.3 厘米

湖南澧县孙家岗遗址 149 号墓出土

湖南省文物考古研究院藏

∴另见第 236～239、249 页

透闪石，灰白色不透明，多黄沁，片状、方形，两面均刻有纹饰，一面为阳纹，一面为阴纹。顶端正中有一钻孔，左侧残端有一隧孔，可能用于穿系固定，底部有三个钻孔，居中的钻孔正对顶部钻孔，但未贯通。两面纹样完全一致，系石家河典型的神人形象，巨目獠牙，神态夸张，头顶有冠，耳佩有环，制作工艺精妙高超。根据牌饰钻孔分布情况推测，使用时，可能将此神像嵌饰在长杆上，用作降神的"玉梢"。

线图摘自《湖南澧县孙家岗遗址墓地 2016～2018 年发掘简报》

◎ 透雕玉冠饰

新石器时代后石家河文化（距今 4200～3800 年）

一层冠宽 2.6、二层宽 7.45、三层宽 10.5、高 4.2、厚 0.3～0.55 厘米

湖北天门石家河遗址谭家岭 9 号瓮棺出土

天门市博物馆藏

∴另见第 274、275、278 页

◎ 玉叉形器

新石器时代后石家河文化（距今 4200～3800 年）

长 3.1、直径 0.8、孔径 0.3、切口深 0.6 厘米

湖北天门石家河遗址谭家岭 9 号瓮棺出土

天门市博物馆藏

∴另见第 278 页

　　透雕玉冠饰为乳白色、片状透雕、器身镂空，平面呈三重阶梯形，镂孔形状上下各异、左右对称分布。双面纹饰完全一致，均以减地阳纹的手法形成器身纹样轮廓凸起的效果，整体形似神人头部"介"字形飞檐羽冠，顶部飞檐略有残损。下端正中有浅槽，与同墓所出叉形器的卯口正相吻合，可能是嵌合使用。也有学者认为，这是石家河头戴"介"字形冠神面的简化形象，上层与中层为羽冠，下层系拥有夸张螺旋状双眼的简化神面。

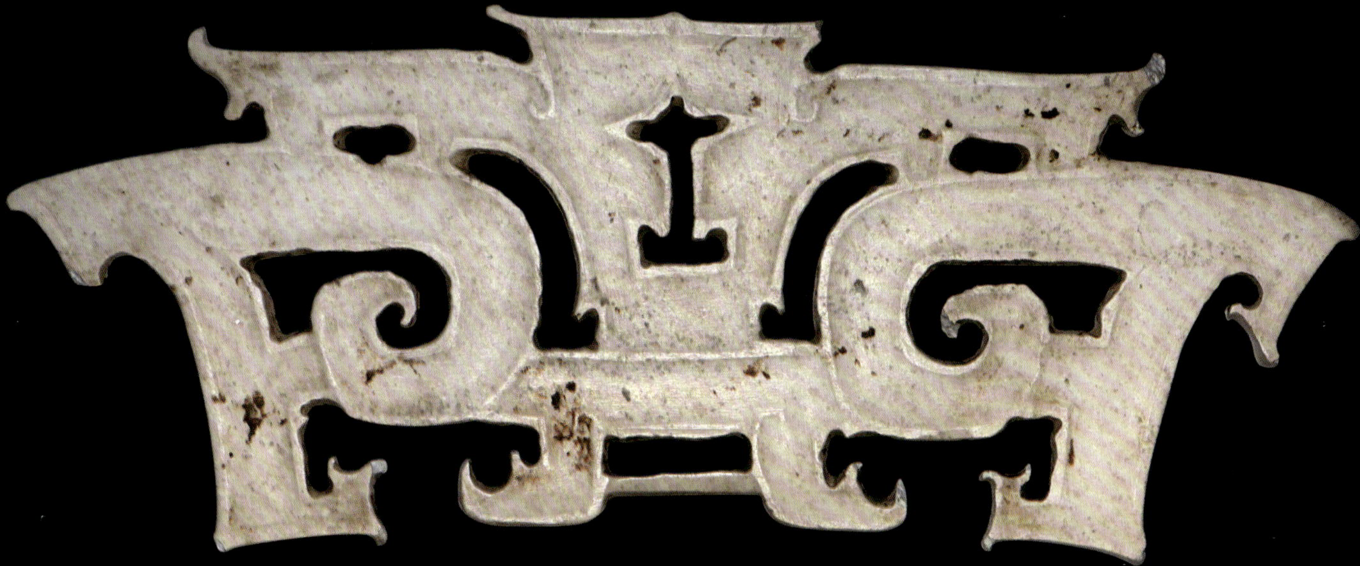

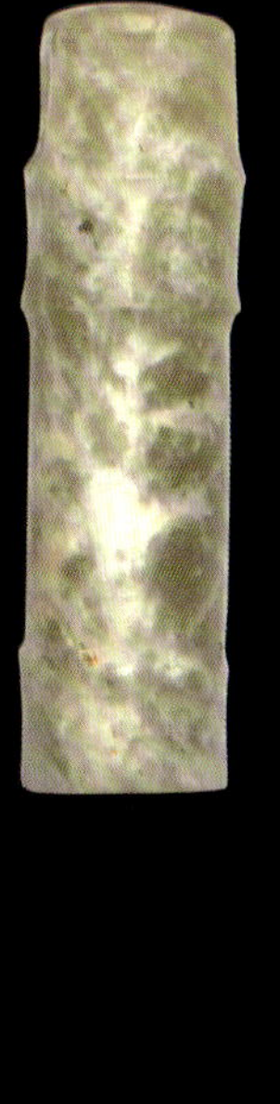

◎ 弧形玉蝉

新石器时代后石家河文化（距今 4200 ～ 3800 年）

通长 4.8、头端宽 2.4、中宽 2.1、

尾宽 2.4、厚 0.8 厘米

湖北天门石家河遗址谭家岭 9 号瓮棺出土

天门市博物馆藏

∵另见第 150、278 页

淡绿色，局部粉状白斑，通体磨光，精雕于长方形玉片上，尾端翘起，线条优美，背面光平。蝉吻部呈尖突状，眼目鼓突，颈部饰三道平行宽带状条纹。双翼收合于身两侧，翼尖外翘，两翼之间露出分节的腹和尾。蝉是石家河造型玉器中出土数量最多的一类，之于石家河先民应有不可替代的特殊含义。

◎ 玉蝉

新石器时代后石家河文化（距今 4200 ～ 3800 年）

通长 2.7、宽 1.6、厚 0.9 厘米

湖南澧县孙家岗遗址 85 号墓出土

湖南省文物考古研究院藏

∵另见第 141 ～ 143 页

黄色，白云母质地，晶莹透亮，整体略呈长方形，通体磨光，精雕细琢。蝉吻部呈尖突状，眼目鼓突，颈部饰三道平行线纹，双翼收合于身两侧，翼尖外翘，两翼之间露出分节的腹和尾。工匠在方寸之间，精准刻画出分布于薄薄蝉翼上的纹路，高度写实。

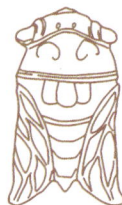

线图摘自《湖南澧县孙家岗遗址墓地 2016 ～ 2018 年发掘简报》

◎ 玉虎头像

新石器时代后石家河文化（距今 4200～3800 年）
正面上下长 1.6、两耳尖间宽 2.3、厚 2 厘米
湖北天门石家河遗址肖家屋脊 71 号瓮棺出土
荆州博物馆藏

∵ 另见第 158～161、168 页

立体圆雕于一块近似六面体的玉块上，玉呈淡青色，质地润泽，构思精巧，技艺高超，以顶面、正面、底面三面相连，呈现出一个完整的虎头。顶面两侧浮雕虎耳，双耳向额顶弯折，并向虎头正面延伸。从顶部俯视看，耳廓呈尖长柳叶状，耳涡内钻约0.2厘米深的小洞。正面下部两侧雕琢虎目，眼珠有凸出感，颧部稍向外鼓，鼻梁宽大，鼻下端向底面弯折延伸，浮雕于底面上端。底面中间透雕出长方形口，此口与顶部钻孔相通。正面两侧各向内钻一圆孔，左右相通。四个侧面上的孔均在玉块中心汇通。

◎ 虎首玉管

新石器时代后石家河文化（距今 4200～3800 年）
通长 2.52、直径 2.1、孔径 1.2 厘米
湖北天门石家河遗址谭家岭 8 号瓮棺出土
天门市博物馆藏

∵ 另见第 155～157、168 页

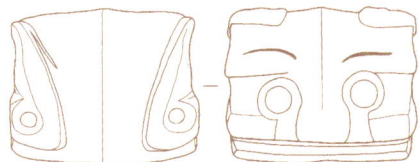

呈卷曲的环形筒状，整体造型与构图与肖家屋脊W71出土玉虎头像基本一致，宽鼻、鼓腮、圆目、方圆耳，耳尖细长延伸至额顶，虎头顶部有"介"字形尖突，虎鼻下端透雕出虎口，耳涡处有两个单面小钻孔，未有贯通。

◎ 玉虎头像

新石器时代后石家河文化（距今 4200～3800 年）

两耳间距 3.2、下宽 2.45、高 2.55、厚 0.4 厘米

湖北天门石家河遗址谭家岭 9 号瓮棺出土

天门市博物馆藏

∵ 另见第 162、163、168、279 页

　　精雕于略有厚度的玉片之上，灵巧生动，反面平素。玉因受沁而呈灰白色，虎额顶部有尖突，宽鼻圆眼垂耳，以减地的手法刻画出涡旋状耳朵，双弦纹眉延至两侧，眼眶呈梭形，眼珠微突，两腮圆鼓，虎须自鼻翼两侧延伸至两腮，并向内收卷。

各色琳琅

VARIOUS SHADES OF JADE COLOR

  不同于同时期北方地区以牙璋、玉璧、玉圭、玉钺等大型礼仪性玉器为代表，石家河玉器种类丰富、工艺精湛、艺术风格突出，以人头像、龙、凤、鹰、虎、蝉等造型的小型玉雕自成一格，兼有精美的笄、柄形器与透雕片饰等，共同构成了石家河玉文化最核心的图像系统。此外，石家河玉器也不乏简单的管、珠、牌等饰件和工具造型玉器作装饰配用，也发现有极少数的玉璧、牙璋、玉琮等。石家河玉器数量之多、造型之精美、寓意之深远，改写了我国玉文化发展史。

神人与人

他们都睁着一双椭圆带角的眼睛，佩戴有耳饰。鸟翼、獠牙与冠是神的象征，共同表达至高无上神的形象。人的形象则更为写实，发式多变，形态多样。

◎ 玉神人头像

新石器时代后石家河文化（距今 4200～3800 年）

长 3.7、宽 3.5、厚 1.4 厘米

湖北天门石家河遗址肖家屋脊 6 号瓮棺出土

荆州博物馆藏

∴ 另见第 242、243、248、249、280 页

头像雕于一块三棱形玉上，反面光素内凹，玉料为黄绿色，表面有乳白色斑点。人像头戴浅冠，头两侧上方有弯角形装饰，角下方有两道略向上卷的飞棱。棱形眼，宽鼻梁，鼻尖向外突出。耳廓分明，耳涡微凹，耳戴大环。口微张，隐露四颗牙齿，口的两侧另各有一对獠牙向外撇，上獠牙在外侧，下獠牙在内侧。下颌较尖削，略向前伸。颈部有一道细凹槽。从头顶到颈底有一纵向隧孔。根据玉器背面内凹光素的特点分析，它原来可能是被固定在某种物件的弧形面上，其隧孔和颈部凹槽是为了便于用线固定。目前后石家河文化范围内仅出土三件典型神人形象玉器，分别来自肖家屋脊、谭家岭和孙家岗三个遗址点。

玉神

石家河玉文化特展

线图摘自《肖家屋脊》，第316页

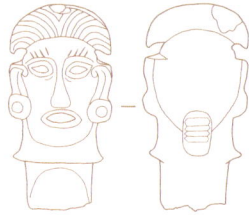

◎ 玉人头像

新石器时代后石家河文化（距今 4200～3800 年）

高 2.75、宽 0.8～1.4、厚 0.58 厘米

湖北天门石家河遗址谭家岭 9 号瓮棺出土

天门市博物馆藏

∵ 另见第 186、187、190、278 页

立体圆雕，玉色近鸡骨白，不透明。人首束发，呈覆舟形发式、梭形眼、高鼻阔嘴、双耳佩环、额头饱满、面部写实、发尾收束垂于脑后。

◎ 玉人头像

新石器时代后石家河文化（距今 4200～3800 年）

宽 1、高 1.7、厚 0.3 厘米

湖北天门石家河遗址罗家柏岭出土

湖北省博物馆藏

∵ 另见第 184 页

玉质浅黄色，局部黑色斑，通体磨光。整体呈长方形片状，正面浮雕人面像，背面光平。头戴冠，顶部平整。梭形眼、双眼下角相连，山字形鼻，嘴角略往下撇。双耳戴环、环中未穿孔。颈部上下缘饰凸棱、冠面和颈部正中各有一圆孔。

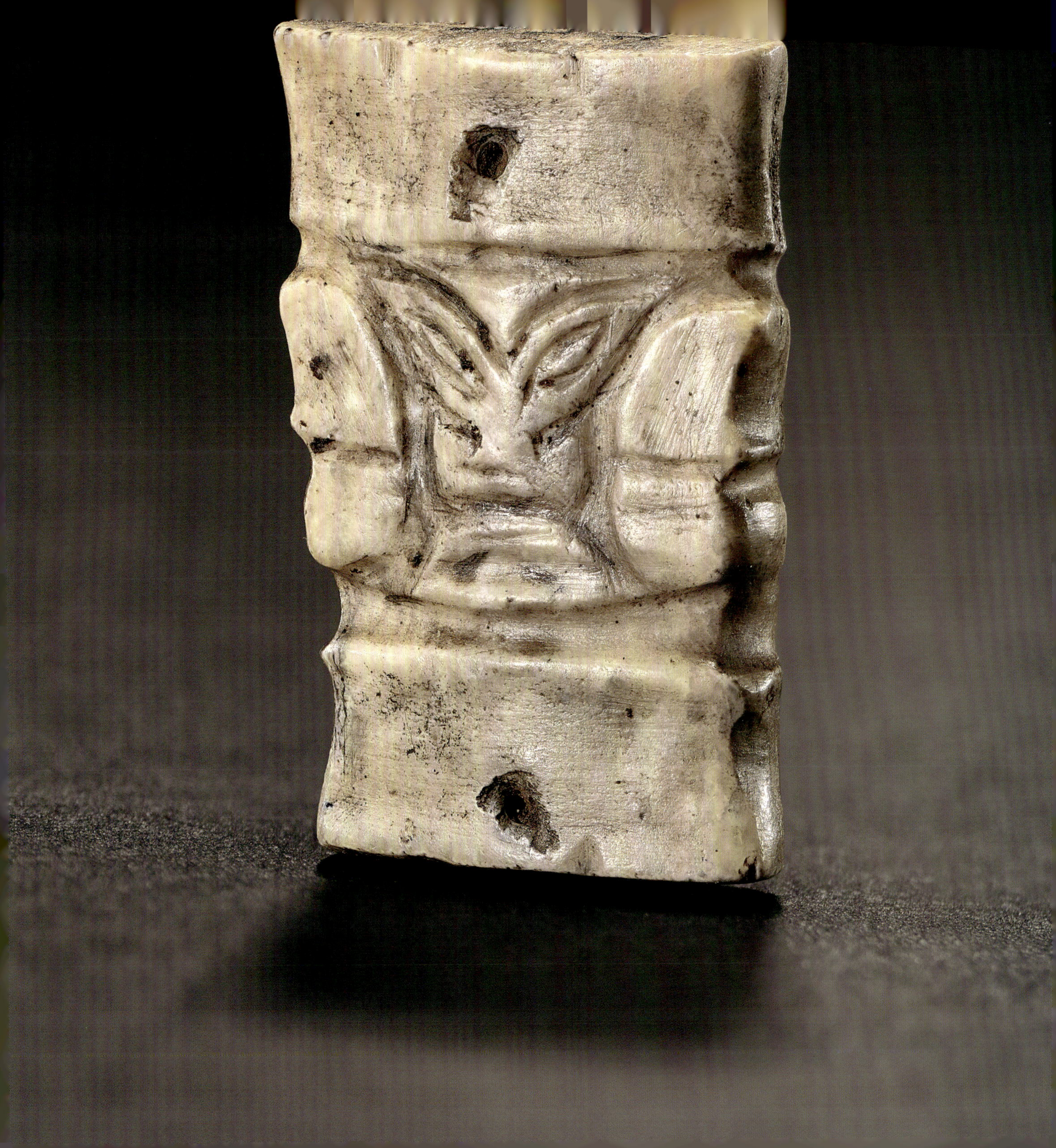

虎与冠

虎分为整身玉虎和虎头像。整身玉虎作侧面片状，张口昂首，虎尾上卷。单体虎首，是石家河最为常见的玉虎，宽鼻、圆眼、垂耳，呈片状或块状，另有少量环形筒状，均有钻孔，可组合插嵌使用。还有一类抽象的冠形透雕也被认为是虎头像，二者都有相似的"介"字形额头，但也有学者认为"介"字部分独立成形，两侧飞檐向上是冠；"介"字不独立突出，两侧垂耳向下的是虎。

◎ 玉虎头像

新石器时代后石家河文化（距今 4200～3800 年）

长 1.35、宽 2.35、厚 0.5 厘米

湖北天门石家河遗址肖家屋脊采集

荆州博物馆藏

◎ 玉虎头像

新石器时代后石家河文化（距今 4200 ~ 3800 年）

长 1.3、宽 1、厚 0.6 厘米

湖南澧县孙家岗遗址 71 号墓出土

湖南省文物考古研究院藏

　　同墓共出有两件，相邻分布，大小、质地、造型几乎一致。以圆雕、阴刻与减地起阳等工艺技法表现出虎首正面的耳、眉、眼、颊和鼻，形象传神。因埋藏环境所致，虎首表面多见有黄色和褐色沁斑。

线图摘自《湖南澧县孙家岗遗址墓地 2016 ~ 2018 年发掘简报》

◎ 玉虎

新石器时代后石家河文化（距今 4200 ~ 3800 年）

通长 3.52、宽 1.45、厚 0.38 厘米；

通长 3.5、宽 1.5、厚 0.3 厘米

湖北天门石家河遗址谭家岭 9 号瓮棺出土

天门市博物馆藏

∴另见第 172、173、279 页

用玉片雕成老虎的侧面全身像。玉虎整体呈璜形、昂首弧腰，垂腹翘臀，长尾向上内卷。翘耳凸鼻，口大张，四肢屈曲伏卧，似正蓄力欲向前冲，充满动感。虎是石家河动物神灵类玉器中重要的一类，这种造型的玉虎应是夏商时期玉虎的原始形态。

◎ 玉冠饰

新石器时代后石家河文化（距今 4200 ~ 3800 年）

高 2、宽 2 厘米

湖北钟祥六合遗址出土

荆州博物馆藏

神玉组合

石家河玉器多具有贯孔或隧孔，便于串系缀合，但由于特殊的瓮棺葬俗，导致玉器堆叠积压，难以直接获取组合或镶嵌使用的信息。谭家岭遗址出土的玉冠饰、山西曲沃羊舌晋侯墓出土的戴"介"字形冠的玉神人像和一些收藏品说明神人、人、鹰、虎、冠等图像模块能组合使用。

◎ 虎首玉冠饰

新石器时代后石家河文化（距今 4200～3800 年）

长 5.2、虎头宽 1.6～1.85、最厚 0.8 厘米

湖北天门石家河遗址谭家岭 9 号瓮棺出土

天门市博物馆藏

∴ 另见第 227、230、231、279 页

玉质黄绿色，局部灰白色沁斑，整体为虎首叠戴高冠的复合造型。虎首宽鼻垂耳、圆眼鼓腮，系石家河典型虎首形象。其特别之处在于虎首之上竖起一高冠。冠顶呈"介"字形、向后翻折，中有凸棱，似普通虎首额顶的造型。高冠与虎首相接处有六道凸弦纹。这种造型的玉器目前仅此一件、十分独特，此类高冠也与神面相结合，似乎表明了石家河神玉体系内部存在一定的转换关系。

鹰与凤

石家河玉器中的鸟，兼有短尾"钩状"喙的鹰和长尾尖喙的凤。鹰有展翅的飞鹰和收翅的立鹰，"鹰形笄"是其中最常见的形式。

凤鸟形象则更为少见，多为侧身，羽冠华美，身形灵动。

◎ 玉鹰

新石器时代后石家河文化（距今 4200 ~ 3800 年）

宽 1.4、高 3.2、厚 0.75 厘米

湖南澧县孙家岗遗址 75 号墓出土

湖南省文物考古研究院藏

◎ 玉鹰翅

新石器时代后石家河文化（距今 4200 ~ 3800 年）

残长 1.9、残宽 1.6、厚 0.9 厘米

湖南澧县孙家岗遗址 71 号墓出土

湖南省文物考古研究院藏

◎ 鹰形笄

新石器时代后石家河文化（距今 4200 ～ 3800 年）
长 6.9、最大直径 1.6 厘米
湖南澧县孙家岗遗址 120 号墓出土
湖南省文物考古研究院藏

◎ 鹰形笄

新石器时代后石家河文化（距今 4200 ～ 3800 年）
长 5.8、最大直径 0.9 厘米
湖北荆州枣林岗遗址 39 号瓮棺出土
荆州博物馆藏

◎ 玉笄

新石器时代后石家河文化（距今 4200 ～ 3800 年）
长 8、直径 1 厘米
湖南华容七星墩遗址征集
湖南省文物考古研究院藏

石家河玉笄器型多为圆柱形，纹饰多施以减地法，笄首有圆锥形、方锥形、鹰形等。鹰形笄是石家河玉笄中的典型形态，雕琢各有简繁，风格写实，通常是收束双翅于身后，立体雕琢出鹰的头部和喙部，器身多有钻孔。有学者认为绕绑发髻的绳索可以穿过此孔，起固定作用，也有学者认为石家河人物类玉器中未有佩戴鹰形笄的形象，且鹰形笄大小不一，尺寸差距较大，实际使用功能可能并不一致，也可能和制作玉器的钻头有关。

▋蝉

石家河最为普遍的动物形象，兼具精雕写实者与简化者，往往成组出现。新石器时代的玉蝉绝大部分都出自石家河，是石家河最典型的器类之一。

◎ **玉蝉**

新石器时代后石家河文化（距今 4200 ～ 3800 年）

长 2.4 厘米

湖北钟祥六合遗址出土

荆州博物馆藏

◎ **异形玉蝉**

新石器时代后石家河文化（距今 4200 ～ 3800 年）

长 0.85、宽 0.95、厚 0.4 厘米

湖北天门石家河遗址谭家岭 4 号瓮棺出土

天门市博物馆藏

◎ 长方形玉蝉

新石器时代后石家河文化（距今 4200 ~ 3800 年）

长 3.15、宽 2.4、厚 0.3 厘米

湖北天门石家河遗址谭家岭 3 号瓮棺出土

天门市博物馆藏

◎ 长方形玉蝉

新石器时代后石家河文化（距今 4200 ~ 3800 年）

长 2.33、宽 1.62、厚 0.51 厘米

湖北天门石家河遗址谭家岭 4 号瓮棺出土

天门市博物馆藏

∵ 另见第 144、145 页

长方形玉蝉是石家河出土玉蝉中数量最多的一类，造型简单抽象，整体为较薄的长方形玉片，头部较短，吻部凸出，颈部为宽带状，身和翼不分，仅在后尾处雕有豁口，头上端和尾下端各有一圆形穿孔。

◎ 玉鹿头像

新石器时代后石家河文化（距今 4200～3800 年）

宽 5.5、高 6.5、厚 1 厘米

湖北天门石家河遗址肖家屋脊出土

湖北省博物馆藏

乳黄色、局部粉状白斑、通体磨光。三角形片状、正面微弧、浮雕鹿首造型、背面平直。鹿额顶正中有三角形尖突、鹿角粗壮、边缘有带齿状分枝、角顶端略残、角下方外侧有小尖耳、面部有两个小钻孔、似表示双目、也可以用于穿系或绑缚。

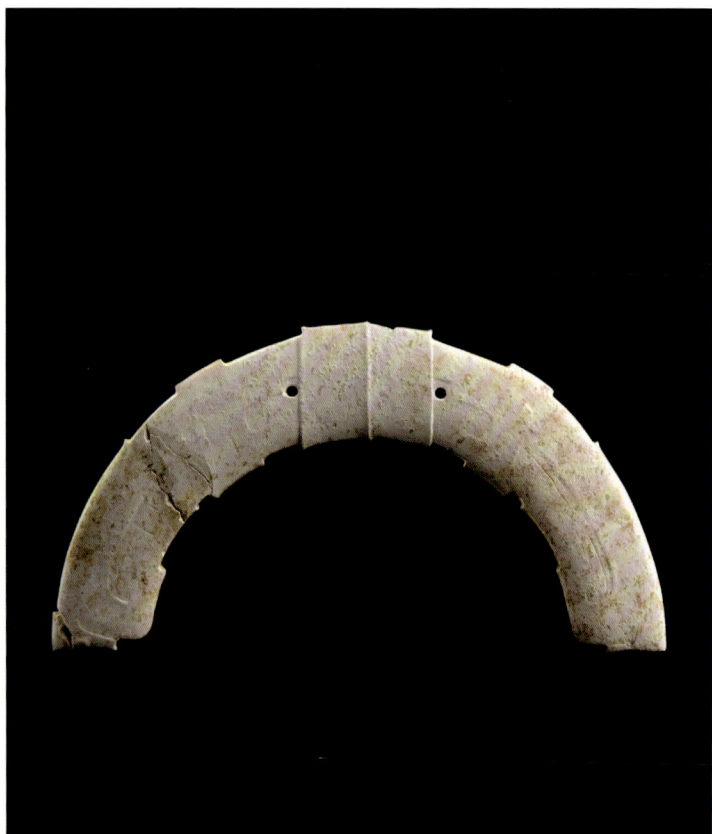

◎ 玉璜

新石器时代后石家河文化（距今 4200～3800 年）

径长 12.5、宽 2.3、厚 0.4 厘米

湖南澧县孙家岗遗址 14 号墓出土

湖南省文物考古研究院藏

石家河玉文化特展

◎ 透雕玉片饰

新石器时代后石家河文化（距今 4200～3800 年）

长 9.6、宽 3、厚 0.5 厘米

湖北天门石家河遗址肖家屋脊 71 号瓮棺出土

湖北省博物馆藏

玉质灰白色，局部黄褐色沁斑，通体磨光。出土时碎成多块，局部缺失。长方形片状，上部透雕对称卷云纹。中部饰四条纵向的平行凸线，凸线两侧两两对称，透雕五组共十个圆角长方孔。两侧边缘饰对称的六组扉牙。下部扁方形，有突出的尖榫。

Unit 2

The Exquisite Jade Carving of Devotion

Fine and exquisite, Shijiahe jade is the pinnacle of prehistoric jade art. With wild imagination and skillful craftsmanship, the people of Shijiahe took natural spirits as their muse and carved jade into the carrier of their beliefs. Shijiahe jade is deeply attached to the character of ancient mythology and worship. The jade in burial is believed to symbol soul immortality, serve as talisman, highlighting the identity and power of its owner. Also, burial jade is a medium to communicate with the spirits, a sacrificial artifact, praying for blessings from the nature.

精巧玲珑，石家河玉器堪称史前玉作的巅峰。凭借天马行空的想象与巧夺天工的技艺，石家河人以自然生灵为蓝本，转化璞玉为精神信仰的载体。石家河美玉附有神之品格，以玉殓葬，灵魂不灭，是随葬的护符，彰显身份权力；以玉为媒，沟通神灵，是祭祀的法器，祈求天地庇佑。

琢玉为祐

殓玉藏奢

THE EXTRAVAGANCY OF BURIAL JADE

　　石家河玉器多发现于墓葬，以瓮棺最为典型。江汉平原的石家河玉器大多出自瓮棺，早年罗家柏岭建筑遗迹内的玉器也可能来自被扰乱的瓮棺，而澧阳平原孙家岗遗址的玉器则多见于土坑墓，文化面貌有所差异。石家河的瓮棺葬多只用玉器随葬，有的没有条件随葬完整的玉器，则放入玉料或半成品，足见殓玉而葬在石家河先民的精神信仰中举足轻重。随葬玉器数量越多、雕琢越精，越能彰显墓主非凡的身份地位。

　　瓮棺葬是新石器时代较为流行的一种葬俗。下葬时，开挖土坑，将所有玉器安置于墓主身上，一起放入广肩瓮中，埋入土坑。随着时间的推移，人骨腐朽，瓮棺坍碎，玉器与陶瓮残片一同落于坑底。从随葬玉器的类型和数量可以区分瓮棺的等级。随葬神人头像造型的等级最高，有人头像、虎、蝉等造型的次之，仅见少量边角料的等级更低，没有玉器的等级最低。

肖家屋脊遗址 6 号瓮棺

葬具由两件广肩弧腹小平底瓮上下扣合而成。瓮从肩部锯开，上下瓮底部各凿有一小圆孔作为灵魂出入的通道。随葬玉器共计 56 件，其中有人头像、虎头像、盘龙、飞鹰、蝉、璜、管、柄形饰等，器类丰富，等级远高于该地点其他瓮棺。

◎ 玉人头像

新石器时代后石家河文化（距今 4200 ～ 3800 年）
长 2.6、宽 1.3、厚 0.5 厘米
湖北天门石家河遗址肖家屋脊 6 号瓮棺出土
湖北省博物馆藏
∴另见第 185、280 页

透闪石软玉，长方形片状，单面浅浮雕。头戴平冠，长鼻翼连接眉弓、皱眉、未表现双眼，薄唇下撇。大耳戴环未穿孔，一侧面颊对钻一圆孔，上下端各有一和背面相通的小孔。

线图摘自《肖家屋脊》，第 318 页

◎ 玉人头像

新石器时代后石家河文化（距今 4200 ～ 3800 年）
宽 1.9、高 2.05、厚 1.6 厘米
湖北天门石家河遗址肖家屋脊 6 号瓮棺出土
湖北省博物馆藏
∴ 另见第 192、280 页

透闪石软玉，棱柱状，是人头像中比较特殊的一类，雕琢线条简化抽象，仅正面表现内凹双眼，头戴平冠，两侧有简易扉牙示意耳部。上下贯穿一隧孔。

线图摘自《肖家屋脊》，第 318 页

◎ 玉人头像

新石器时代后石家河文化（距今 4200 ～ 3800 年）
宽 1.5、高 1.9 厘米
湖北天门石家河遗址肖家屋脊 6 号瓮棺出土
荆州博物馆藏
∴ 另见第 193、280 页

◎ 玉虎头像

新石器时代后石家河文化（距今 4200～3800 年）

宽 3.4、高 2.8、厚 1.1 厘米

湖北天门石家河遗址肖家屋脊 6 号瓮棺出土

湖北省博物馆藏

∴ 另见第 166～168、280 页

头像雕于一块厚玉片上，单面雕琢。虎头顶呈"介"字形突起，阔耳浮凸较高、两耳涡中间各钻一小圆孔，未钻穿、圆目、大宽鼻、鼻尖延伸至面部下侧、腮部圆鼓。左右两侧向内对穿一隧孔。

线图摘自《肖家屋脊》，第 324 页

◎ 玉蝉

新石器时代后石家河文化（距今 4200 ～ 3800 年）

长 2.45、宽 1.9、厚 0.75 厘米

湖北天门石家河遗址肖家屋脊 6 号瓮棺出土

湖北省博物馆藏

∵ 另见第 148、280 页

◎ 玉蝉

新石器时代后石家河文化（距今 4200 ～ 3800 年）

长 1.4、尾宽 0.85、厚 0.3 厘米

湖北天门石家河遗址肖家屋脊 6 号瓮棺出土

荆州博物馆藏

∵ 另见第 280 页

石家河玉文化特展

◎ 喇叭形玉管

新石器时代后石家河文化（距今4200～3800年）

高3.3、上端直径2.1、下端直径3.8厘米

湖北天门石家河遗址肖家屋脊6号瓮棺出土

湖北省博物馆藏

∴另见第280页

◎ 玉叉形器

新石器时代后石家河文化（距今 4200～3800 年）

长 3.1、最大直径 0.9 厘米

湖北天门石家河遗址肖家屋脊 6 号瓮棺出土

荆州博物馆藏

∴ 另见第 280 页

◎ 玉柄形器

新石器时代后石家河文化（距今 4200～3800 年）

长 6.4、 顶宽 0.85、厚 0.6 厘米

湖北天门石家河遗址肖家屋脊 6 号瓮棺出土

湖北省博物馆藏

∴ 另见第 280 页

　　过去一般认为柄形器最早出现于二里头文化时期，是夏商周三代数量较丰富的一类玉礼器，而石家河玉文化的研究深化了对这类玉器的认识。柄形器是石家河玉文化中比较有代表性的一个器类，三代柄形器的发展与其关联深厚。石家河的柄形器多一端有榫，另一端有帽。这件柄形器上段为长方柱形，饰竹节形纹。中间偏下段为扁柱形，榫部圆锥形钝尖。

玉神

石家河玉文化特展

谭家岭遗址 8 号瓮棺

葬具为方格纹夹砂灰陶瓮，共出土玉器 45 件，包括人头像、双鹰神面玉饰、鹰纹圆牌、透雕玉冠饰、蝉、钺、笄、璜、管等，等级略低于出土 63 件玉器的 9 号瓮棺。谭家岭遗址玉器集中发现于 5 座瓮棺，是石家河目前出土玉器数量最多，类型最丰富，工艺最高超的地点。

◎ 玉人头像

新石器时代后石家河文化（距今 4200 ～ 3800 年）

高 2.97、直径 1.8 厘米

湖北天门石家河遗址谭家岭 8 号瓮棺出土

天门市博物馆藏

∴另见第 194、195、200 页

云母玉质的立体圆雕人首，整体呈圆柱状。头戴平冠、头顶有一圆窝、鹅蛋脸、梭形眼、蒜头鼻、嘴唇圆张、侧视较为扁平、大耳、耳垂刻划出未钻眼的耳环造型、脑后无细节表现，打磨十分圆润光滑。

◎ 鹰形纹玉圆牌

新石器时代后石家河文化（距今 4200～3800 年）

直径 2.65、厚 0.25 厘米

湖北天门石家河遗址谭家岭 8 号瓮棺出土

天门市博物馆藏

∴ 另见插页

透闪石软玉、单面浅浮雕、生动写实。圆牌中间以减地阳线刻画侧首展翅的雄鹰、线条流畅规整、弯钩形的喙、上翘的头羽和丰满的翅膀雕琢得栩栩如生、背面光素无纹、侧面有一和背面相通的小穿孔、便于穿系佩戴。

◎ 透雕玉佩

新石器时代后石家河文化（距今 4200～3800 年）

长 12.4、宽 7.5、厚 0.3 厘米

湖北天门石家河遗址谭家岭 8 号瓮棺出土

天门市博物馆藏

∵另见第 276、277 页

透闪石软玉质片状镂空饰，玉面较规整地分布断续的透雕线条，透雕的孔洞外围随形有阴刻底纹，玉片外围雕琢一圈钩卷的扉牙。这种镂孔应是先以阴线确定大致范围，再以桯钻（实心钻）打孔定位，最后在小孔洞基础上用线具拉镂成形。

◎ 玉牙璧形器

新石器时代后石家河文化（距今 4200～3800 年）

长 7.35、宽 7.15、厚 0.3～0.6、

大孔径 1.1～1.4、小孔径 0.5～0.9 厘米

湖北天门石家河遗址谭家岭 8 号瓮棺出土

天门市博物馆藏

◎ 弧形玉蝉

新石器时代后石家河文化（距今 4200～3800 年）

长 4.7、宽 1.9、厚 0.4 厘米

湖北天门石家河遗址谭家岭 8 号瓮棺出土

天门市博物馆藏

∵ 另见第 151 页

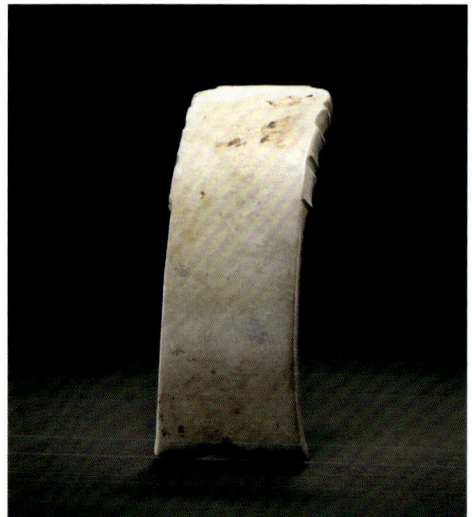

石家河玉文化特展

◎ 长方形玉蝉

新石器时代后石家河文化（距今 4200～3800 年）

长 2.4、宽 2、厚 0.4 厘米

湖北天门石家河遗址谭家岭 8 号瓮棺出土

天门市博物馆藏

◎ 长方形玉蝉

新石器时代后石家河文化（距今 4200～3800 年）

长 4.38、宽 2.37、厚 0.57 厘米

湖北天门石家河遗址谭家岭 8 号瓮棺出土

天门市博物馆藏

◎ 长方形玉牌

新石器时代后石家河文化（距今 4200 ~ 3800 年）

长 2.52、宽 1.89、厚 0.52 厘米

湖北天门石家河遗址谭家岭 8 号瓮棺出土

天门市博物馆藏

◎ 圆形玉牌

新石器时代后石家河文化（距今 4200 ~ 3800 年）

直径 5.63、厚 0.59、

大孔径 0.35 ~ 1.02、小孔径 0.1 厘米

湖北天门石家河遗址谭家岭 8 号瓮棺出土

天门市博物馆藏

◎ **喇叭形玉管**

新石器时代后石家河文化（距今 4200 ～ 3800 年）

长 3.81、直径 1.32 ～ 1.6、孔径 0.95 ～ 1.1 厘米

湖北天门石家河遗址谭家岭 8 号瓮棺出土

天门市博物馆藏

◎ **喇叭形玉管**

新石器时代后石家河文化（距今 4200 ～ 3800 年）

长 3.7、直径 1.3 ～ 1.7、孔径 0.7 ～ 1.1 厘米

湖北天门石家河遗址谭家岭 8 号瓮棺出土

天门市博物馆藏

◎ 橄榄形玉管

新石器时代后石家河文化（距今 4200 ～ 3800 年）

长 3.21、直径 2.46、孔径 1.2 ～ 1.4 厘米

湖北大门石家河遗址谭家岭 8 号瓮棺出土

天门市博物馆藏

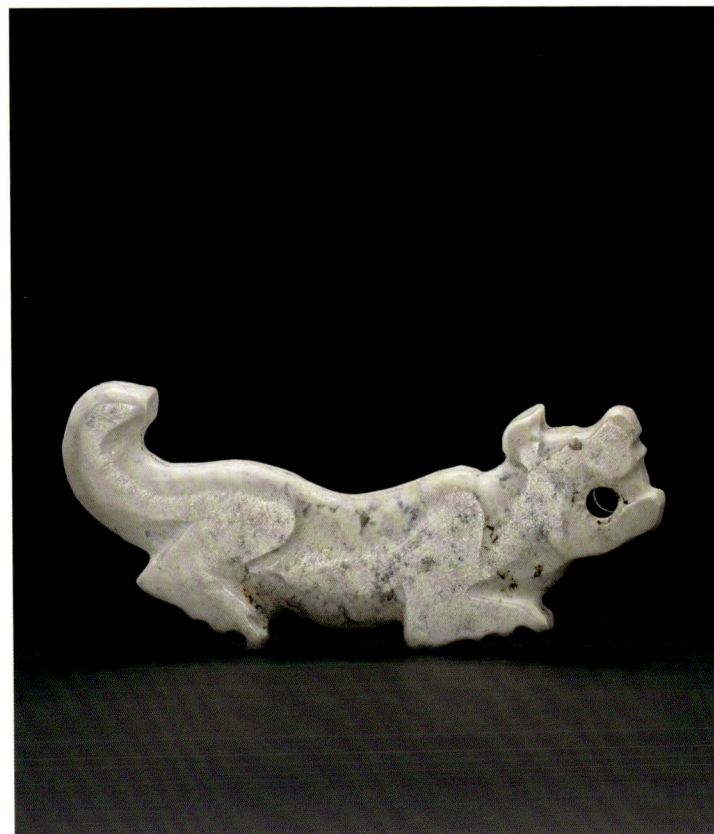

◎ 玉虎

新石器时代后石家河文化（距今 4200 ～ 3800 年）

长 3.44、宽 1.4、厚 0.41 厘米

湖北天门石家河遗址谭家岭 9 号瓮棺出土

天门市博物馆藏

∴另见第 172、173、279 页

透闪石软玉，双面浅浮雕。侧身伸展呈蹲伏状，虎头微仰，张嘴露齿，嘴中有一圆形穿孔，尾部上翘内卷。石家河玉虎造型多样，有浮雕仅表现虎首的样式，也有雕琢完整虎形象展现动感的。着重虎形象的塑造是石家河玉文化的重要特征。

石家河玉文化特展

◎ 玉蝉

新石器时代后石家河文化（距今 4200～3800 年）

长 2.7、宽 1.5、厚 0.9 厘米

湖北荆州枣林岗遗址 37 号瓮棺出土

荆州博物馆藏

∴另见第 140 页

单面浅浮雕，口部呈"介"字形，梭形目，颈背以凸棱间隔，颈部左右两侧对钻一隧孔。玉蝉是石家河数量最多的象生玉器。蝉自古因脱壳再生的生命历程为人所崇拜，被视为复活和永生的灵物，随葬玉蝉寄托了对墓主转生的信念与祝愿，体现了石家河先民的生死观。这种观念一直延续到后代，汉代仍以蝉的造型制作口琀，置于逝者口中以求肉身不腐，灵魂升仙。

◎ 玉璜

新石器时代后石家河文化（距今 4200～3800 年）

长 3.9、厚 0.25 厘米

湖北钟祥六合遗址 10 号瓮棺出土

荆州博物馆藏

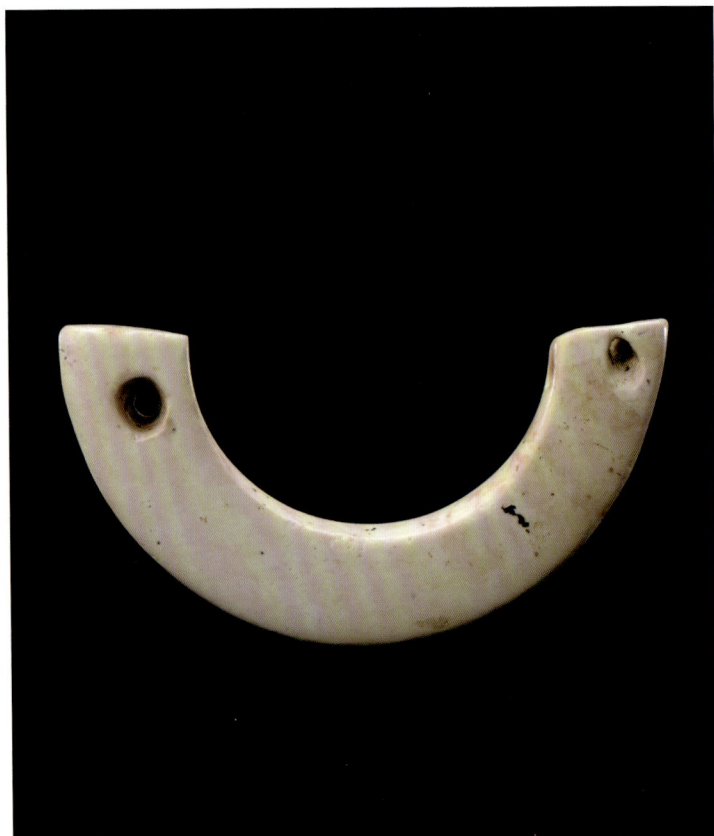

◎ 玉璜

新石器时代后石家河文化（距今 4200～3800 年）

外径 5、内径 3、厚 0.5 厘米

湖南华容七星墩遗址征集

湖南省文物考古研究院藏

石家河玉文化特展

◎ 玉璧

新石器时代后石家河文化（距今 4200～3800 年）

直径 10.3、厚 0.4 厘米

湖南澧县孙家岗遗址 9 号墓出土

湖南省文物考古研究院藏

◎ 玉笄

新石器时代后石家河文化（距今 4200～3800 年）

长 8.35、直径 0.78 厘米

湖北天门石家河遗址谭家岭 4 号瓮棺出土

天门市博物馆藏

◎ 玉笄

新石器时代后石家河文化（距今 4200～3800 年）

长 6.5、直径 0.67 厘米

湖北天门石家河遗址谭家岭 7 号瓮棺出土

天门市博物馆藏

玉神

石家河玉文化特展

◎ 玉笄

新石器时代后石家河文化（距今 4200～3800 年）

长 16.3、最大直径 0.9 厘米

湖南澧县孙家岗遗址 64 号墓出土

湖南省文物考古研究院藏

◎ 透雕凤形玉佩

新石器时代后石家河文化（距今 4200 ～ 3800 年）

长 11.7、宽 6.2、厚 0.35 厘米

湖南澧县孙家岗遗址 14 号墓出土

湖南省文物考古研究院藏

∴ 另见第 176 页

　　镂孔透雕、凤鸟头顶羽状冠饰，曲颈长喙、展翅卷尾。雕刻线条流畅，构图巧妙，形神兼备。凤身两面均有阴刻细线条作辅助装饰。凤形玉佩出土时与长条钉状玉笄位置相近，可能是用绳带系结组合为笄形器使用的。龙、凤佩应当不是单纯的装饰品，而可能是通灵之物，是人们尊崇的神灵偶像，具有特殊的巫术含义，其使用者也具有特殊的身份。

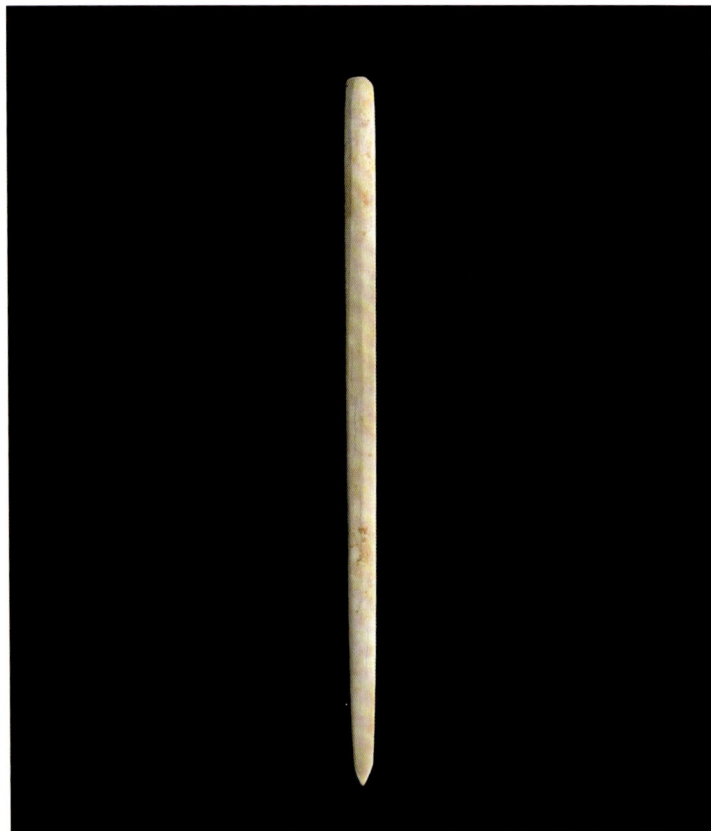

◎ 玉笄

新石器时代后石家河文化（距今 4200 ～ 3800 年）

长 15.7、最宽 0.7 厘米

湖南澧县孙家岗遗址 14 号墓出土

湖南省文物考古研究院藏

◎ 透雕龙形玉佩

新石器时代后石家河文化（距今 4200 ～ 3800 年）

长 9.1、宽 5.1、厚 0.4 厘米

湖南澧县孙家岗遗址 14 号墓出土

湖南省文物考古研究院藏

∴另见第 177 页

　　镂孔透雕、龙体蟠曲、头顶及后部为高耸的角状装饰。器物的一面有制作前期的深色勾画构图痕迹。龙形玉佩出土时与短柄扁椭玉笄位置相近，可能是用绳带系结组合为笄形器使用的。龙、凤佩是目前所见新石器时代最精美的玉佩饰之一，可能源于高庙文化先民的龙、凤神灵信仰，表达了龙凤引导墓主升天的文化寓意。

◎ 玉笄

新石器时代后石家河文化（距今 4200 ～ 3800 年）

长 9.8、宽 0.7 厘米

湖南澧县孙家岗遗址 14 号墓出土

湖南省文物考古研究院藏

精工敬神

THE CRAFTSMANSHIP FOR WORSHIPING

治玉在石家河是专门化的手工业，拥有独立的工匠团体和系统的生产模式，琢玉技术也在此得到革新。半成品、边角料和制玉工具的出土，印证了石家河玉器的本地制作；而小体量、高品质的透闪石软玉与云母玉质，则侧面反映了玉料的外来输入特点。珍稀的玉料、局促的雕琢空间，在匠人满怀宗教情感的磋磨刻划之间，幻化成奇巧的造型。精工敬神，寄托对祖先神灵的敬畏之心；以玉事神，在祭祀仪式中沟通天地人神。

石家河玉器的雕琢技法

石家河人擅长利用浮雕、圆雕等表现形式，琢制具有三维立体效果的玉雕作品。制玉工艺以减地阳纹最具代表性：先用阴线刻划出轮廓，再在线外推磨减地，形成中间图案凸起的效果。以孙家岗遗址龙、凤佩为代表的片状透雕玉器则展现了高超的镂空技艺。谭家岭遗址还首次使用了掏膛工艺。

◎ 圆雕玉鹰

新石器时代后石家河文化（距今 4200～3800 年）

宽 2.5、高 2.4、厚 1 厘米

湖北天门石家河遗址谭家岭 9 号瓮棺出土

天门市博物馆藏

∵ 另见第 178、179、278 页

鹰喙为透闪石软玉、余为云母玉，是石家河玉文化中最为精美的圆雕作品。玉鹰呈展翅翱翔状、鹰首的喙部使用了活套工艺，能够前后活动、这是史无前例的开创技艺。两眼以双圈阴线刻划，并在头部其他位置推磨减地、凸显双眼的圆鼓有神；鹰背中部起脊增强了立体感；以减地起阳结合阴刻线表现丰满的羽翼、富有层次感；尾羽用较粗的阴线区分。底部尾中有一穿孔。整体造型灵动可爱，体现了石家河玉雕的融合创新特征和石家河人高超的治玉技术。

◎ 玉钻

新石器时代后石家河文化（距今 4200～3800 年）

残长 4.5、直径 0.85 厘米

湖北荆州枣林岗遗址 1 号瓮棺出土

荆州博物馆藏

◎ 石英钻头

新石器时代后石家河文化（距今 4200～3800 年）

长 1.7、直径 0.7 厘米

湖北天门石家河遗址严家山 13 号瓮棺出土

天门市博物馆藏

◎ 玉佩饰

新石器时代后石家河文化（距今 4200～3800 年）

残长 2.7、宽 1.5、厚 0.2～0.3 厘米

湖北天门石家河遗址严家山 9 号瓮棺出土

天门市博物馆藏

整体似立鹰的侧面形态、勾喙、丰满的头羽、鹰身、爪和尾部能较清晰地辨认出。亦可能是透雕佩饰的残端边缘部位。

专门化的治玉工业

位于石家河古城外围的严家山遗址，揭露了一处玉石器加工场所。附近发现有随葬玉器残次品和边角料的瓮棺，墓主可能是从事玉石器制作的工匠，说明治玉已是一门独立的手工业。数量较多且造型模式化的玉蝉、玉虎等，体现了本地制玉的批量化生产；而以神人头像、玉凤为代表的等级高、数量少的玉器可能为专门定制，反映出治玉工业的系统模式和精细化分工。

◎ 玉饰残件

新石器时代后石家河文化（距今 4200 ～ 3800 年）
长 4.42、宽 3.75、厚 0.41 厘米
湖北天门石家河遗址谭家岭 4 号瓮棺出土
天门市博物馆藏

透闪石软玉，不规则片状，双面雕刻，似昂首鸟形，较为抽象。上部雕琢鸟首及勾喙，以圆形镂孔表现眼部。鸟身下部边缘线条平直、棱角分明，鸟尾上翘与勾喙相呼应，鸟身有几处拉镂成型的穿孔，并以规整的阴刻线抽象展现鸟羽。亦有学者认为其是较为抽象的侧面神人形象。

◎ 柱形玉饰

新石器时代后石家河文化（距今 4200 ～ 3800 年）
长 1.84、宽 0.75、厚 0.45 厘米
湖北天门石家河遗址谭家岭 4 号瓮棺出土
天门市博物馆藏

◎ **玉蝉**

新石器时代后石家河文化（距今 4200～3800 年）

长 2.9、宽 2.1、厚 0.3 厘米

湖北天门石家河遗址谭家岭 4 号瓮棺出土

天门市博物馆藏

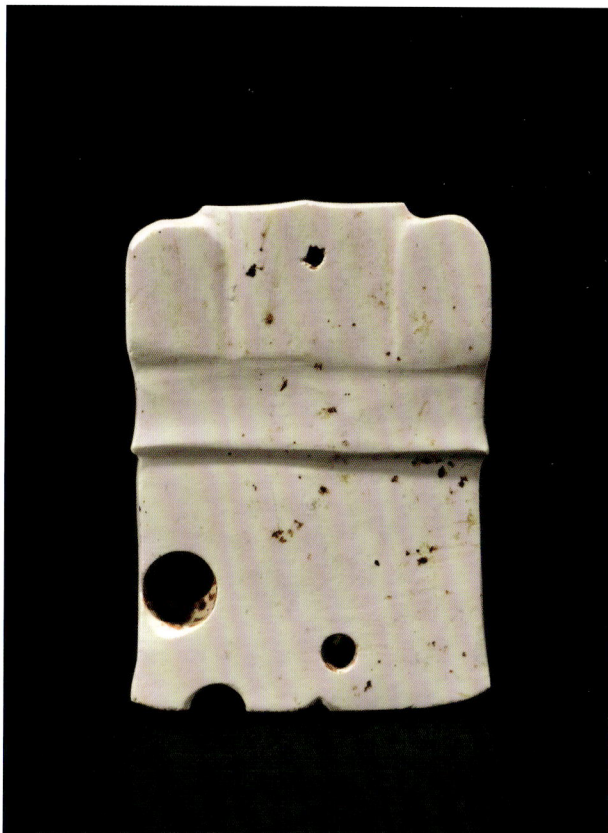

◎ **弧形玉蝉**

新石器时代后石家河文化（距今 4200～3800 年）

长 2.25、宽 1、厚 0.2～0.4 厘米

湖北天门石家河遗址谭家岭 9 号瓮棺出土

天门市博物馆藏

∵ 另见第 151～153、278 页

◎ 长方形玉蝉

新石器时代后石家河文化（距今 4200～3800 年）

长 2.73、宽 1.88、厚 0.4 厘米

湖北天门石家河遗址谭家岭 7 号瓮棺出土

天门市博物馆藏

◎ 异形玉蝉

新石器时代后石家河文化（距今 4200～3800 年）

长 2.49、宽 1.2、厚 1.2 厘米

湖北天门石家河遗址谭家岭 9 号瓮棺出土

天门市博物馆藏

过去记录中对它的命名是异形玉蝉，后续观察发现倒置后更似粗胚成型的虎形象，虎头的双目、鼓腮基本可辨，虎身弧曲、简化抽象。特在本书中展现倒置角度的照片以供对比。

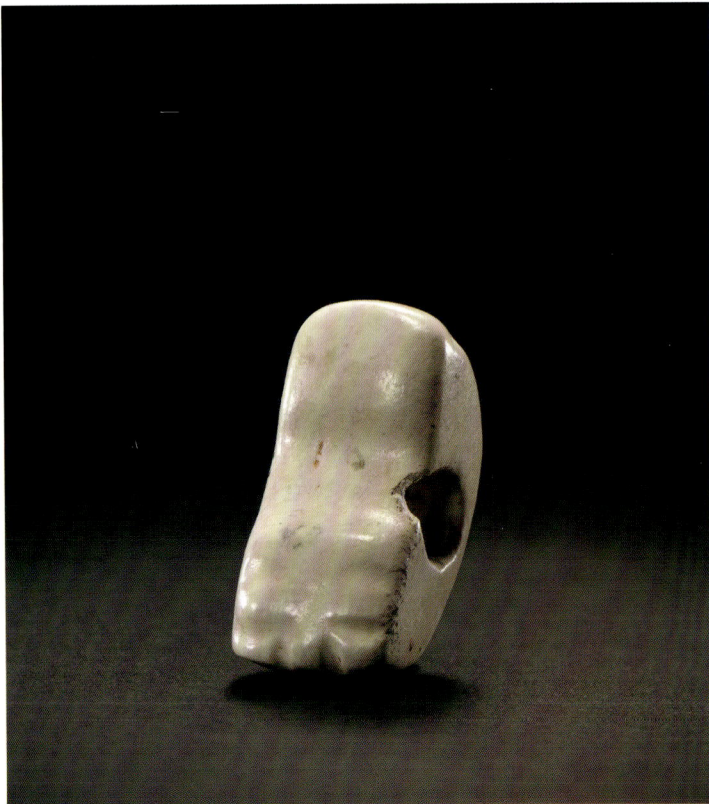

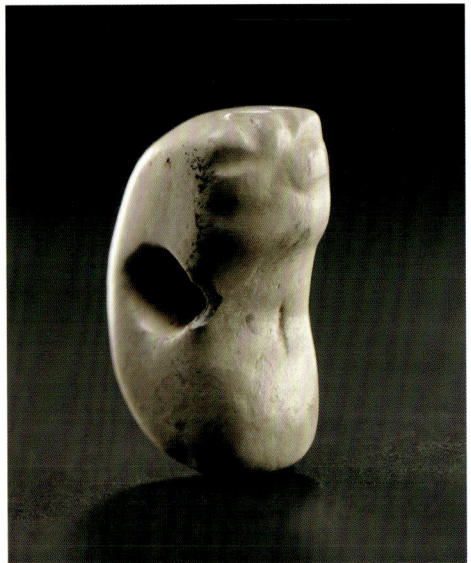

玉神

石家河玉文化特展

◎ 玉鹰

新石器时代后石家河文化（距今 4200 ～ 3800 年）

宽 1.4、残高 3.2、厚 0.75 厘米

湖南澧县孙家岗遗址 187 号墓出土

湖南省文物考古研究院藏

∵ 另见第 180、181 页

整体呈方柱状、风格写实。上部以圆雕、镂空、浮雕和减地阳纹等工艺雕琢出立鹰之形，下部残。鹰勾喙、梭形眼、敛翅、翅上以勾卷纹表现翅羽，前腹部有上下两道凸起。

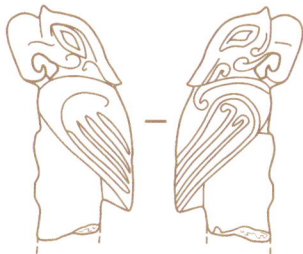

线图摘自《湖南澧县孙家岗遗址墓地 2016 ～ 2018 年发掘简报》

◎ 圆形玉佩

新石器时代后石家河文化（距今 4200 ～ 3800 年）

直径 2.8、厚 0.4 厘米

湖北天门石家河遗址谭家岭 9 号瓮棺出土

天门市博物馆藏

∵ 另见第 278 页

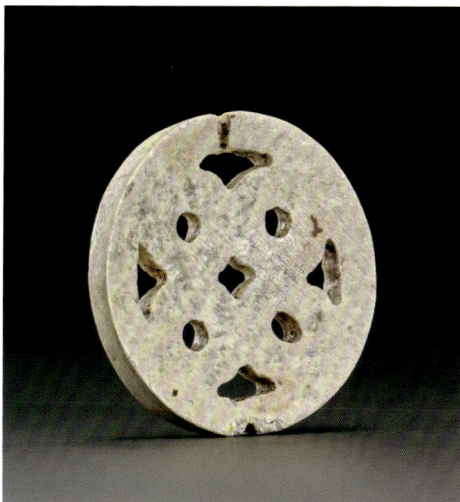

◎ 玉刀

新石器时代后石家河文化（距今 4200～3800 年）

长 2.3、宽 1.7、厚 0.3 厘米

湖北天门石家河遗址肖家屋脊采集

荆州博物馆藏

◎ 长方形玉牌

新石器时代后石家河文化（距今 4200～3800 年）

长 2.49、宽 1.98、厚 0.27 厘米

湖北天门石家河遗址谭家岭 4 号瓮棺出土

天门市博物馆藏

◎ 长方形玉牌

新石器时代后石家河文化（距今 4200 ～ 3800 年）

长 4.75、宽 1.85、厚 0.5 ～ 0.6、孔径 0.3 ～ 0.7 厘米

湖北天门石家河遗址谭家岭 7 号瓮棺出土

天门市博物馆藏

◎ 扇形玉牌

新石器时代后石家河文化（距今 4200 ~ 3800 年）

长 6.47、宽 5.25、厚 0.41 厘米

湖北天门石家河遗址谭家岭 3 号瓮棺出土

天门市博物馆藏

◎ 扇形玉牌

新石器时代后石家河文化（距今 4200 ~ 3800 年）

高 1.85、外半径 4.2、厚 0.37、孔径 0.2 ~ 0.4 厘米

湖北天门石家河遗址谭家岭 3 号瓮棺出土

天门市博物馆藏

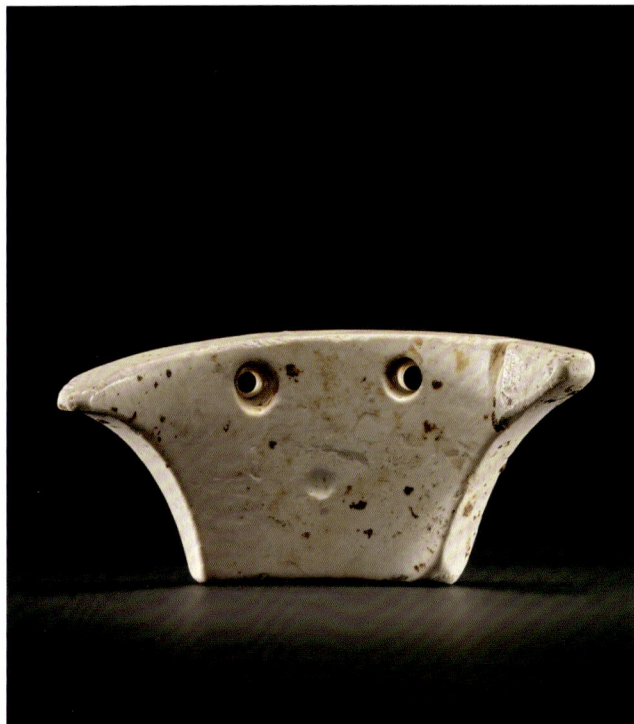

◎ 圆形玉牌

新石器时代后石家河文化（距今 4200 ～ 3800 年）

直径 5 ～ 5.3 厘米

湖北钟祥六合遗址出土

荆州博物馆藏

◎ 玉环

新石器时代后石家河文化（距今 4200 ～ 3800 年）

直径 3.9、厚 0.6、孔径 1.25 ～ 1.76 厘米

湖北天门石家河遗址谭家岭 9 号瓮棺出土

天门市博物馆藏

◎ 橄榄形玉管

新石器时代后石家河文化（距今 4200 ～ 3800 年）

长 2.6、直径 2.4、孔径 0.9 ～ 1.3 厘米

湖北天门石家河遗址谭家岭 9 号瓮棺出土

天门市博物馆藏

◎ 橄榄形玉管

新石器时代后石家河文化（距今 4200 ～ 3800 年）

长 2.8、直径 1.6 ～ 1.7、孔径 0.95 ～ 1.6 厘米

湖北天门石家河遗址谭家岭 9 号瓮棺出土

天门市博物馆藏

◎ 玉管

新石器时代后石家河文化（距今 4200 ～ 3800 年）

长 3.3、直径 1.3 ～ 1.7 厘米

湖北钟祥六合遗址出土

荆州博物馆藏

◎ 玉管

新石器时代后石家河文化（距今 4200 ～ 3800 年）

长 2、直径 0.6 厘米

湖北荆州枣林岗遗址 1 号瓮棺出土

荆州博物馆藏

石家河玉文化特展

◎ 玉虎头像

新石器时代后石家河文化（距今 4200 ～ 3800 年）

高 2.55、宽 3.64、厚 0.5 厘米

湖北天门石家河遗址谭家岭 9 号瓮棺出土

天门市博物馆藏

∴ 另见第 168 ～ 171、279 页

石家河古城的祭祀

石家河古城的祭祀传统突出。邓家湾祭祀区数以千计的陶制祭器，包括套缸、长筒形陶器、陶塑人偶和小动物等，可能在庆贺丰收的仪式中使用；印信台是一处大型祭祀台，发现了十组由数十个红陶缸首尾套接而成的套缸遗迹，是迄今发现长江中游规模最大的祭祀场所；制陶作坊区三房湾出土的上百万件红陶杯或许也和祭祀活动相关。

玉器在祭祀中扮演着重要的角色。神人头像的鸟状翼角和夸张的獠牙，源自先民对野兽力量的认知，是祭祀活动中崇拜的对象，让人心生敬畏。虎头像额顶、玉蝉吻部、玉冠饰的"介"字形尖突，是一种神性符号，在祭祀中通天。而穿孔玉器则可能缀缝、悬挂或镶嵌在法衣、冠冕上，供巫师在祭祀时穿戴。

◎ 刻划符号陶缸

新石器时代石家河文化（距今 4500～4200 年）

直径 25、高 34 厘米

湖北天门石家河遗址印信台出土

湖北省文物考古研究院藏

◎ 獠牙兽面纹陶盘

新石器时代高庙文化（距今 7800 ～ 6800 年）

口径 18、圈足径 15、圈足高 2.7、通高 6.3 厘米

湖南洪江高庙遗址出土

湖南省文物考古研究院藏

　　泥质红陶、矮圈足。在器腹和圈足的外壁戳印有张开双爪、双翅展飞的凤鸟图案、圈足外底上戳印有吐舌獠牙图案。在戳印凤鸟和吐舌獠牙兽面纹图案上均填涂有深红色颜料。高庙文化陶器上装饰的兼具翅膀与獠牙的形象、与石家河玉神人头像具有可比性；而凤鸟元素也流行于两种文化。两者地域接近、高庙文化可能在一定程度上对后世的石家河产生过影响。

石家河文化出土了较多的陶塑人物、动物形象，多为红陶，可区分橙红、橙黄等色，是捏塑、贴塑兼雕塑技艺于一身的工艺品，形体均较小，栩栩如生。陶塑的人物造型多样，或站立或坐卧，动物品类丰富，包含各类家禽家畜和飞禽走兽。对于塑造对象，不求细部描摹，而注重动作塑造和特征部位的着力表达。这些陶塑是石家河人对多彩生活和自然生态的生动刻画，是先民经济生活、原始宗教生活的写照，充分表现了他们在艺术创作上杰出的技艺与才能。抱鱼人偶有覆舟式发型（或戴冠），与玉人头像类似，盘腿而坐，双臂下垂，横抱一条鱼于腿上，神态虔诚。

◎ 陶抱鱼人偶

新石器时代石家河文化（距今 4500 ~ 4200 年）

高 9.4 厘米

湖北天门石家河遗址邓家湾出土

湖北省博物馆藏

◎ 陶抱鱼人偶

新石器时代石家河文化（距今 4500 ~ 4200 年）

高 8.7 厘米

湖北天门石家河遗址邓家湾出土

荆州博物馆藏

◎ 陶抱鱼人偶

新石器时代石家河文化（距今 4500～4200 年）

高 9.5 厘米

湖北天门石家河遗址邓家湾出土

荆州博物馆藏

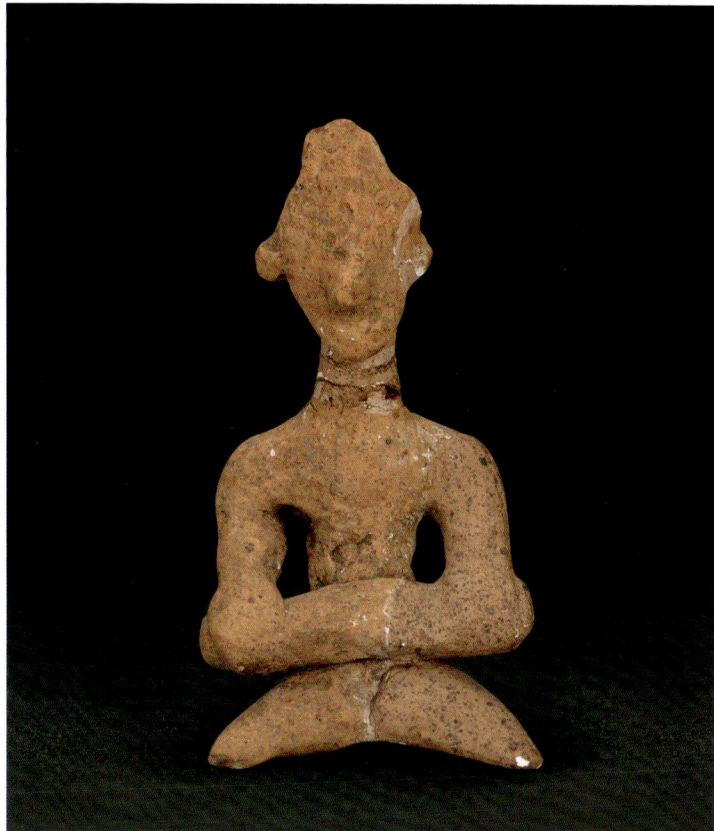

◎ 陶龟

新石器时代石家河文化（距今 4500～4200 年）

长 3.5、高 1.8 厘米

湖北天门石家河遗址邓家湾出土

荆州博物馆藏

◎ **陶狗**

新石器时代石家河文化（距今 4500 ～ 4200 年）

长 7、高 4.3 厘米

湖北天门石家河遗址邓家湾出土

荆州博物馆藏

◎ **陶狗**

新石器时代石家河文化（距今 4500 ～ 4200 年）

长 6.2 厘米

湖北天门石家河遗址邓家湾出土

荆州博物馆藏

◎ 陶鸡

新石器时代石家河文化（距今 4500 ~ 4200 年）

长 6.5、高 10.3 厘米

湖北天门石家河遗址邓家湾出土

荆州博物馆藏

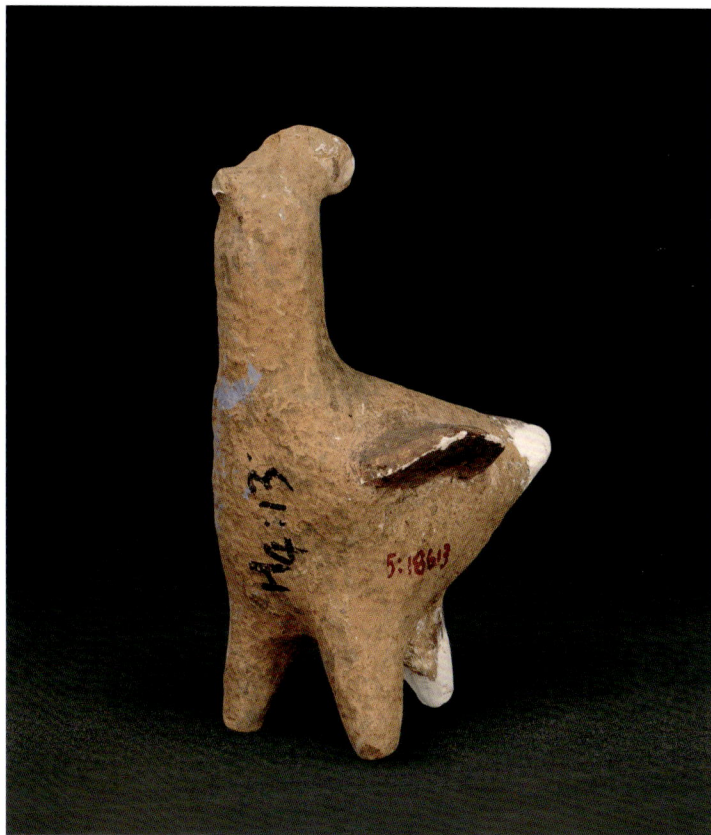

◎ 陶猴抱桃

新石器时代石家河文化（距今 4500 ~ 4200 年）

高 6 厘米

湖北天门石家河遗址邓家湾出土

湖北省博物馆藏

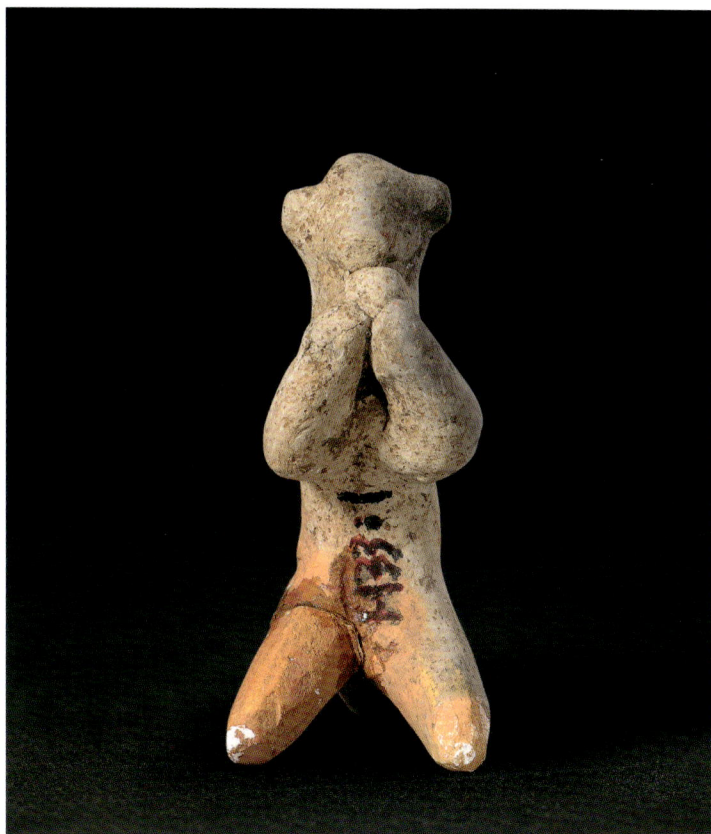

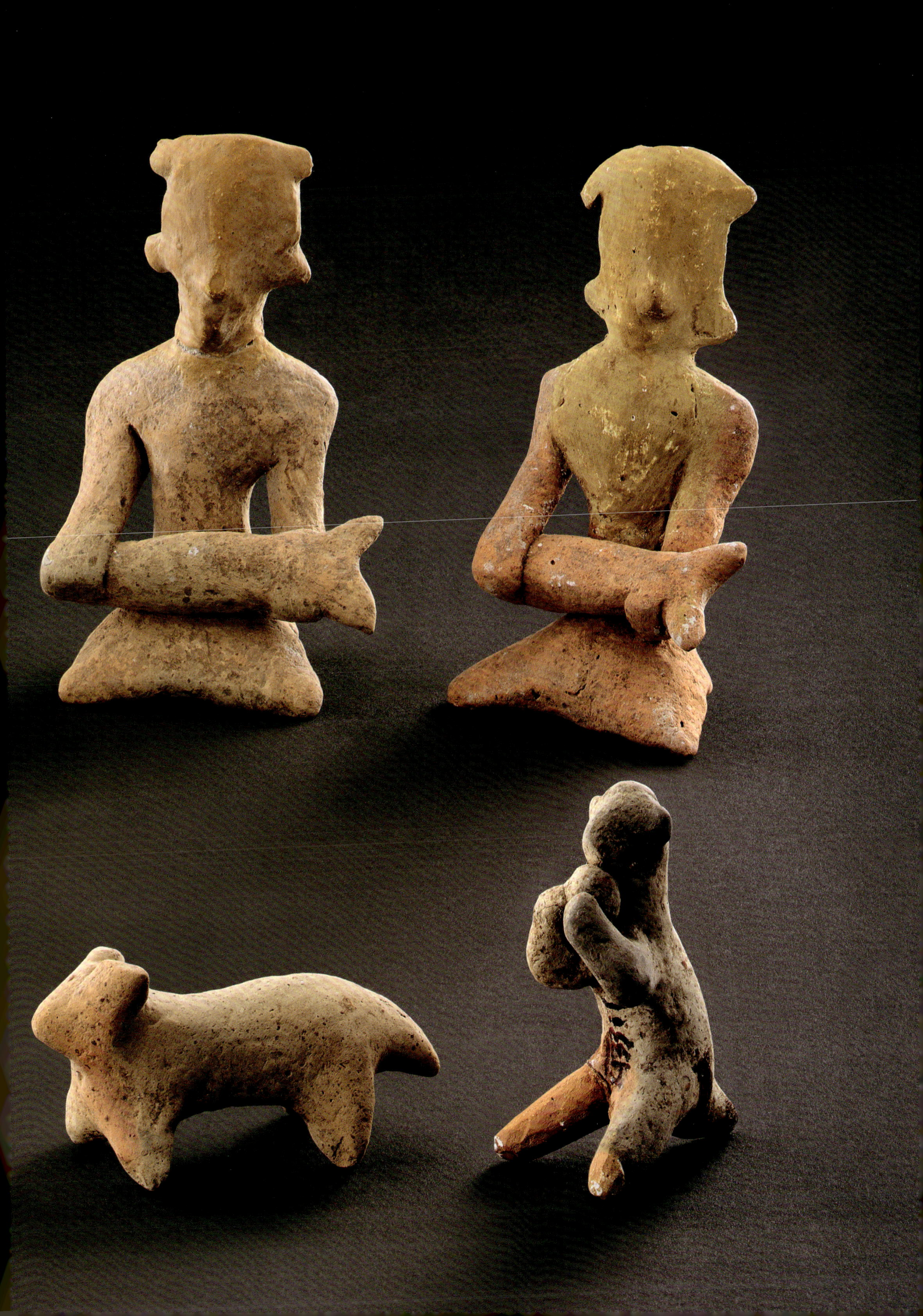

◎ **陶鹰**

新石器时代石家河文化（距今 4500～4200 年）

底径 6.2、高 7.4 厘米

湖北天门石家河遗址三房湾出土

湖北省文物考古研究院藏

◎ 红陶杯

新石器时代石家河文化（距今 4500 ~ 4200 年）

直径 8.3、高 9.5 厘米

直径 8.5、高 9 厘米

直径 8、高 9 厘米

湖北天门石家河遗址三房湾出土

湖北省文物考古研究院藏

Unit 3

The Origin and Distribution of Shijiahe Jade

Jade is a carrier of cultural exchange and interaction. The period when Shijiahe jade flourished was an era of frequent cultural exchanges and a critical period of social and cultural transformation. In retrospect, some design of the Shijiahe jade can be traced back to Liangzhu Culture (the jade kingdom on the lower reaches of the Yangtze River) and even the earlier Lingjiatan Culture. In the contemporaneous sites such as Xizhufeng, Liangchengzhen, Taosi and Shimao, jade mirrors cultural exchanges and mutual influences of the region far from each other. In this perspective, not only did the Shijiahe Jade Culture exert influence on Xia-Shang-Zhou dynasties, but also impact the Shu Culture in the upper reaches of the Yangtze River.

美玉如斯，是文化交流互动的载体。石家河玉器兴盛时期正处于文化交流频繁的时代，也是社会文化转型的关键期。在此回望，石家河玉文化的一些因素可溯源于长江下游的玉器王国——良渚，乃至更早的凌家滩文化；在与之同时代的西朱封、两城镇、陶寺与石峁等遗址之中则可透过玉器一窥区域间远距离高层级的文化交流与相互影响；以此为原点，石家河玉文化既流向三代，又溯江而上影响了神秘奇谲的古蜀文明。

瑶玉源流

玉韵融通

JADE CULTURE IN CIVILIZATION INTEGRATION

　　长江流域史前文明中有着三次治玉高峰——凌家滩文化、良渚文化和后石家河文化。受长江下游玉文化的辐射，石家河玉器的部分因素可以凌家滩和良渚为源头。凌家滩玉人便可见双耳穿孔和"介"字形冠等要素，虎、鹰、龙等神灵动物则丰富了玉器题材；良渚神人形象与高超的治玉工艺也影响至长江中游。石家河玉文化正是在融合与创新中形成。

　　同时代，石家河玉器和图像散见于各地。虎头、鹰形笄、冠饰等典型器，在晋南、陕北、豫东、山东诸地流转。山东及山西在玉礼器上装饰神人与鹰纹，尤其是山东龙山文化，尽管玉质和器类迥异，但造型风格却与石家河一致，反映出彼此存在着密切的精神和技术交流。石家河玉器的母题纹样还跳脱材质，出现在石峁石雕之上，其承载的观念信仰，随着人群与技术的流动，在距今 4000 年前后的早期中国广泛传播。

◎ 玉人

新石器时代凌家滩文化（距今 5800 ～ 5300 年）

高 8.1、肩宽 2.3、厚 0.8 厘米

安徽含山凌家滩遗址 98M29 出土

安徽省文物考古研究所藏

∴另见第 260、261 页

玉人呈蹲姿、方脸、头戴圆冠，冠有尖顶，顶上有三个突起。两颊及脑后的横线表示冠帽的披饰垂至耳根。长眼、蒜头鼻、阔口、双唇紧闭、耳垂钻孔。双臂弯曲于胸前，小臂刻划8条横纹表示手镯，腰间饰一腰带，双腿前屈，双足并拢。背后有一对钻的隧孔。玉人所戴之冠正面如同"介"字，是史前以"介"字形冠标志神格的滥觞之一。

◎ 双虎首玉璜

新石器时代凌家滩文化（距今 5800～5300 年）

外径 11.9、内径 7.1、宽 1.5、厚 0.5 厘米

安徽含山凌家滩遗址 87M8 出土

安徽省文物考古研究所藏

◎ 虎首玉璜残件

新石器时代凌家滩文化（距今 5800～5300 年）

残长 5.3 厘米

安徽含山凌家滩遗址 07M22 出土

安徽省文物考古研究所藏

◎ 虎首玉璜残件

新石器时代凌家滩文化（距今 5800～5300 年）

残长 15、宽 1.5、厚 0.5、眼孔径 0.2 厘米

安徽含山凌家滩遗址征集

含山博物馆藏

∴另见第 174、175 页

2016年于凌家滩遗址07M22出土的虎首与1987年在含山征集的玉虎可合为一件虎首玉璜。璜体较直，两端雕刻出相背的虎首及上肢轮廓，并阴刻梭形眼眶、口、獠牙、前肢。前肢屈于胸前，呈匍匐状。以圆形穿孔作为虎的瞳仁，可供穿系。明确的虎形象在凌家滩文化时期出现，反映了长江流域先民对自然界野兽的原始信仰。

◎ 玉虎头像

新石器时代后石家河文化（距今 4200～3800 年）

长 4.2、宽 3.4、厚 0.4 厘米

湖南澧县孙家岗遗址 87 号墓出土

湖南省文物考古研究院藏

灰白色不透明、局部有黄沁。片状、两面均以阳线勾勒眼睛、耳、鼻、口、口部微张、獠牙咬合、口中圆形穿孔可供穿系、下颌饰勾卷纹。此件为虎首的侧面形象、较为少见。

◎ 鹰首玉璜

新石器时代后石家河文化（距今 4200～3800 年）

通宽 6.7、高 5.5、器身宽 1.2、厚 0.5 厘米

湖南澧县孙家岗遗址 147 号墓出土

湖南省文物考古研究院藏

∵另见第 182、183 页

透闪石、白色不透明。片状、整体呈"U"形。一端雕出鸟首、鸟首与璜体之间以宽带相接、另一端成尖状。鸟首向外、勾喙、有顶翎、两面均以阴线刻出眼、喙、羽毛等特征。

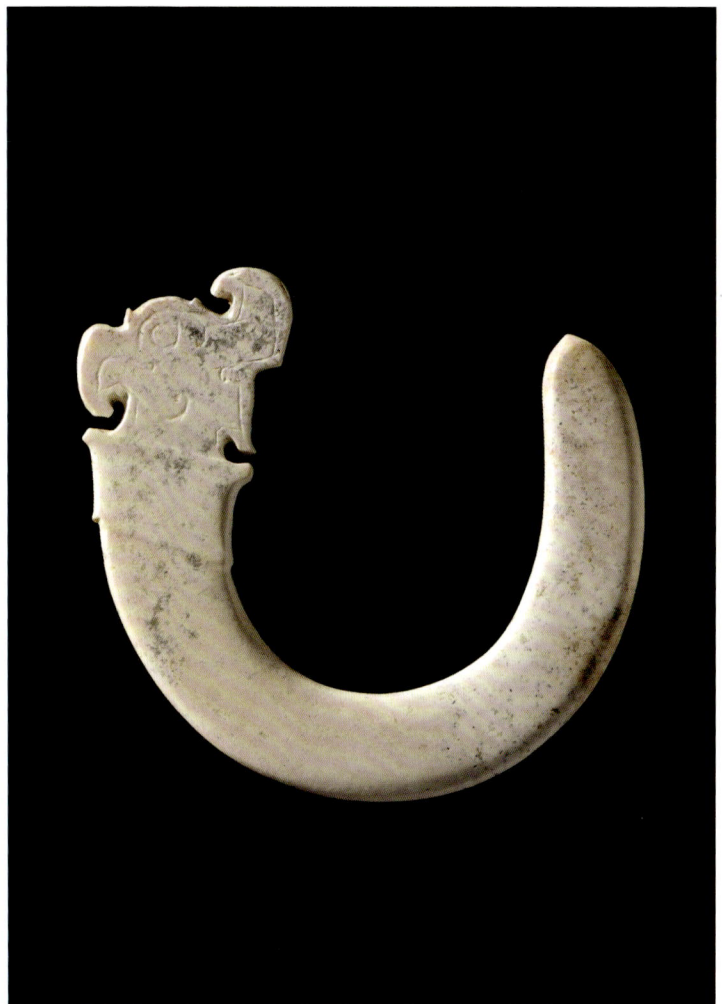

◎ 玉鹰

新石器时代后石家河文化（距今 4200 ～ 3800 年）

通宽 4、高 1.8、厚 0.5 厘米

湖南华容七星墩遗址征集

湖南省文物考古研究院藏

———————

整体作展翅飞翔状，正面雕刻圆眼和前突的喙部，减地推磨出翅膀上的羽翎纹，底面光素，上下各有一隧孔，翅膀上端还有一残缺的隧孔。亦有学者认为此件应为展翅的蝉。

◎ 神人纹玉琮

新石器时代良渚文化（距今 5300 ～ 4300 年）

通高 5.7、射口直径上 8.7 ～ 9.1、下 8.6 ～ 9、

外孔径 6.4、内孔径 5.9 厘米

浙江余杭良渚反山遗址 14 号墓出土

良渚博物院藏

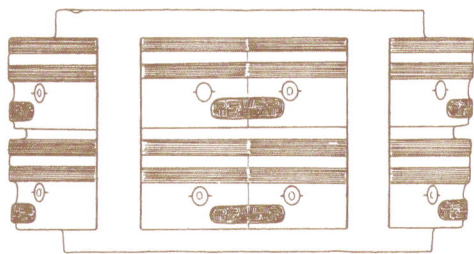

线图非原大，摘自《反山》，第 118 页

◎ 神人兽面及鸟纹玉冠状器

新石器时代良渚文化（距今 5300～4300 年）

高 5.3、宽 7.7、厚 0.35 厘米

浙江余杭良渚瑶山遗址 2 号墓出土

良渚博物院藏

∵ 另见第 262、263 页

线图摘自《瑶山》，第 35 页

　　整体呈"介"字形冠状，下角弧形内收，下部榫头对钻3个圆孔。正面阴刻一神人兽面纹。神人呈倒梯形脸、重圈眼、宽鼻、张口、头戴的"介"字形羽冠沿冠状器的边缘线刻绘。神人身躯省略，其下为兽面。兽面大眼圆睁、咧嘴露出上下獠牙、肢体省略。器底边饰卷云纹带。神人兽面两侧各有一只飞鸟。神人与鸟同在一器作为崇拜对象的情况在良渚文化已经存在。

◎ 透雕玉冠状器

新石器时代良渚文化（距今 5300～4300 年）

高 4.1、上宽 5.7、下宽 5 厘米，

榫宽 4.8、厚 0.45 厘米

浙江余杭北村遗址 106 号墓出土

浙江省文物考古研究所藏

∵ 另见第 272、273 页

整体呈倒梯形，下部榫头对钻三个小孔，用于连接发梳作冠饰。利用线镂工艺镂刻出十个三叉状孔。两面均用钻孔和阴刻表现兽面纹饰。兽面重圈眼、胡须卷曲、张口露出獠牙。良渚的透雕工艺为石家河精妙的透雕技法奠定了基础。

◎ 透雕玉冠饰

新石器时代后石家河文化（距今 4200 ～ 3800 年）

冠宽 5.95、最宽 9.7、底宽 6.1、

高 4.9、厚 0.3 ～ 0.41 厘米

湖北天门石家河遗址谭家岭 9 号瓮棺出土

天门市博物馆藏

∴ 另见第 279 页

整体造型为简化的神面，头戴"介"字形冠，左右伸出鸟状装饰，以透雕的方式表现旋目，眉心有一四角星镂孔。可能连接发笄作冠饰。

良渚玉器中有一类玉锥形器，从圆锥状逐渐演化为方锥状，椎体分节，并在转角雕刻简化的神人兽面纹。玉锥形器功能多样，成组的玉锥形器作为头饰标志男性的身份等级，或与漆觚组合，榫接于木棒上置于觚中以灌酒，是夏商周裸（guàn）礼的源头。石家河玉柄形器受到良渚影响，肖家屋脊遗址出土一件玉柄形器雕琢出五节，饰极简的神面纹，尖端有榫，形态接近良渚锥形器。

◎ **神人纹玉锥形器**

新石器时代良渚文化（距今 5300～4300 年）

长 5、最宽处宽 1.1 厘米

浙江余杭瓶窑镇汇观山采集

良渚博物院藏

∵另见第 264、265 页

◎ **神人兽面纹玉方锥形器**

新石器时代良渚文化（距今 5300～4300 年）

长 6.5、方体直径 0.8 厘米

浙江余杭良渚瑶山遗址 2 号墓出土

良渚博物院藏

∵另见第 266、267 页

石家河玉文化特展

◎ 玉柄形器

新石器时代后石家河文化（距今 4200～3800 年）

残长 6.5、中间直径 0.7 厘米

湖北天门石家河遗址肖家屋脊出土

荆州博物馆藏

∴ 另见第 268 页

良渚文化零星发现玉蝉。北村遗址出土玉蝉是目前所见年代最早的玉蝉，说明蝉已纳入到良渚的信仰体系之中。但直至后石家河文化时期，玉蝉才在江汉地区大量出现，信仰地位进一步提高。及至商周，蝉纹仍是青铜器上常见的纹样。

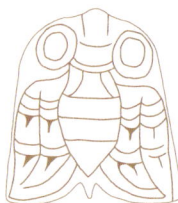

◎ 玉蝉

新石器时代良渚文化（距今 5300～4300 年）
高 2.6、宽 2.4、厚 0.6 厘米，孔径 0.3～0.55 厘米
浙江余杭北村遗址 106 号墓出土
浙江省文物考古研究所藏

玉蝉整体雕刻出蝉的成虫形态，正面阴刻蝉的细部。吻部尖突，有"介"字形冠之态、重圈眼、头与身体以两道弦纹为界、橄榄形的身体分节，左右蝉翼各分二层，并向两侧外撇。背后有隧孔，原应缝缀于墓主人胸前。

◎ 玉蝉

新石器时代后石家河文化（距今 4200～3800 年）

宽 2、高 2.5、厚 0.9 厘米

湖北天门石家河遗址肖家屋脊 6 号瓮棺出土

湖北省博物馆藏

∵ 另见第 149、280 页

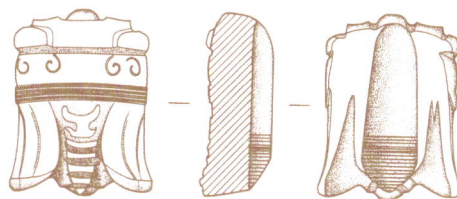

线图摘自《肖家屋脊》，第 319 页

牙璋是新石器时代晚期至青铜时代重要的玉礼器，亦有杀伐之用。分布范围遍及黄河流域、长江流域及以南的广大区域。牙璋最早出现于大汶口文化晚期的山东海岱地区，龙山文化时期向西传播至陕北石峁遗址，石峁也是同时代发现牙璋最多的遗址。扉牙的造型从简到繁，器身长度也从20～30厘米发展到50厘米。荆州汪家屋场遗址征集的两件牙璋，说明了江汉地区与陕西、山东等地间的文化互动。

◎ **玉牙璋**

龙山时代晚期（距今4300～3800年）
长约35厘米
陕西神木石峁遗址出土
陕西省考古研究院藏

◎ 玉牙璋

新石器时代后石家河文化（距今 4200～3800 年）

阑间距 9.2、厚 0.7 厘米

湖北荆州汪家屋场遗址征集

荆州博物馆藏

海岱地区与江汉、澧阳平原地区在长期的神祇、祖先、神灵动物的信仰下，以及区域间文化交流中，都发展出了神人形象。常见具有"介"字形冠、獠牙、佩戴耳饰、左右伸出鸟状装饰等特征，形象相似又不全然相同。山东龙山文化多将神人形象雕刻于有刃玉礼器之上，意图增加玉礼器通天的神力；石家河人则将神人独立制器，装饰于身，借以在祭祀中联通人神。

◎ 神面纹玉圭

新石器时代龙山文化（距今 4300 ～ 3800 年）
高 18、上宽 4.9、下宽 4.5、厚 0.6 ～ 0.85 厘米
山东日照两城镇征集
山东博物馆藏
∴另见第 254 ～ 257 页

玉圭呈墨绿色，由于曾断为两截，因此沁色不同。器身窄长近梯形，宽端单面斜刃。两面均阴刻有神面纹、头戴"介"字形冠、旋目、左右横出鸟状飞檐，两面造型略有不同。

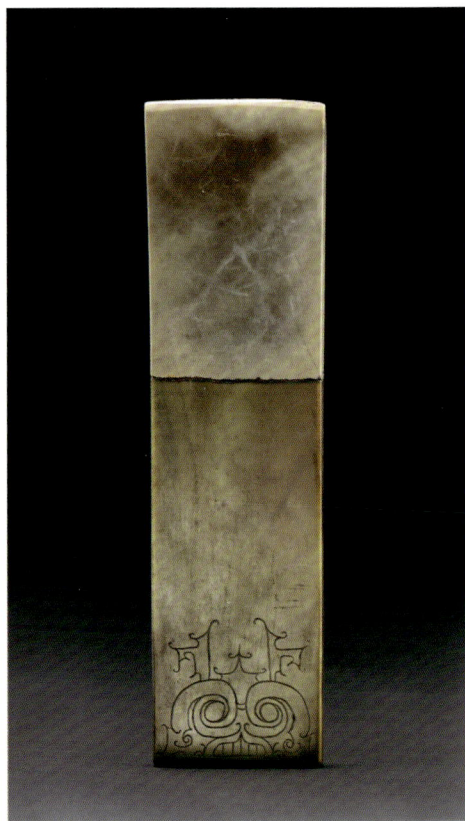

玉神

石家河玉文化特展

◎ 人头像玉片

新石器时代后石家河文化（距今 4200 ～ 3800 年）

通高 2.18、宽 3.15、厚 0.61 厘米

湖北天门石家河遗址谭家岭 4 号瓮棺出土

天门市博物馆藏

∵ 另见第 258、259 页

在近梯形玉片上以粗线阴刻出一双圆眼，以细线阴刻出神面纹的其他部分，与两城镇玉圭的神面纹极为相似，受限于雕刻面，纹饰布局有所不同。左右两侧各有一穿孔。玉片纹饰一反通常浮雕的做法，阴刻出与山东两城镇玉圭相似的神面纹，可视为二者文化交流的证明。

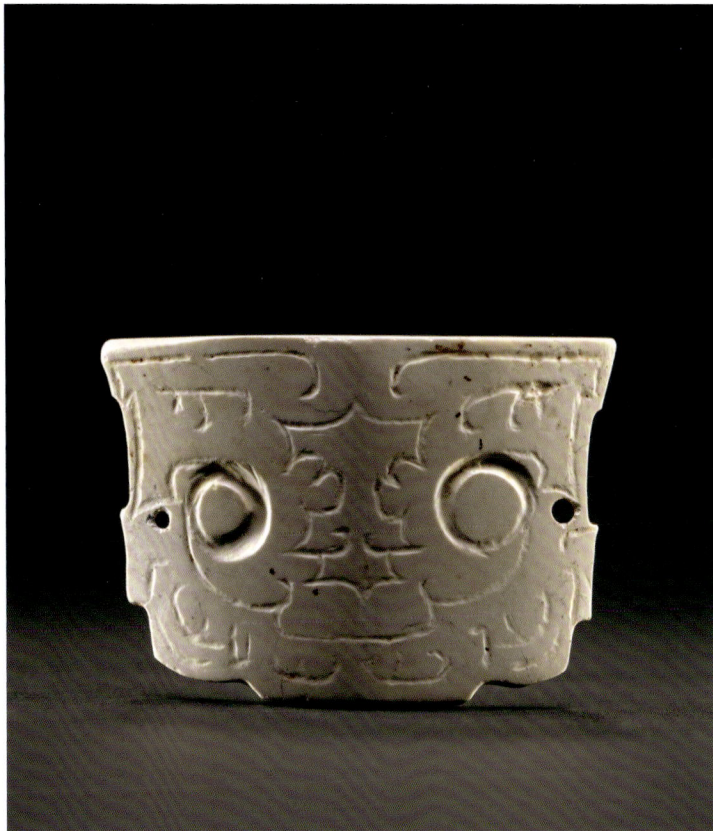

◎ 玉冠饰

新石器时代后石家河文化（距今 4200 ～ 3800 年）

宽 3.3、高 1.8、厚 0.4 厘米

湖北天门石家河遗址肖家屋脊 6 号瓮棺出土

湖北省博物馆藏

∵ 另见第 212、213 页、插页

片状透雕、光素无纹、整体呈"介"字形冠状，或可做冠饰安插于玉神人头像之上，也可能为简化的神人形象。面中以细长镂孔表现双目，两侧伸出上翘的飞檐。此类玉冠饰与两城镇玉圭神面纹的"介"字形冠形制相似、意义相通。

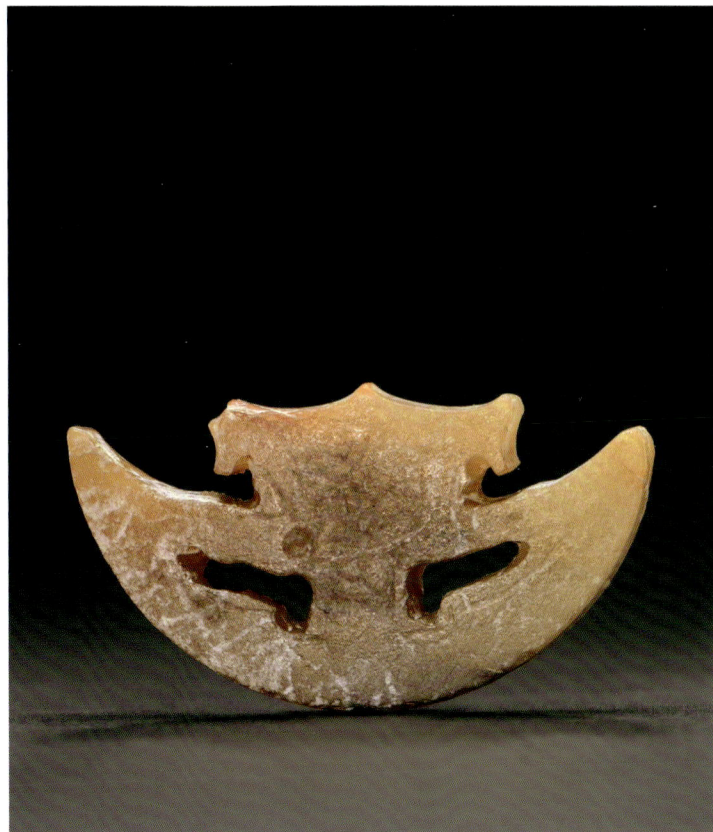

◎ 玉圭

新石器时代龙山文化（距今 4300～3800 年）

高 21、宽 4、厚 0.1 厘米

山西侯马煤灰制品厂东周祭祀遗址 132 号坑出土

山西博物院藏

∴ 另见插页

玉圭呈细腻匀净的牙黄色，上宽下窄，下方有一圆孔，圆孔上方有两组弦纹与宽凹槽相间的纹饰。器身正中阴刻一只昂首展翅的鹰纹。这件玉圭是东周遗迹中出土的龙山文化旧玉，可能如其他龙山文化神面纹玉圭一样，另一面曾装饰神人纹饰，但遭剖切。相同的鹰纹也存在于石家河玉器。

玉神

石家河玉文化特展

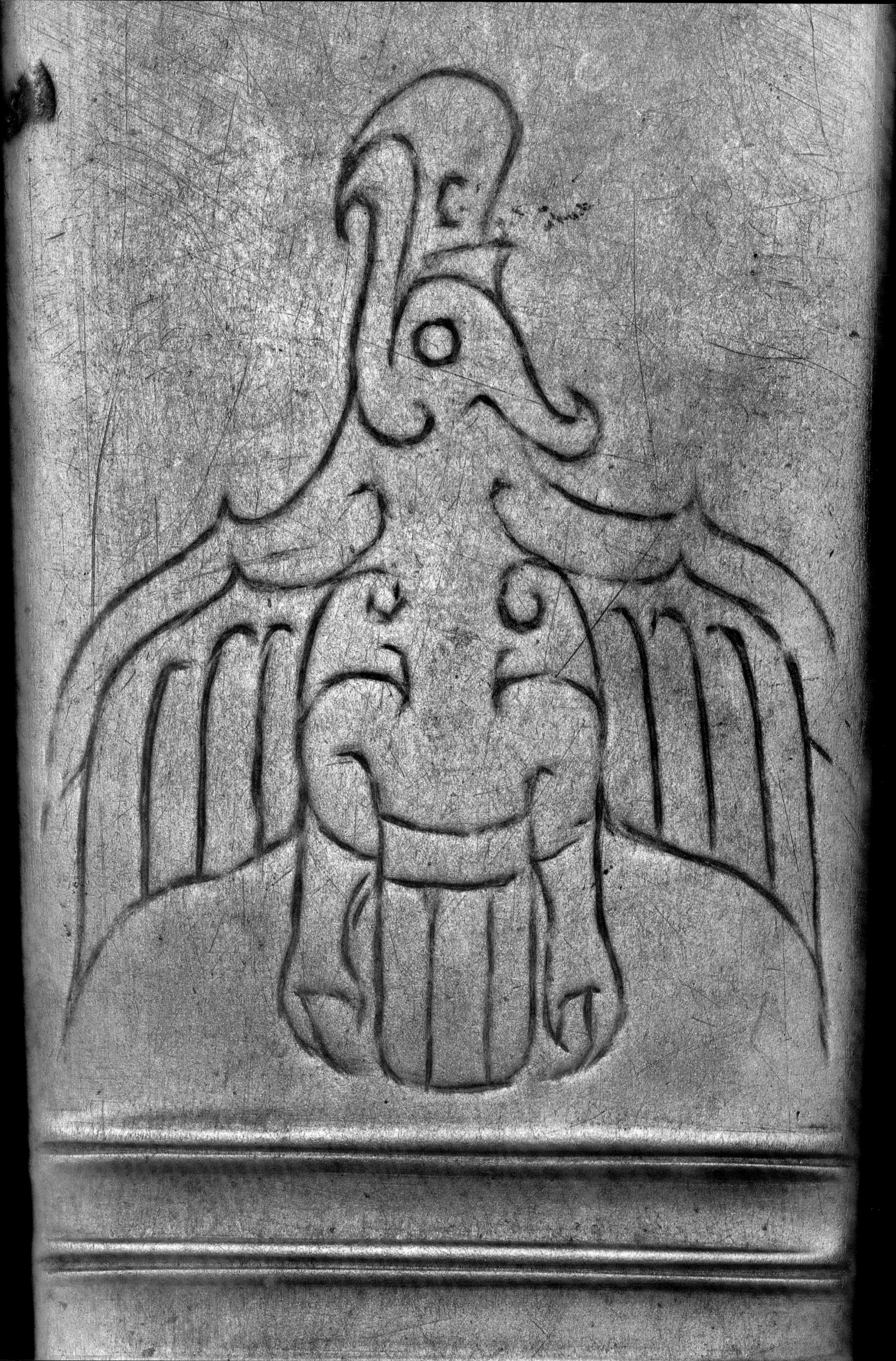

◎ 玉牙璧形器

新石器时代后石家河文化（距今 4200～3800 年）
直径 4.2、厚 0.4、孔径 0.2～0.4 厘米
湖北天门石家河遗址谭家岭 4 号瓮棺出土
天门市博物馆藏

牙璧最初被称为璇玑，被认为是一种天文仪器。牙璧起源于辽东半岛和山东海岱地区，在璧的周缘刻出同向旋转的牙，以三牙者最多，偶有两牙、四牙甚至五牙者，造型可能源于海上漩涡。至龙山文化时期，牙璧的数量增多，形制也渐趋复杂，并传播至长江中游地区。在石家河遗址曾出土、采集到典型的牙璧，亦有模仿牙璧造型、仅刻出一牙的小型牙璧形器。

◎ 虎首玉管

龙山时代晚期（距今 4300～3800 年）
高 2.2、宽 2.1 厘米
陕西神木石峁征集
陕西历史博物馆藏

王神

石家河玉文化特展

◎ 玉虎头像

龙山时代晚期（距今 4300 ～ 3800）

高 1.5、宽 1.3、厚 0.8 厘米

山西芮城清凉寺史前墓地 87 号墓出土

山西省考古研究院藏

　　伊利石（云母玉）质地、圆雕、双耳向两侧上方竖起、额顶圆滑、未雕出"介"字形冠、阴刻圆形双目微内凹、两腮外凸明显。额与鼻构成"T"形、符合石家河玉虎头的典型特征。背面平整、两侧各有一斜穿小孔直通背部。云母玉也为石家河遗址常用、此件玉虎可能来自江汉地区。

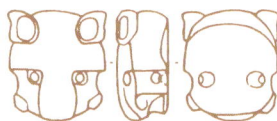

线图摘自《清凉寺史前墓地 上》，第 244 页

玉泽百代

JADE CULTURE PASSED ON FOR GENERATIONS

　　石家河玉器之奇美亦为后世共识，深深影响了中华玉文化。夏商时期的二里头、盘龙城、殷墟等重要遗址均有石家河风格的玉器，其中最著名的当属随葬于妇好墓中的玉凤。两周时期，不少贵族墓葬也随葬石家河风格玉器。及至清代，石家河玉器仍为皇室显贵珍藏。这些玉器有些是古玉收藏，有些为后世改制，有些则是模仿琢制的。

　　以三星堆遗址和金沙遗址为代表的古蜀地区拥有宗教色彩强烈、造型神秘的器物群，吸收了石家河神人像、凤鸟、虎、蝉等图像系统，与石家河玉器在主题、造型艺术和表现手法上具有相似特征。二者在审美意趣上的共通之处，背后是长江流域深厚的信仰渊源与长时间深层次的文化互动，而精神观念的载体却已从玉转移至青铜、黄金等材质。

◎ 玉蝉

埋藏年代：商代

长 4.7、宽 2.2 厘米

湖北武汉盘龙城遗址楼子湾 4 号墓出土

湖北省博物馆藏

∵ 另见第 146、147 页

四面均作浅浮雕蝉状，正反两面形象较完整、圆角方形眼、方吻、颈饰二周凸弦纹、蝉翼下垂外撇、蝉身分节。侧面蝉未刻出蝉身。顶部伸出榫、可用于插接。此件玉蝉不同于石家河以片状或圆雕表现单只蝉的做法、在一件玉器上表现多只玉蝉，安装方式也非石家河惯用的穿孔，可能是同在江汉地区的盘龙城人受到当地后石家河文化传统的影响制作的。

石家河玉器中典型的鹰形玉笄也见于二里头遗址、盘龙城遗址、殷墟等夏商时期遗址，是后人珍藏之物。

◎ 鹰形玉笄

埋藏年代：商代

长 8.8、径 1.4 厘米

湖北武汉盘龙城遗址李家嘴 3 号墓出土

湖北省博物馆藏

∴ 另见插页

此件为盘龙城遗址出土的石家河古玉。上半部作圆雕立鹰，梭形眼、勾喙，喙两侧有穿孔。以减地阳纹雕刻出并拢的双翼，结合阴刻和减地阳刻雕出鹰足和尾羽。尾羽下有一穿孔。背后双翼间为简化的神人面，反映出在石家河的信仰中，鹰鸟与神人为一体两面，可相互转化。

玉神

石家河玉文化特展

◎ 鹰形玉笄

埋藏年代：商代

高 8 厘米

河南淮阳冯塘乡冯塘村出土

河南博物院藏

◎ 鹰形玉笄

新石器时代后石家河文化（距今 4200 ～ 3800 年）

长 15.8、最大径 1.9 厘米

湖南澧县孙家岗遗址 136 号墓出土

湖南省文物考古研究院藏

三代玉柄形器自名为"瓒（zàn）"，在祼（guàn）礼中将瓒置于彝器中用酒灌之以祀神或飨人，彝器多为觚。石家河邓家湾遗址套缸上的刻划符号中已有将棒置于觚中的形象。从良渚玉锥形器至石家河玉柄形器再到三代的"瓒"，形态存在演变，但祼礼从长江流域传播至黄河流域，沿用已久。

邓家湾遗址套缸上类似祼礼的符号

《殷周金文集成》所录铜尊铭文祼礼场景

◎ **玉花头柄形器**

商代

长 11.4、直径 1.3 厘米

湖北武汉盘龙城遗址李家嘴 2 号墓出土

湖北省博物馆藏

∵ 另见第 271 页

三神

石家河玉文化特展

◎ 玉柄形器

商代

长 11.5、宽 2.1 厘米

湖北武汉盘龙城遗址小王家嘴 24 号墓出土

盘龙城遗址博物院藏

玉神

石家河玉文化特展

◎ 玉璜

埋藏年代：商代

长 13.5、厚 0.53 厘米

湖北武汉盘龙城遗址李家嘴 1 号墓出土

湖北省博物馆藏

整体为夔龙形、微曲、张口、尖尾，边缘镂刻繁复的扉牙装饰，身体有一条弧线，并透雕四个长方孔。长方孔保留有较为明显的线锼痕迹：先钻圆孔，再利用线性工具锼刻，与石家河玉器的透雕工艺一致。该玉璜可能改制自石家河古玉。

◎ 玉凤

新石器时代后石家河文化（距今 4200～3800 年）

长 8.45、最宽处 4.75、厚 0.69 厘米

湖南华容七星墩遗址 51 号瓮棺出土

湖南省文物考古研究院藏

　　玉凤为透闪石软玉质地，整体作侧身回首状，正反两面纹饰相同。圆眼、尖喙、透雕繁复的羽冠，短翅收合于身侧、尾羽较短、减地雕刻出羽毛。尾端有一穿孔。此件玉凤是 2023 年七星墩遗址考古新发现，与妇好墓玉凤的造型、风格高度相似，进一步证明妇好玉凤当为商代珍藏的石家河古玉。此次发掘出土的完整玉器较少，多数被有意敲碎，可能存在"碎玉葬"的习俗。部分玉器表面附着黑色残留物，怀疑与"燎祭"仪式中的火烧活动有关。

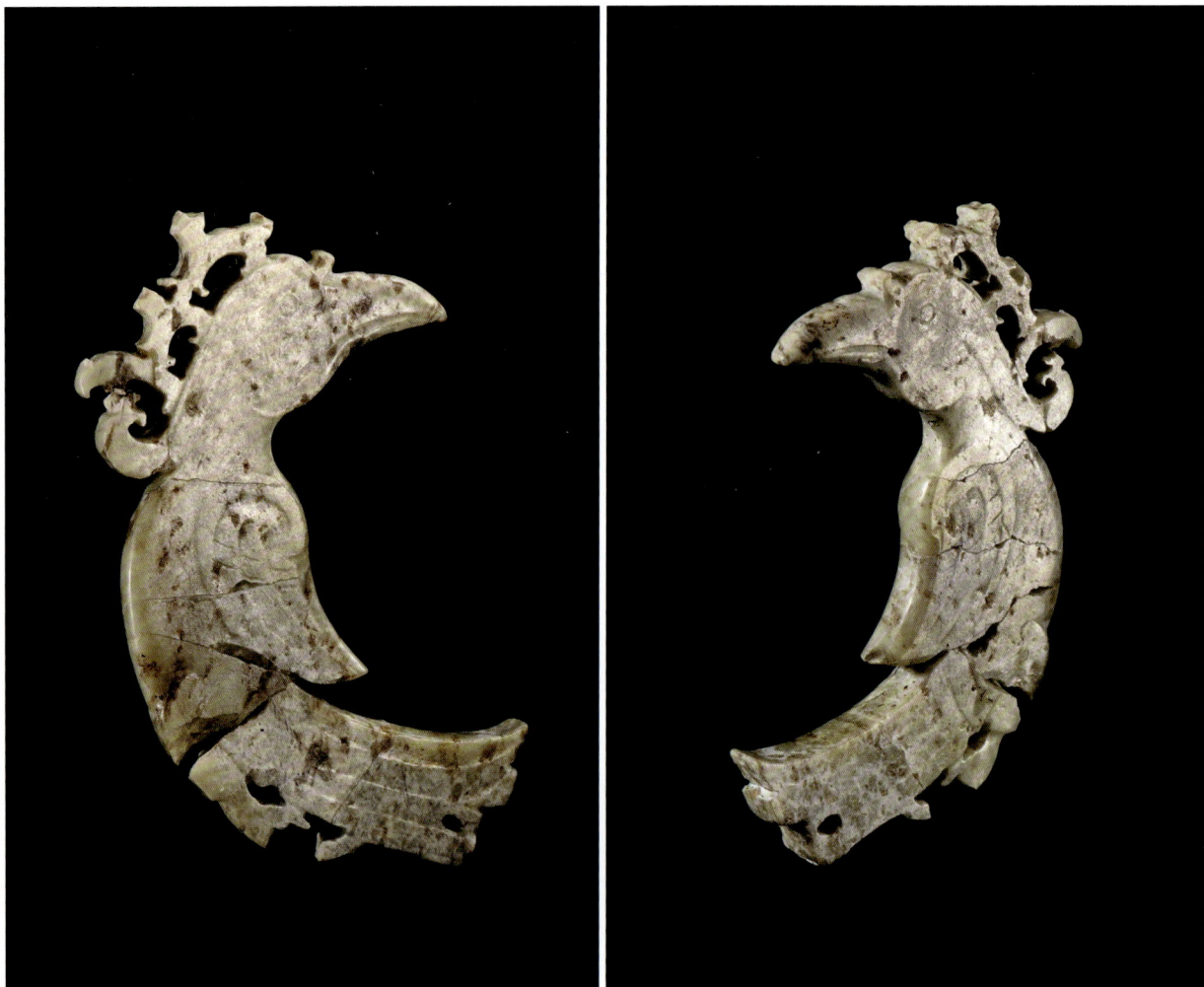

◎ 玉凤

埋藏年代：商代

长 13.8、宽 3.2、厚 0.8 厘米

河南安阳殷墟妇好墓出土

中国国家博物馆供图

　　黄褐色，整体作侧身回首状。圆眼、尖喙、顶部透雕繁复的羽冠，短翅收合于身侧，爪收于腹下，长尾，尾翎分歧。中部外侧有一穿孔突钮，用于穿系佩戴。翅上阳刻出四条精细的羽翎纹。采用透雕、减地阳刻、浅浮雕等琢玉工艺，雕工精湛，优雅秀丽，转顾生姿。妇好玉凤与七星墩遗址玉凤造型十分相似，而细节、雕刻工艺又与罗家柏岭遗址玉团凤如出一辙，当是商代妇好收藏的史前后石家河文化古玉。

石家河玉虎多作首尾上翘呈弧形的奔跑姿态，奠定了夏商时期玉虎的基本形态，至商代逐渐发展出匍匐状、觅食状、半卧状等多种造型，并由素面向施刻纹样发展。

◎ 玉虎

新石器时代后石家河文化（距今 4200 ～ 3800 年）

通长 9.2、宽 3.5、厚 0.55 厘米

湖北天门石家河遗址谭家岭 3 号瓮棺出土

天门市博物馆藏

∵ 另见第 172、173 页

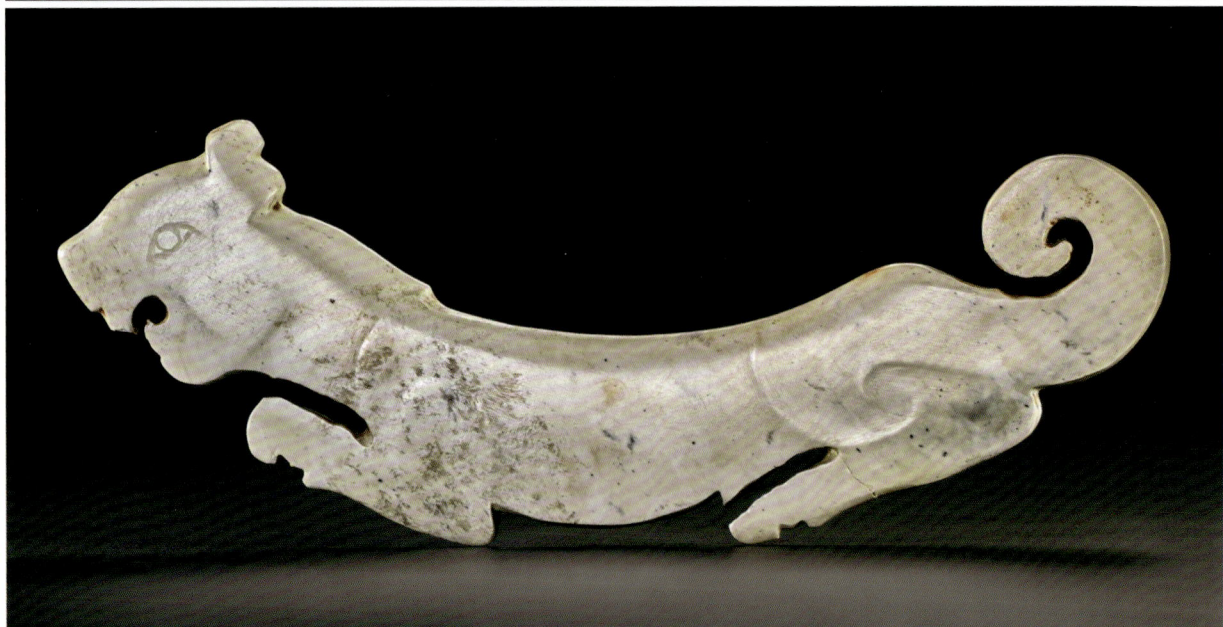

◎ 玉虎

商代

长 7.5、宽 2.4、厚 0.5 厘米

山东济南大辛庄遗址 5 号墓出土

山东大学博物馆藏

　　玉虎作低头觅食状，以阴线勾勒出眼、耳、鼻，口中有一圆形单面钻孔，虎身及尾部用双阴线勾勒出虎纹。

◎ 铜虎

商代晚期至西周

长 20.9、宽 6.2、厚 0.2 厘米

四川成都金沙遗址出土

成都金沙遗址博物馆藏

◎ 玉团凤

新石器时代后石家河文化（距今 4200～3800 年）

直径 4.7、厚 0.6 厘米

湖北天门石家河遗址罗家柏岭出土

中国国家博物馆藏

透雕于圆形玉片之上，器身一面较平，一面微微隆起，两面均浮雕相同的凤纹。凤整体团为首尾相衔的环状，圆目、尖喙，顶有披羽，短翅收合于身侧，爪收于腹下，翅上雕刻四条"S"形阳线表示羽毛，尾羽大且长，分为两股，末端尖细，尾羽上饰凸起的羽翎纹。尾羽上端有一单向穿孔。玉团凤造型飘逸秀美、工艺精湛，被誉为"中华第一凤"，是中国古代凤鸟信仰与艺术的源头。

◎ 太阳神鸟金饰

商代晚期至西周

外径 12.53、内径 5.29、厚 0.02 厘米

四川成都金沙遗址出土

成都金沙遗址博物馆藏

金质，整体为圆形，厚度均匀，极薄。图案分为内外两层，均采用镂空的方式表现。内层图案中心为一没有边栏的圆圈，周围等距分布有十二条顺时针旋转的齿状芒，似旋转不停的太阳。外层图案由四只相同的逆时针飞行的鸟组成，等距分布于太阳的周围，展翅飞翔，爪有三趾，向着同一方向飞行。飞行的方向与内层太阳芒纹的方向相反。整器正面打磨光亮，背面未经打磨，较粗糙。金沙遗址太阳神鸟金饰与石家河罗家柏岭遗址出土的玉团凤均为凤鸟围合的构图，呈现出强烈的动感。二者的相似性既表现出相同的艺术审美，又反映了凤鸟绕日图像背后，两处文化对太阳与凤鸟的信仰相通。

石家河玉文化对三星堆文化的影响在铜人头像和铜兽面上尤为凸显。三星堆平顶编发铜人头像的诸多因素可见于石家河玉器，石家河遗址亦有大量头戴浅平冠的玉人头像，二者在神态特征、发式、冠帽等方面存在相似性。

◎ 铜人头像

商代
高 38.5、横径 19、纵径 17.5 厘米
四川广汉三星堆遗址二号祭祀坑出土
四川广汉三星堆博物馆藏

铜人头像平顶、似戴有平冠、方额、粗眉、梭形眼上斜、蒜头鼻、阔口、大耳穿孔、粗颈，发辫垂于脑后。

◎ 玉人头像

新石器时代后石家河文化（距今 4200 ～ 3800 年）

高 3.3、宽 1.8、厚 0.8 厘米

湖南华容七星墩遗址征集

湖南省文物考古研究院藏

∴ 另见第 188、189、191 页

玉质温润、保存状态较好。正面为覆舟发式、粗眉、双眼上斜、蒜头鼻、阔口、双耳戴环、衣领饰菱格纹、整体神态与三星堆铜人像极为相似、发尾亦收束垂于脑后。

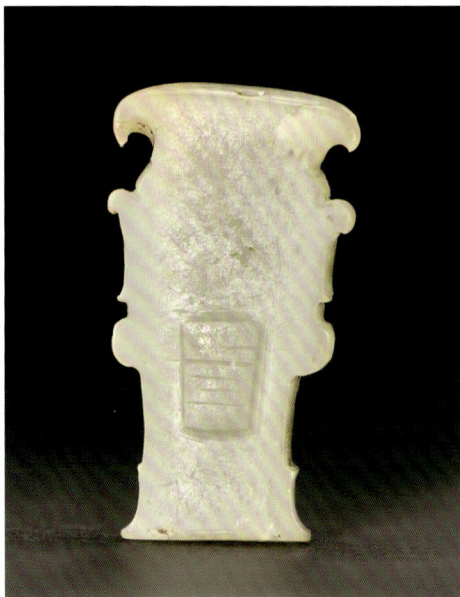

◎ 玉人头像

新石器时代后石家河文化（距今 4200 ～ 3800 年）

高 2.1、宽 1.7 厘米

湖北天门石家河遗址罗家柏岭出土

湖北省博物馆藏

∴ 另见第 185 页

◎ 铜铃

商代

高 7.35、通宽 8.8 厘米，口部横径 7、纵径 3.67 厘米

四川广汉三星堆遗址二号祭祀坑出土

四川广汉三星堆博物馆藏

　　铜铃两面以云雷纹为地，均饰有兽面纹，纹饰上涂有朱砂。兽面纹头上为羽毛状头饰、旋目眼、两翼向外高翘。构图方式和纹样风格与石家河玉器较为相似。

◎ 铜人面形器

商代晚期至西周

长 15.5、宽 14.44、高 0.1 厘米

四川成都金沙遗址出土

成都金沙遗址博物馆藏

　　整体造型似变形人面，又与商周青铜器上的心形蝉纹相似。三星堆和金沙遗址的玉器、铜器、金器上常出现蝉的形象，且多居于器物的显要位置，应当是古蜀文化中的重要符号。与石家河玉蝉相联系，蝉在长江流域可能有着相通的精神内涵和宗教意义。

◎ 铜兽面

商代

高 19.1、宽 29.6、厚 0.5 厘米

四川广汉三星堆遗址二号祭祀坑出土

四川广汉三星堆博物馆藏

三星堆铜兽面与石家河玉神人造型有所相似，具有左右伸出并上扬的羽饰、头顶有似"介"字形冠的装饰、大眼突出、蒜头鼻、阔嘴龇牙，但三星堆铜兽面獠牙不明显。

◎ 铜面具

商代

残宽 19.2、通高 18 厘米

湖北武汉盘龙城遗址杨家湾采集

湖北省博物馆藏

◎ 玉神人头像

商代晚期至西周

长 3.2、宽 2.06、厚 0.27 厘米

四川成都金沙遗址出土

成都金沙遗址博物馆藏

　　质地为含水磷酸盐、硅酸盐的多金属混合矿物料，器表附有铜锈。人头像为侧面像且两面对称，长眉、大眼、钩鼻、阔口、龇牙、耳垂佩戴耳饰，头戴上扬的羽状冠饰。整体造型特征与石家河玉神人像相近，但没有獠牙。

◎ 人首龙身形玉饰

埋藏年代：春秋

外径 3.8 厘米

河南光山宝相寺黄君孟夫妇墓出土

河南博物院藏

∴另见第 211 页

人首龙身形玉饰为一对，人首与身躯构成环状。人首为覆舟发式，脑后长发后卷、臣字眼、蒜头鼻，身体雕刻龙纹，两面纹饰均为阴刻，背面为圆圈眼。另一件正面人首为减地阳纹雕刻。这两件玉饰应是将石家河古玉对剖为二，并加琢改制的。同墓还出土有覆舟发式的玉人头像。

◎ 鹰首玉璜

新石器时代后石家河文化（距今 4200 ～ 3800 年）

长 7.2、宽 2.7 厘米

天津博物馆藏

◎ 虎形玉璜

新石器时代后石家河文化（距今 4200 ～ 3800 年）

长 10.7、宽 1.3 厘米

天津博物馆藏

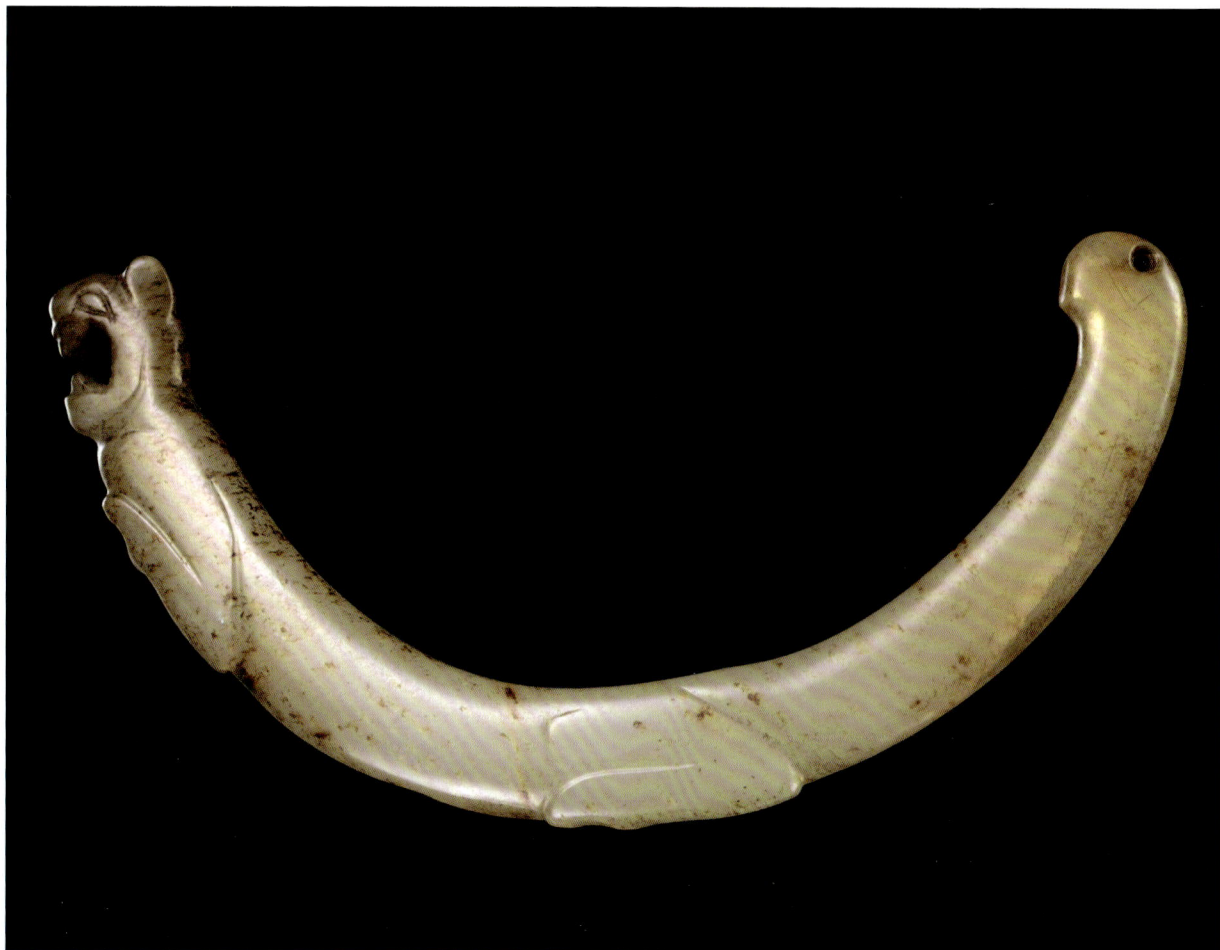

陶寺遗址位于山西襄汾，发现了规模巨大的城址、宫殿、王级大墓、观象台等遗迹。陶寺遗址Ⅱ区22号墓为陶寺文化王级大墓，墓底一个壁龛中随葬一件彩漆大箱，箱顶上有 2 件"玉神面"与 3 组玉璜同出。玉神面与石家河玉冠饰造型相同，是后石家河文化中具有范式化特征和独特象征意义的玉器。在谭家岭 8 号瓮棺中，玉冠饰亦与一组一分为二的玉璜同出。陶寺大墓中的玉神面和玉璜应是来自江汉平原石家河遗址的舶来品。

◎ 玉冠饰

新石器时代后石家河文化（距今 4200～3800 年）

通宽 3.99、高 2.47、厚 0.44 厘米

湖北天门石家河遗址谭家岭 8 号瓮棺出土

天门市博物馆藏

∴另见第 216、217 页，插页

玉冠饰片状透雕、造型写意、或可视为简化的神人形象。眼部以镂空的对钩状孔洞表现、正面起阳突出双眼、头顶"介"字冠和两侧上翘的鸟状飞檐、背面光滑平整。

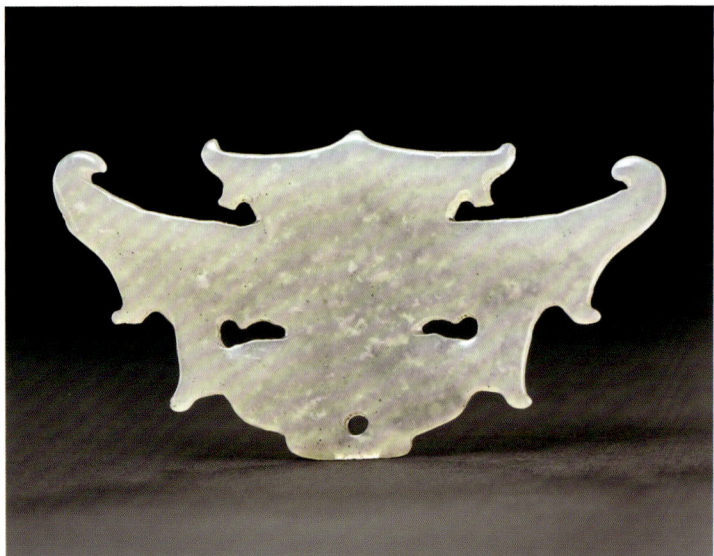

◎ 玉神面

龙山时代晚期（距今 4300～3800 年）

高 3.4、长 6.4、厚 0.2 厘米

山西襄汾陶寺遗址Ⅱ区 22 号墓出土

山西博物院藏

∴另见第 218、219 页，插页

石家河玉文化特展

◎ 玉璜

新石器时代后石家河文化（距今 4200～3800 年）
长 6.6、宽 1.55、厚 0.54 厘米
湖北天门石家河遗址谭家岭 8 号瓮棺出土
天门市博物馆藏
∴另见第 224、225 页，插页

由一桥形玉璜一分为二，应是刻意分割为对称的一对。单面浅浮雕、减地阳刻对称的勾云纹饰，凸缘起扉牙，两侧各有两对凸起宽带。背部光素无纹，背面至底侧有隧孔。

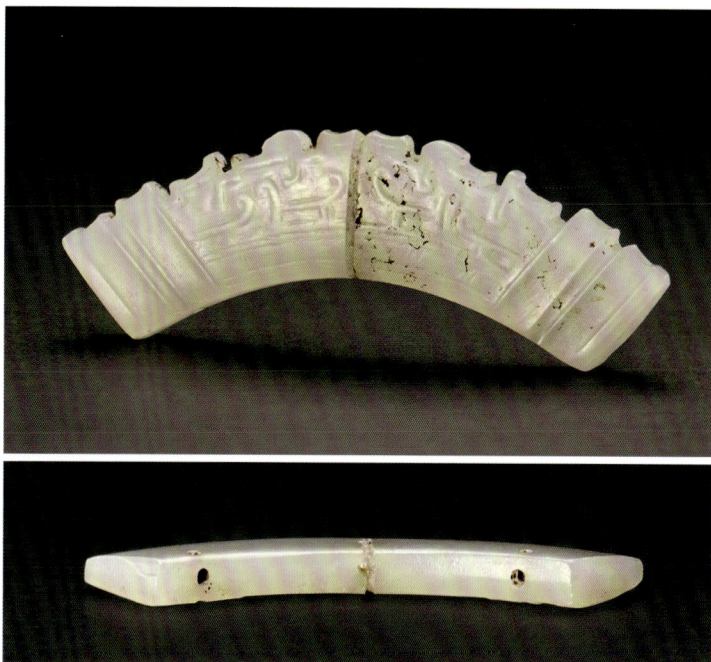

◎ 玉璜

龙山时代晚期（距今 4300～3800 年）
两件同大，长 9.25、宽 3.05、厚 0.15～0.18 厘米
山西襄汾陶寺遗址 II 区 22 号墓出土
山西博物院藏
∴另见第 222、223 页，插页

玉璜呈弧形片状，平端有一穿孔，另一端开凹槽，外缘有四组扉牙，两件玉璜形制相同，应成对缀合使用。

石家河玉文化对三星堆文化的影响尤其体现于人头像。三星堆青铜人像中头戴冠帽和箍发形象均见于石家河，它们共同具有双耳穿孔、菱形或梭形大眼、蒜头鼻或鹰钩鼻、阔嘴和短颈等特征，均是宗教祭祀用物。三星堆 3 号祭祀坑出土的高冠铜人头像，冠身较高且向后下方弯折，表面有多道沟垄，亦可溯源于石家河。谭家岭遗址及孙家岗遗址均出土此类高冠，收藏品中亦可见相似造型。这种高冠神人形象在江西新干大洋洲商墓也有延续，出土的神人玉牌饰保留了典型的石家河神人形象，头顶的高冠与孙家岗一致，区别在于平面与立体的处理方式。

◎ 玉人头像

新石器时代后石家河文化（距今 4200 ～ 3800 年）

高 3.9、冠直径 2.3、底直径 1.85 厘米

湖北天门石家河遗址肖家屋脊 7 号瓮棺出土

荆州博物馆藏

∵另见第 196 ～ 199、201、203 页

　　头像整体浮雕于圆管表面，头发均匀地盘成一圈，在脑后绾成发结，再以辫索状发箍固定。五官为浅浮雕、梭形眼上挑、宽鼻、鼻上端与眉相连、阔口微张、双耳戴耳饰、粗颈。

王神

石家河玉文化特展

◎ 铜人头像

商代

高 13.6、宽 10.8、头纵径 7.3、横径 7.4 厘米

四川广汉三星堆遗址二号祭祀坑出土

四川广汉三星堆博物馆藏

∵另见第 202 页

头像戴辫索状发箍，短发，宽额，长刀眉，梭形大眼，蒜头鼻，阔口，大耳，耳廓有三个圆孔。粗颈，颈前下端铸成角，颈后下端略平。

◎ 虎首玉冠饰

新石器时代后石家河文化（距今 4200 ～ 3800 年）

长 7.88、宽 1.84、厚 0.4 ～ 0.8 厘米

湖北天门石家河遗址谭家岭 9 号瓮棺出土

天门市博物馆藏

∵ 另见第 227、232 ～ 235、279 页

整体造型为虎首戴高冠，底端有榫眼，应安插使用。下部为双面浅浮雕虎首，上部为高冠，冠表面饰十二道纵向平行棱脊。冠顶后卷，背后雕刻简化的神面。神面重圈双眼圆睁，鼻与唇相连，头顶中央为羽冠，左右有角。羽冠与高冠的正面相连处已残断。此件虎首玉冠饰表现了石家河玉器各造型元素复合成器的情况，构思奇巧，技法精湛。

◎ 玉冠饰

新石器时代后石家河文化（距今 4200 ～ 3800 年）

高 4.4、宽 2.5、厚 0.7 厘米

湖南澧县孙家岗遗址 141 号墓出土

湖南省文物考古研究院藏

∴ 另见第 227 ～ 229 页

整体呈梯形，上宽下窄。上部向后弯卷，有十六道纵向平行棱脊，下部凸起二道宽带。底面磨平，中间有钻孔。

◎ 高冠铜人头像

商代
冠宽 7.1、脸宽 6、通高 21.2 厘米
四川广汉三星堆遗址三号祭祀坑出土
四川省文物考古研究院藏
∴另见第 226 页

仅存头部，整体器形不明。国字脸、粗眉、三角斜眼、阔鼻、大口、方颌、长方耳、耳垂处有小圆孔，头后有"U"形轮廓，发式应为"笄发"。头戴高冠、冠梁较宽、绕头一圈、前额两侧向外伸出，呈"几"字形，冠向后下方弯折，表面有多道沟垄。下颌下接一长柱，似表现颈部，末端呈尖锥状，原应套接其他器物，头后往下斜伸出一圆柱。

◎ 玉神人牌饰

商代
通高 16.3、中宽 6.2、厚 0.4 厘米
江西新干大洋洲商墓出土
江西省博物馆藏
∴另见第 227 页

磷铝石质地，两面均粘有朱砂。整体为戴高冠的神人头像。高冠表面饰左右对称的多道沟垄，冠顶两角外卷示意后折，冠下部横刻四条阳线。卷云眉、梭形眼、眼角作下勾状、眼珠圆睁、蒜头鼻、鼻梁直挺、阔口龇牙、露出上下獠牙，并表现出唇周皱纹，头部左右伸出鸟状装饰，双耳戴耳饰。造型上模仿石家河玉神人头像，但看似凸起的阳线实为"双阴挤阳"手法，是商代玉器的工艺特征。

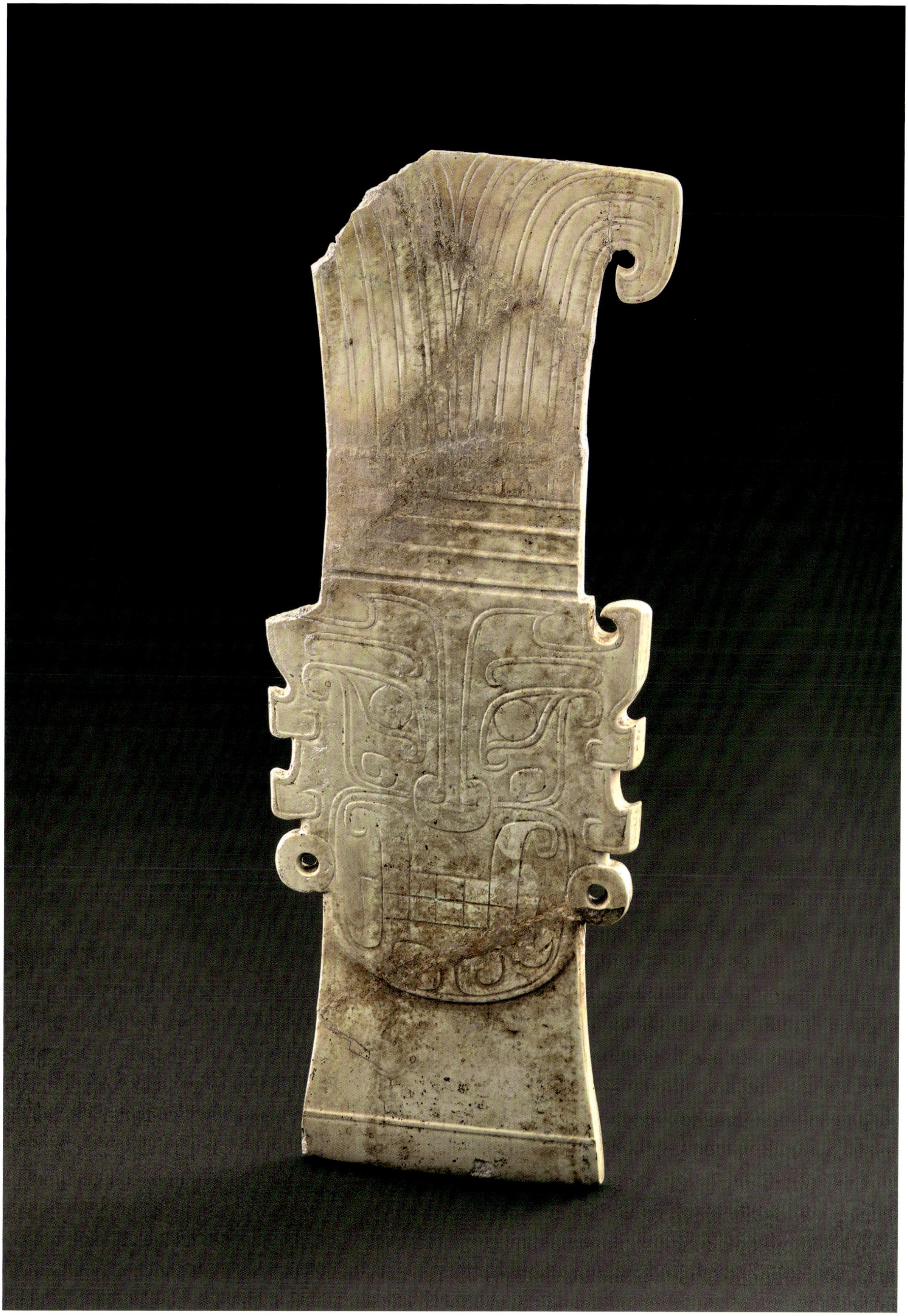

头戴"介"字形冠、眼角尖锐的大眼、蒜头鼻、咧嘴露出上下獠牙、双耳穿孔戴耳饰、头两侧伸出鸟状装饰，是石家河玉神人最典型的形象。"介"字形冠或可与平顶神人组合安装，亦或可独立为简化的神面。神人形象在后世流传久远。山东济南大辛庄遗址 141 号商墓出土的神人头像为较为少见的侧面形象；山西曲沃羊舌晋侯墓地 1 号墓的神人头像则直接表现神人佩戴"介"字形冠的造型。二者可能均为石家河遗玉，也反映出石家河玉器的组合情况。存世亦有神人与虎、神人与鹰、虎与冠等多种类型的组合。

◎ 玉神人头像

新石器时代后石家河文化（距今 4200 ～ 3800 年）

最宽处 4.6、冠宽 3.1、高 3.35、厚 0.6 ～ 1.1 厘米

湖北天门石家河遗址谭家岭 9 号瓮棺出土

天门市博物馆藏

∵另见第 240、241、248、278 页

整体镂雕出神人形象，结合阴刻、浮雕等技法表现面部。神人戴平顶冠，冠正面阴刻羽状纹饰，额左右两侧伸出飞檐形似双鸟，梭形大眼，蒜头鼻，阔口龇牙，露出上下獠牙，双耳穿孔佩戴耳饰，粗颈。顶至底有一穿孔。

◎ 玉冠饰

新石器时代后石家河文化（距今 4200～3800 年）

通宽 4.05、高 2.49、厚 0.35 厘米

湖北天门石家河遗址谭家岭 9 号瓮棺出土

天门市博物馆藏

∴另见第 214、215、278 页，插页

◎ 玉虎头像

新石器时代后石家河文化（距今 4200 ~ 3800 年）

湖北天门石家河遗址肖家屋脊采集

荆州博物馆藏

额顶至鼻尖长 2.5、宽 2.9、厚 1.65 厘米

∴ 另见第 164、165、168 页

◎ 玉神人头像

埋藏年代：商代

高 5.5、宽 3.5、厚 0.55 厘米

山东济南大辛庄遗址 141 号墓出土

山东大学博物馆藏

∴ 另见第 246、248 页

　　整体用镂雕的手法勾勒出头戴羽冠、穿耳戴珰的侧面形象，以阳线勾勒眼、耳、鼻、獠牙及冠饰花纹，有如石家河玉神人头像的侧面，外轮廓又与"介"字形玉冠饰的一半相似。此件可能为商人收藏的石家河古玉。

玉神

石家河玉文化特展

◎ 玉神人头像

埋藏年代：春秋

高 6.5、厚 0.6 厘米

山西曲沃羊舌晋侯墓地 1 号墓出土

山西省考古研究院藏

∴另见第 244、245、249 页，插页

正面利用减地阳刻和阴刻琢出浅浮雕的神人形象。平顶之上佩戴"介"字形冠、头两侧伸出上翘的鸟状装饰、大眼圆睁、"臣"字眼眶、窄鼻梁、蒜头鼻、龇牙露出上下獠牙、双耳戴耳饰、底部有一榫眼。背面阴刻较为粗糙的神人形象、以对称排列的斜线表现发丝、重圈梭形眼、宽鼻梁、龇牙、但仅露出向上的下獠牙。此件玉器可能为春秋时期收藏的石家河古玉、在石家河玉器中常见"两面神"的做法、两面均为浮雕、或一面浮雕一面阴刻、或有阴阳之意。亦有学者认为此件背面为后世加刻的。

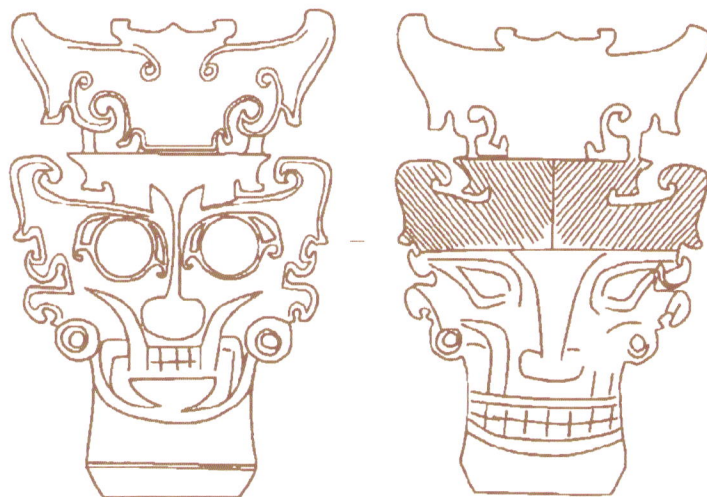

双鹰神面玉饰两面均用减地阳纹浮雕出极精美的造型。两只鹰对立，勾喙处相连，圆眼，头顶有披羽，双翅前伸，以勾云纹表现羽毛。鹰立于神面之上，神面头戴"介"字形冠，重圈眼，双鹰与下方神面围合出的空缺恰为蛙的形状。在孙家岗遗址也出土了片状玉蛙，以圆雕与阴刻相结合，表现出蛙屈肢的形态。蛙背正中阴刻一四角星形，腹部两侧有钻孔。

双鹰神面玉饰空缺处造型与玉蛙相仿，应是有意为之。在中华传统文化中，鸟与太阳相关，有如"金乌"；蛙与月亮相关，有如"银蟾"。石家河人已将鸟与蛙琢于一器，借以希冀日月阴阳赋予其无限神力。

◎ 双鹰神面玉饰

新石器时代后石家河文化（距今 4200 ～ 3800 年）

通宽 4.46、高 4.46、厚 0.25 ～ 0.42 厘米

湖北天门石家河遗址谭家岭 8 号瓮棺出土

天门市博物馆藏

另见第 250 页

石家河玉文化特展

◎ 玉蛙

新石器时代后石家河文化（距今 4200～3800 年）

长 4.5、宽 3.2、厚 0.5 厘米

湖南澧县孙家岗遗址 71 号墓出土

湖南省文物考古研究院藏

∴ 另见第 251 页

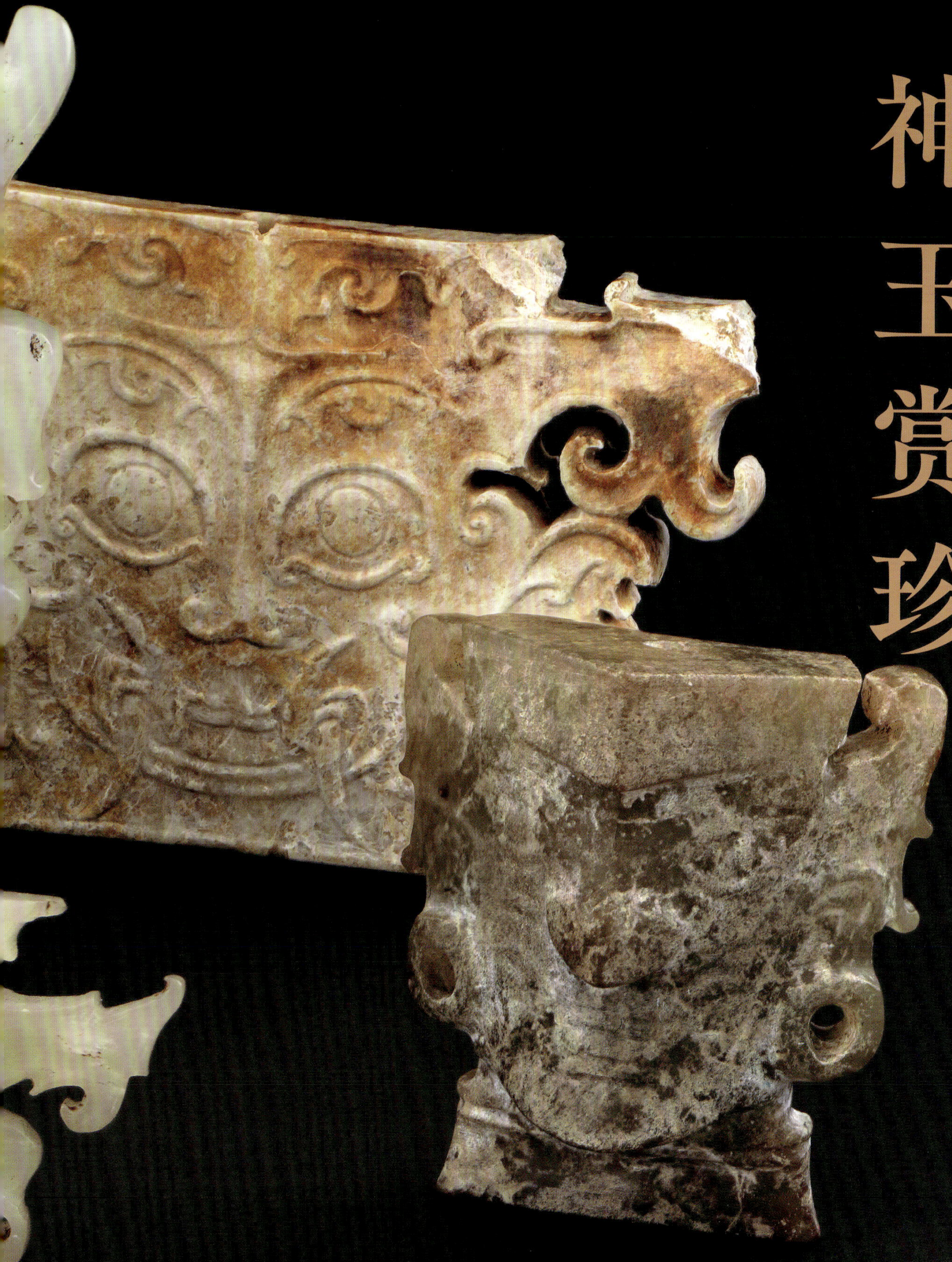

神玉赏珍

◎ 玉蝉

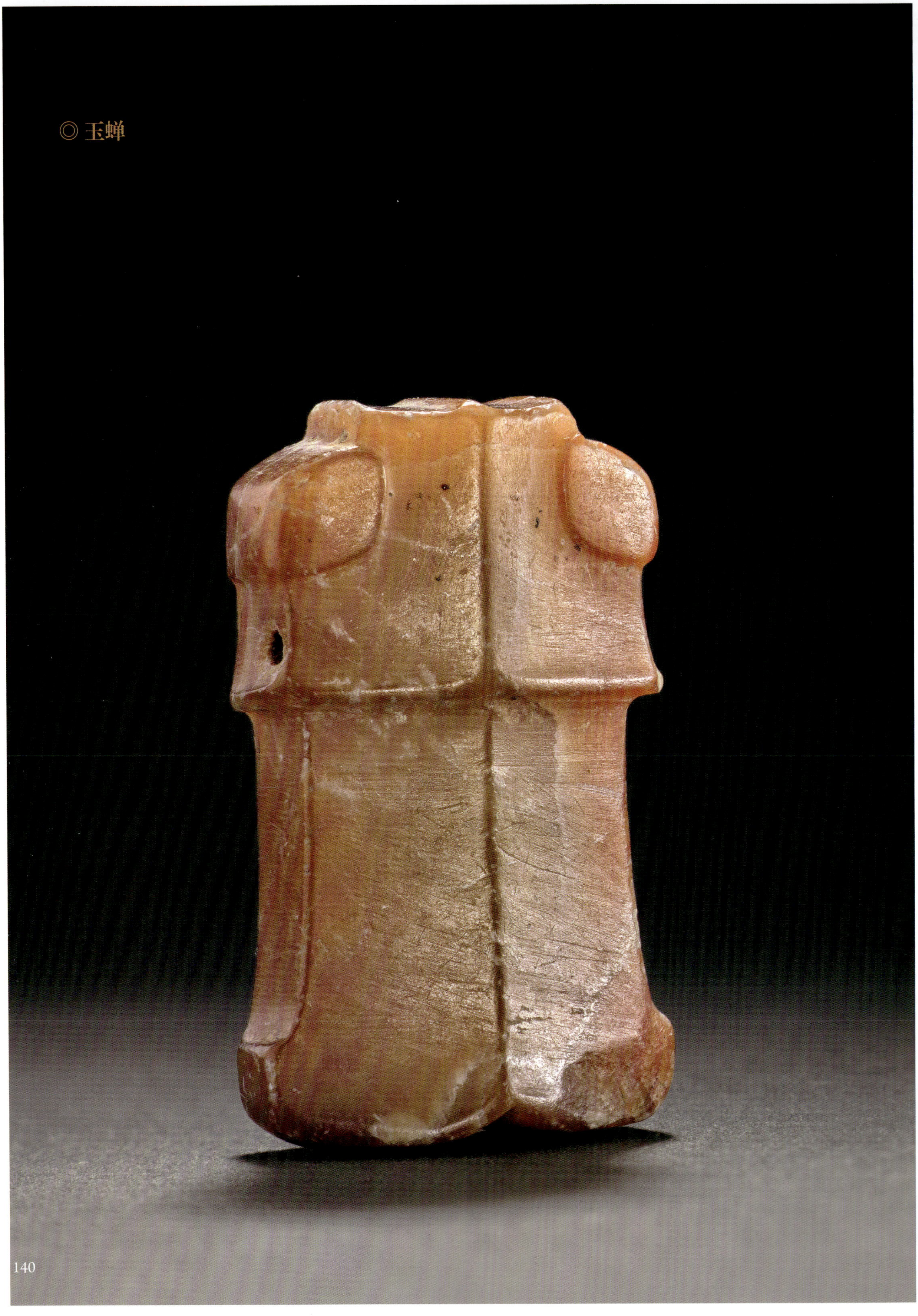

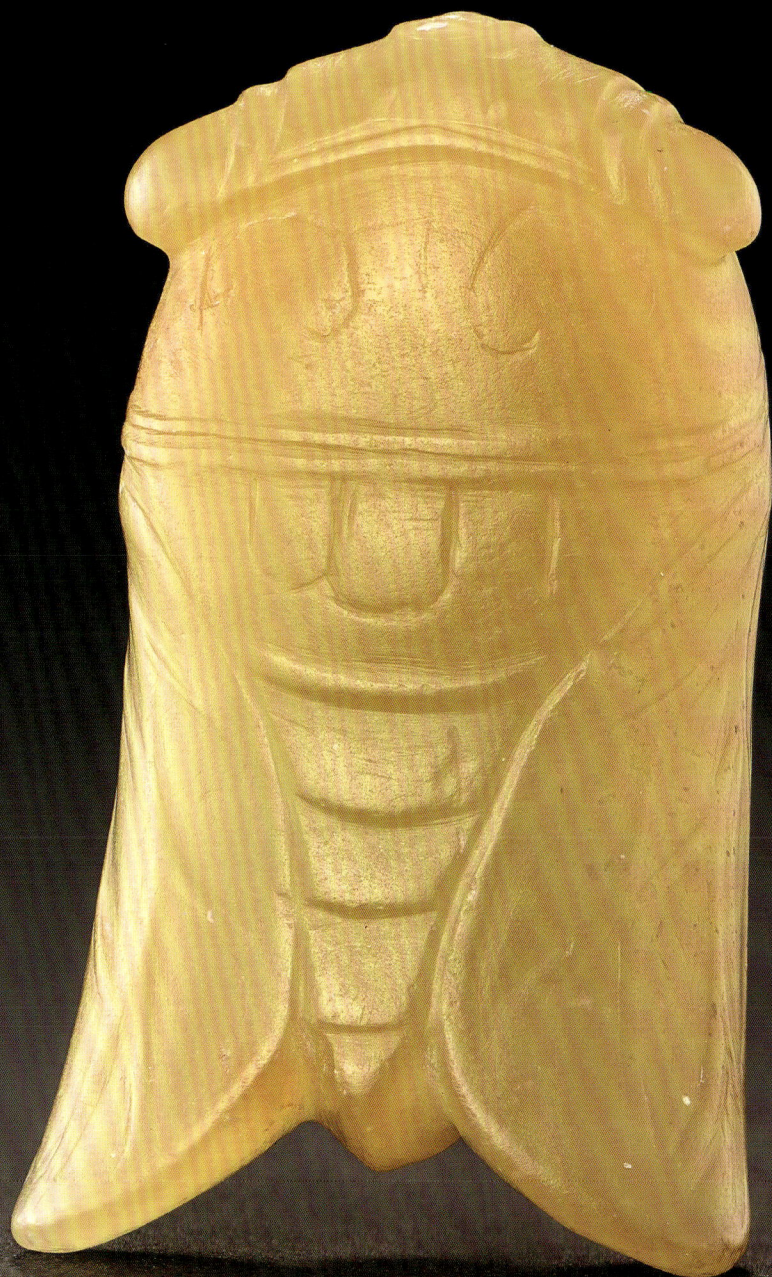

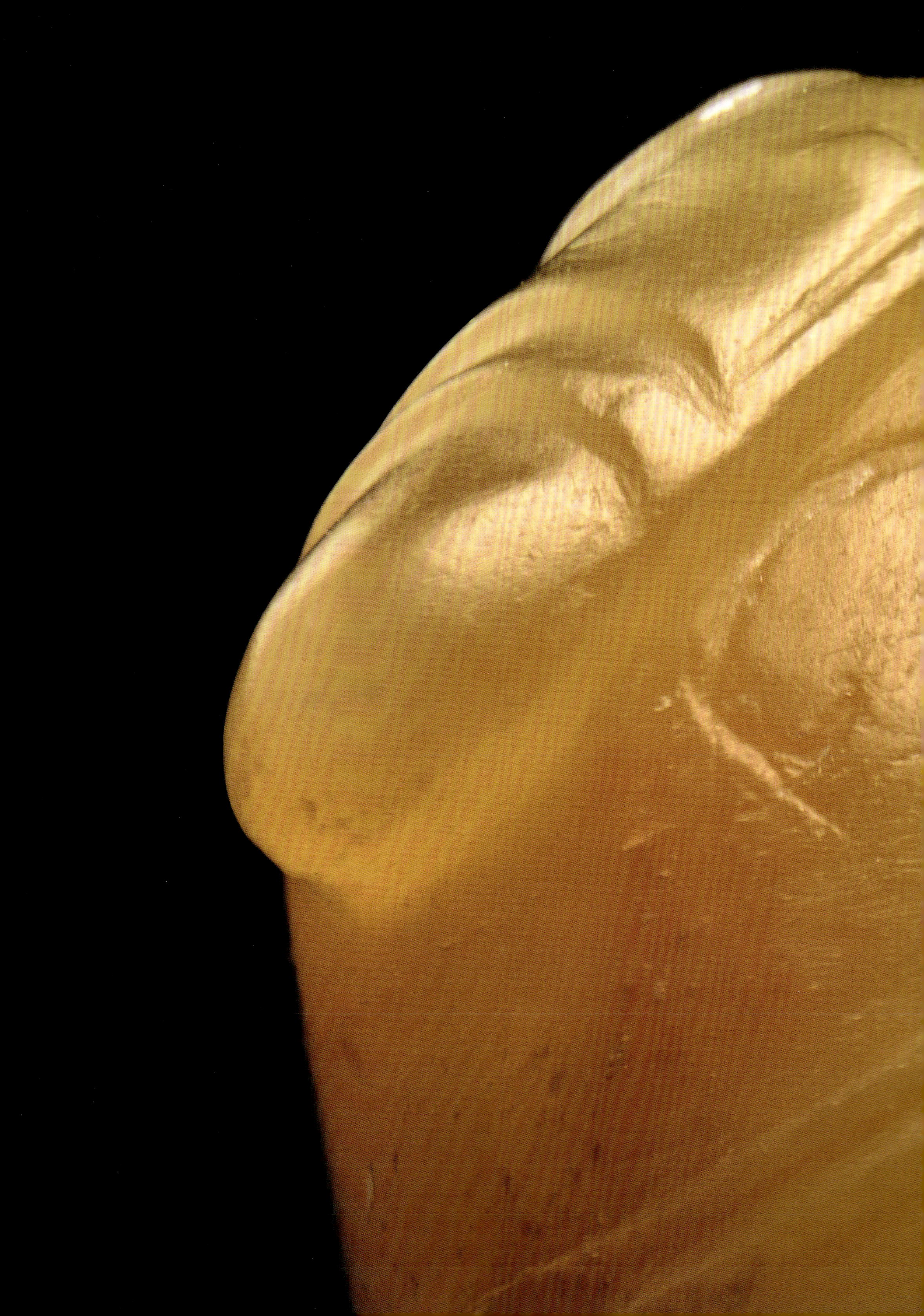

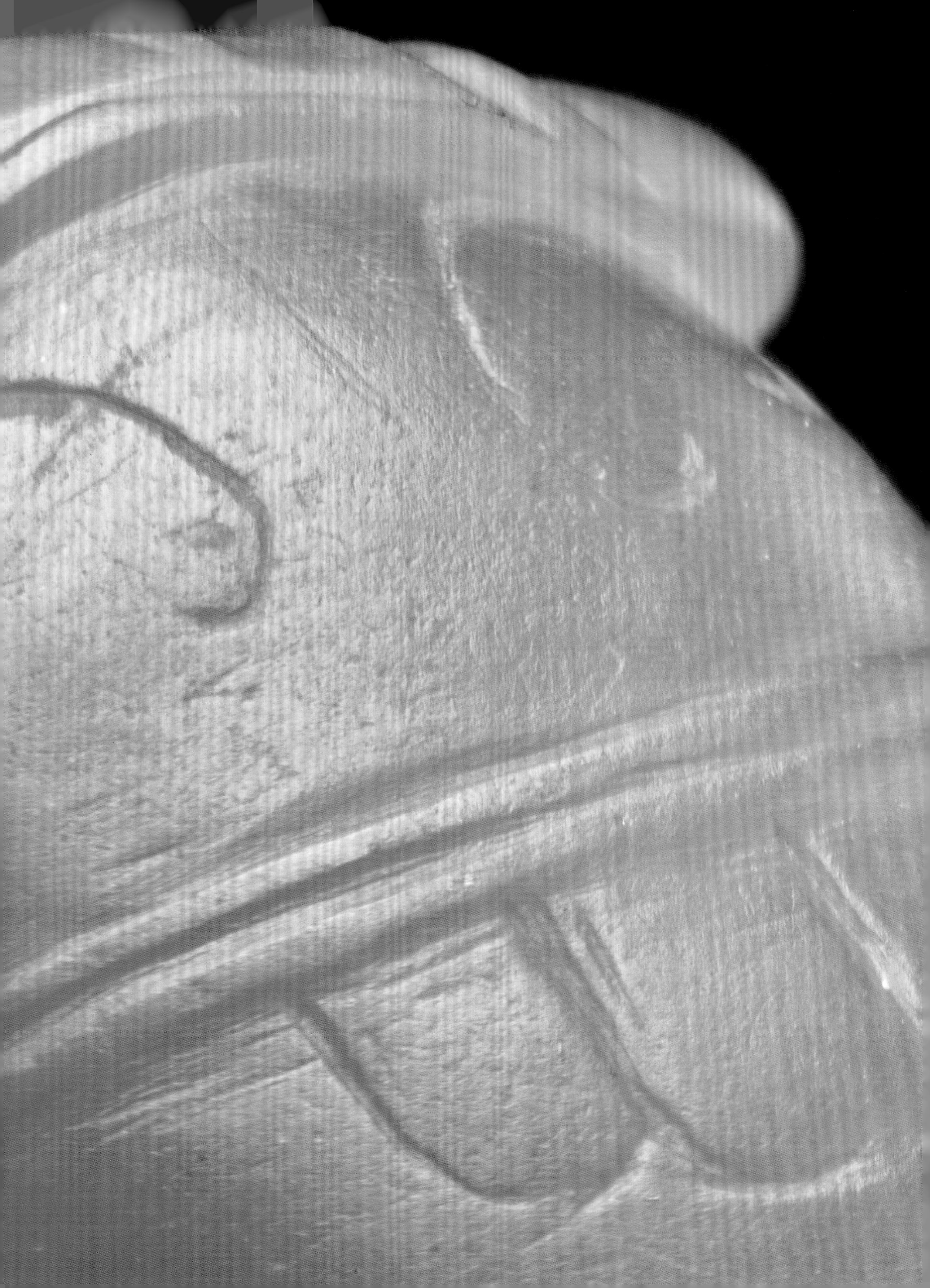

◎ 长方形玉蝉

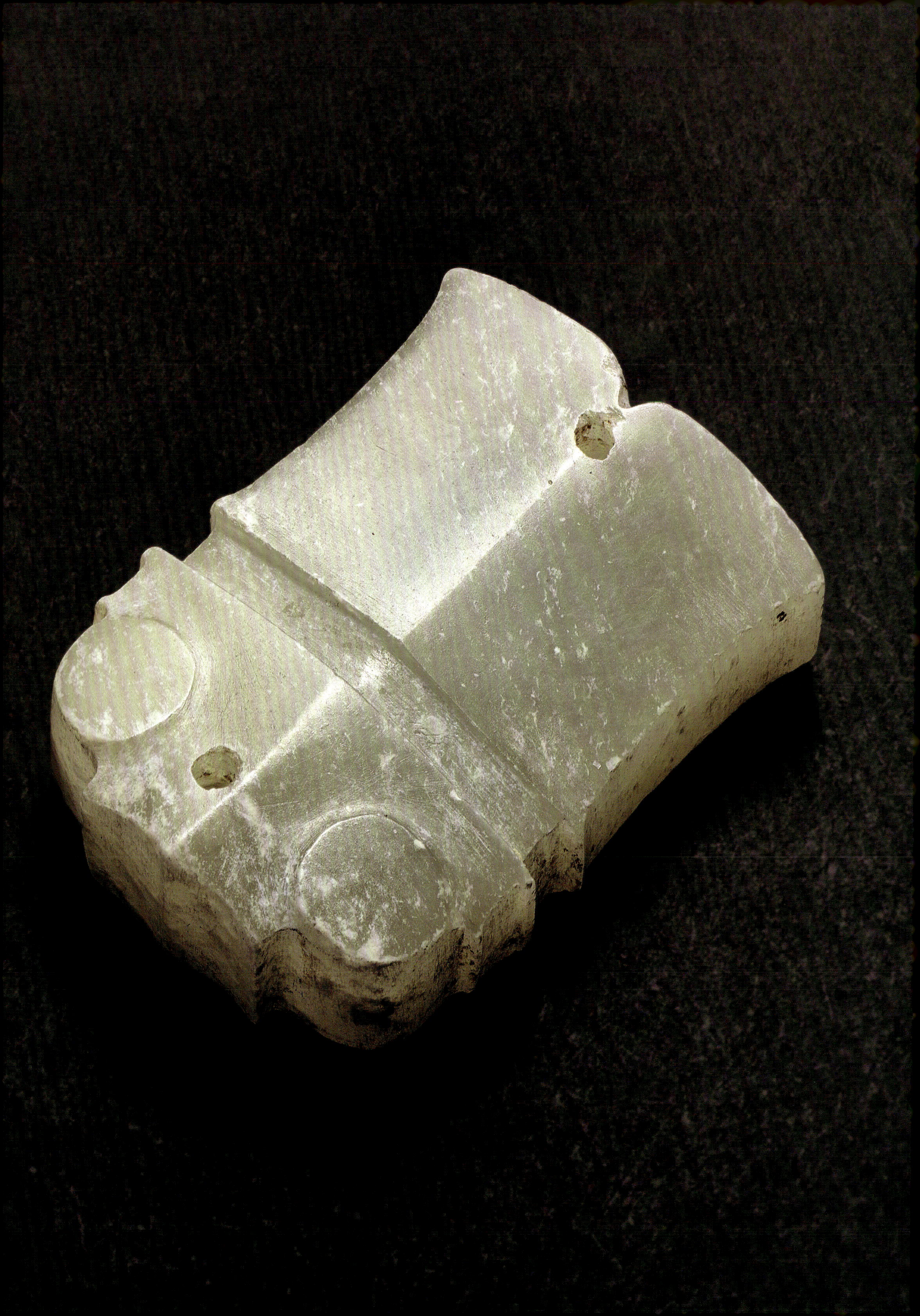

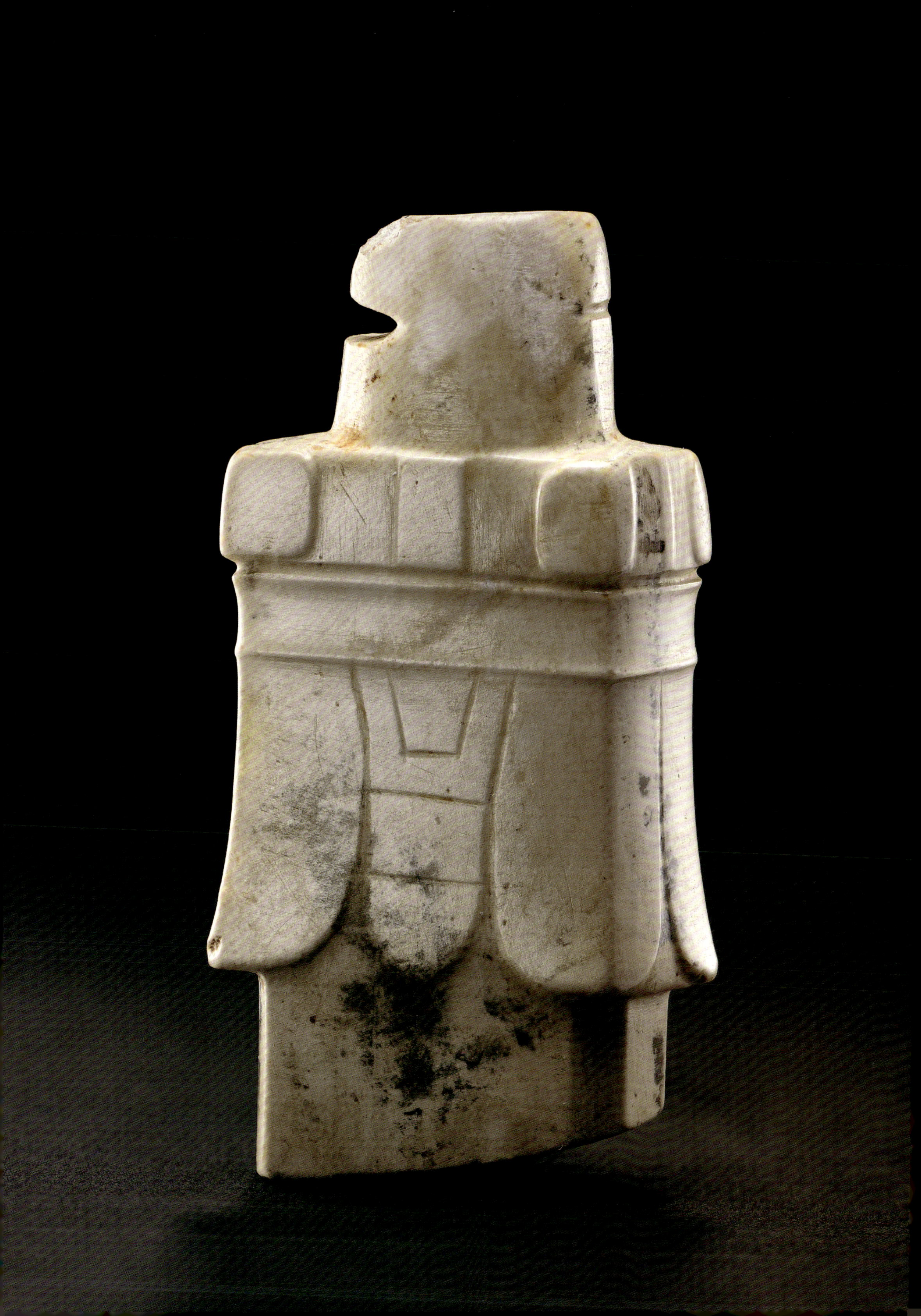

◎ 玉蝉

◎ 玉蝉

◎ 弧形玉蝉合影

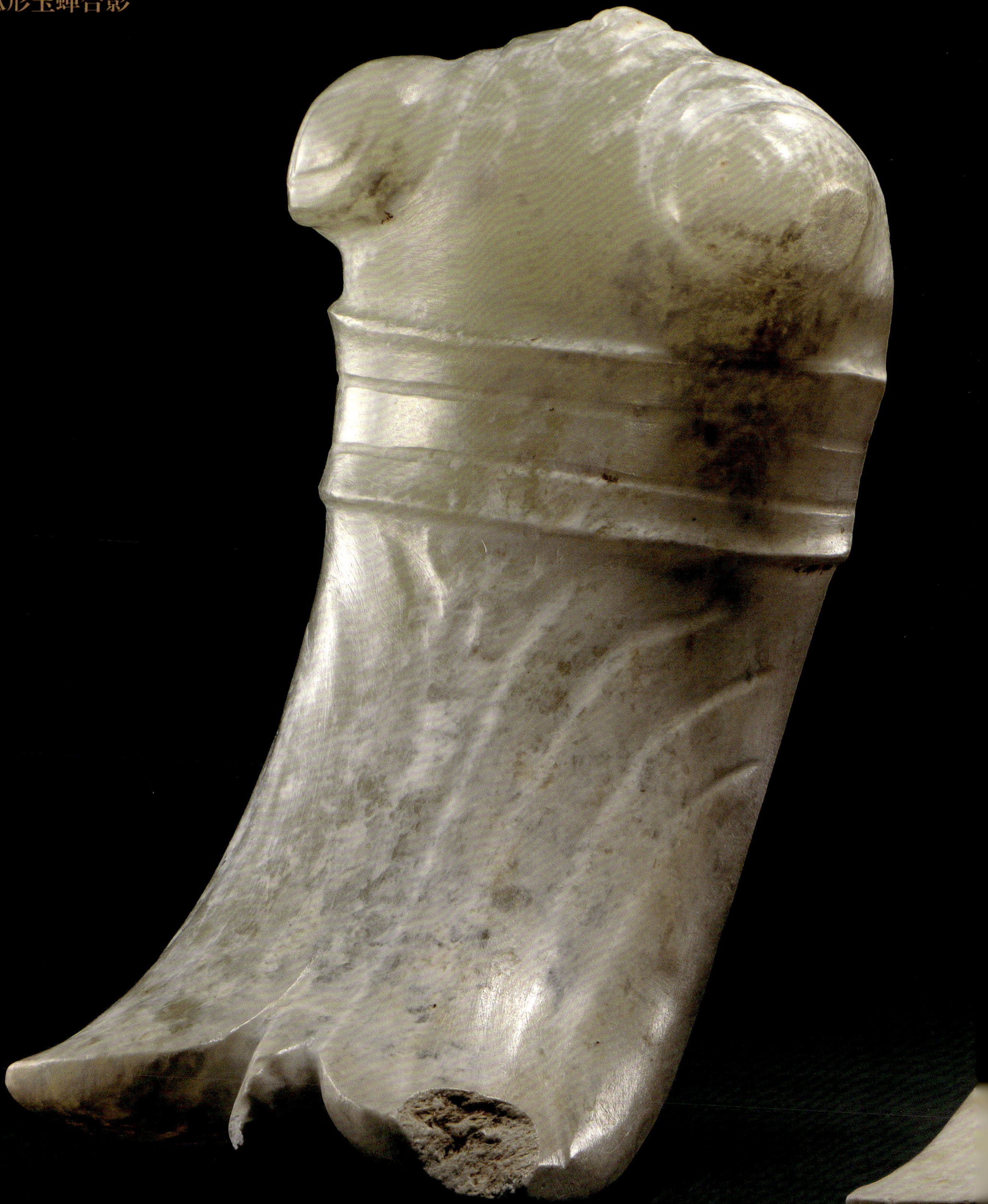

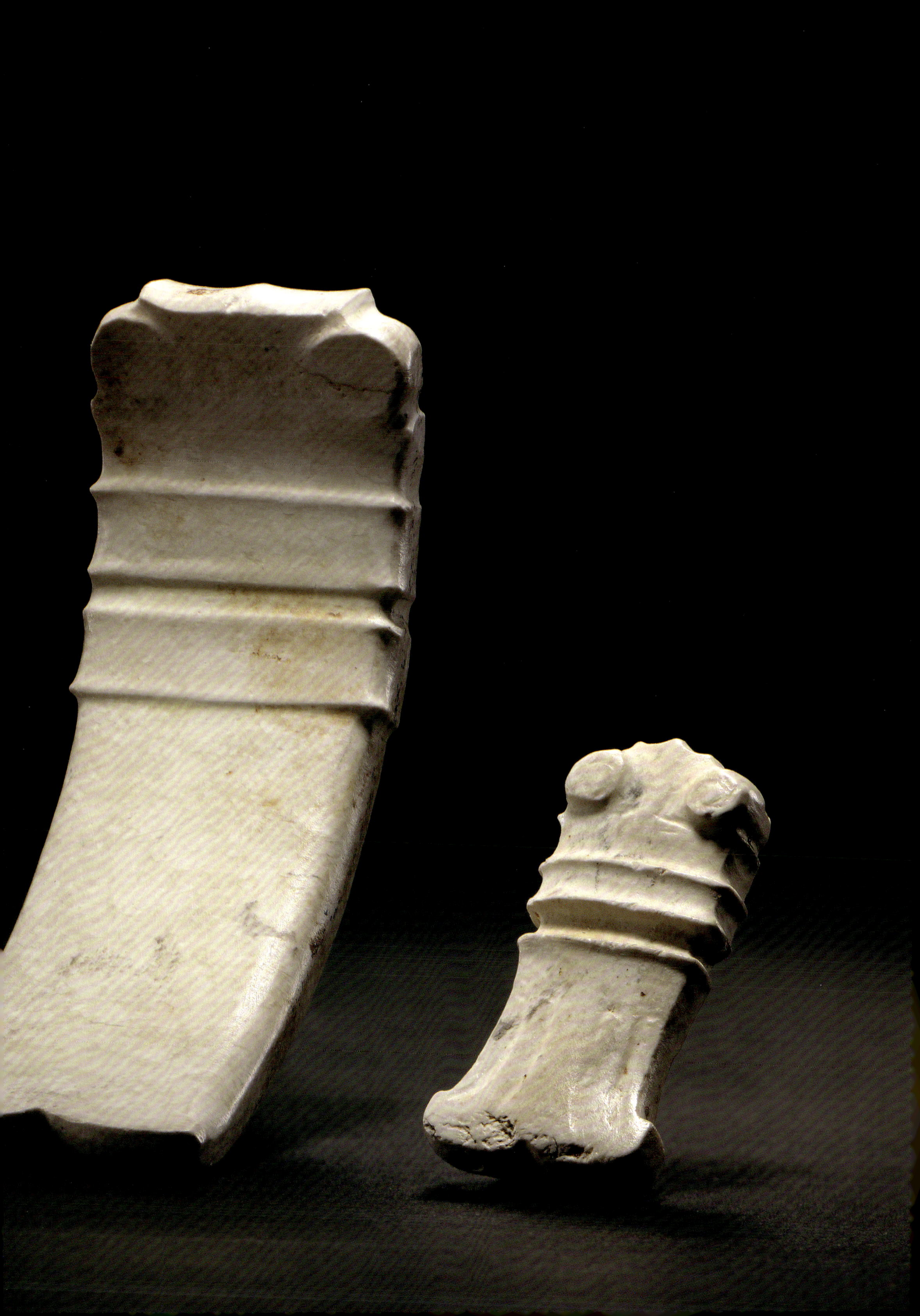

◎ 弧形玉蝉

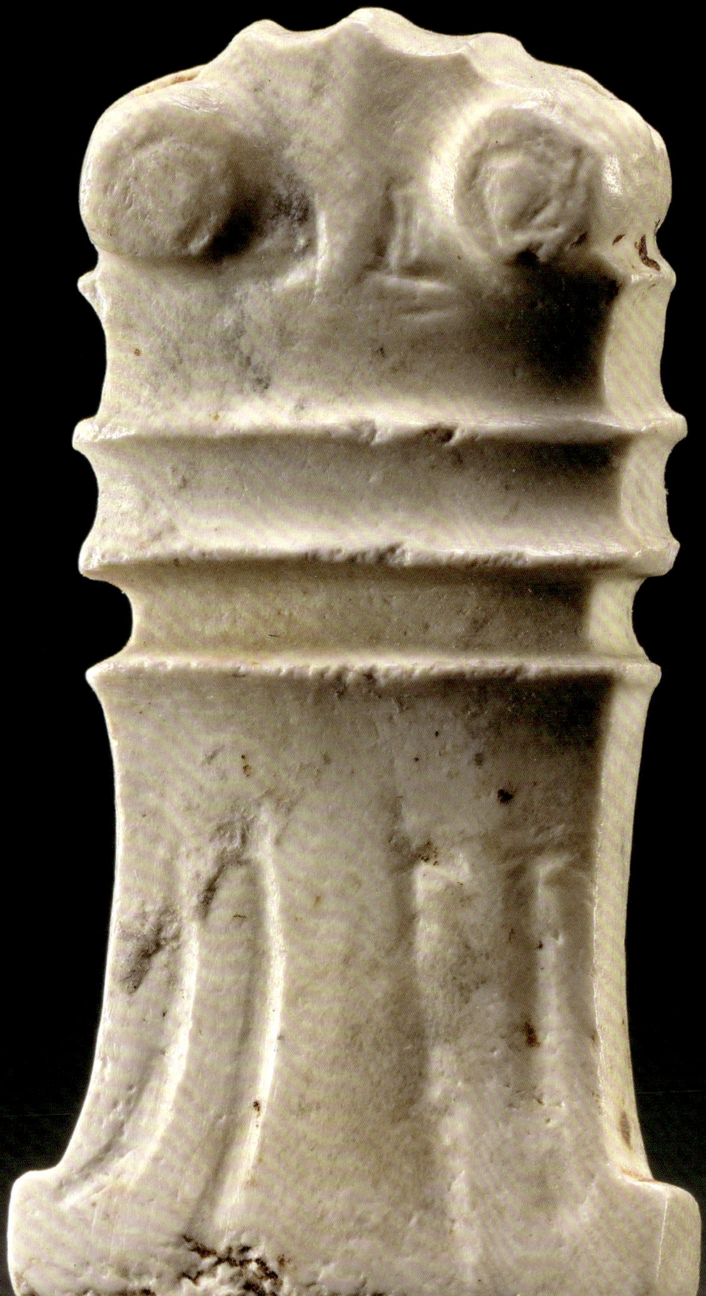

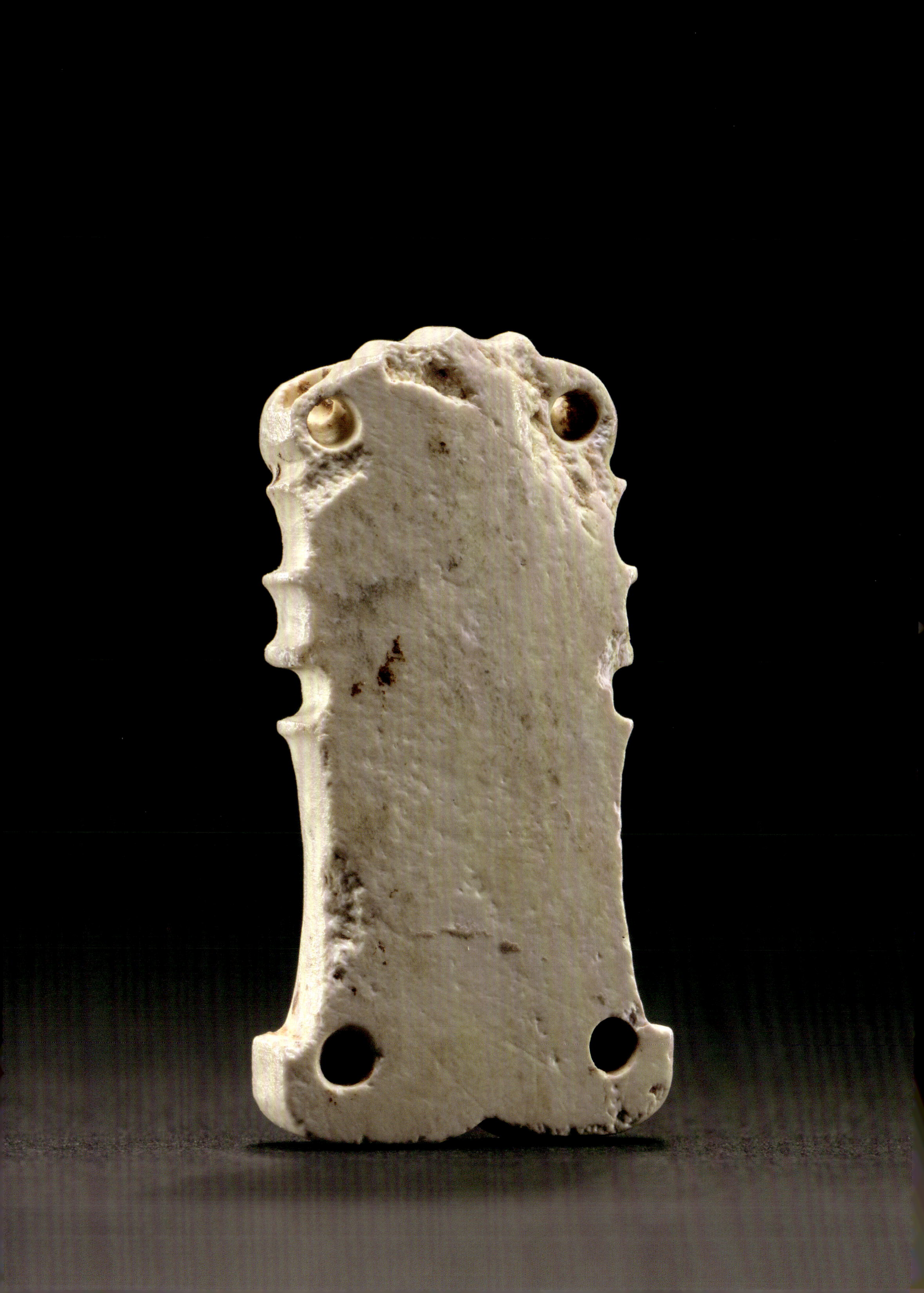

◎ 异形玉蝉（玉虎）

154

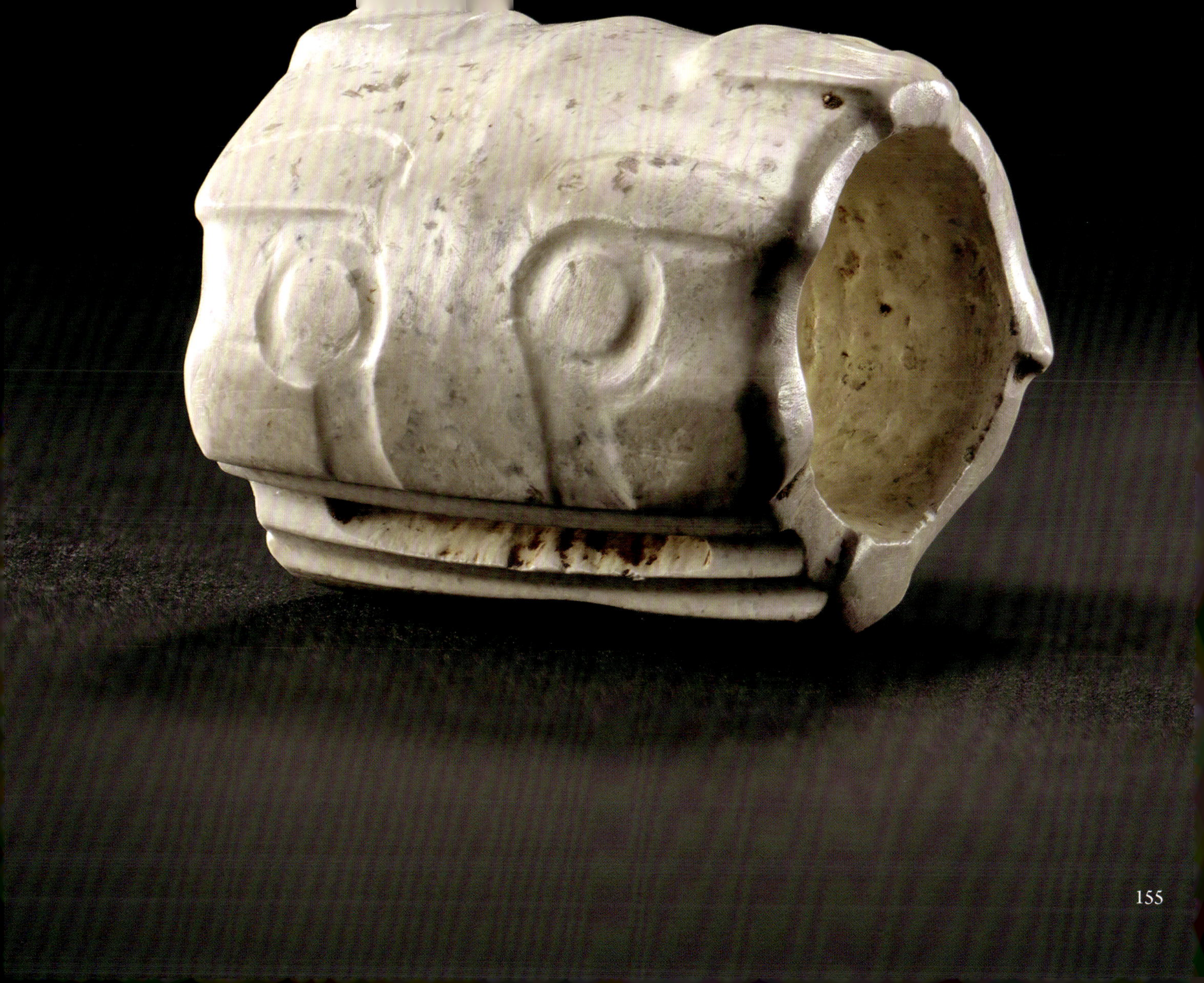

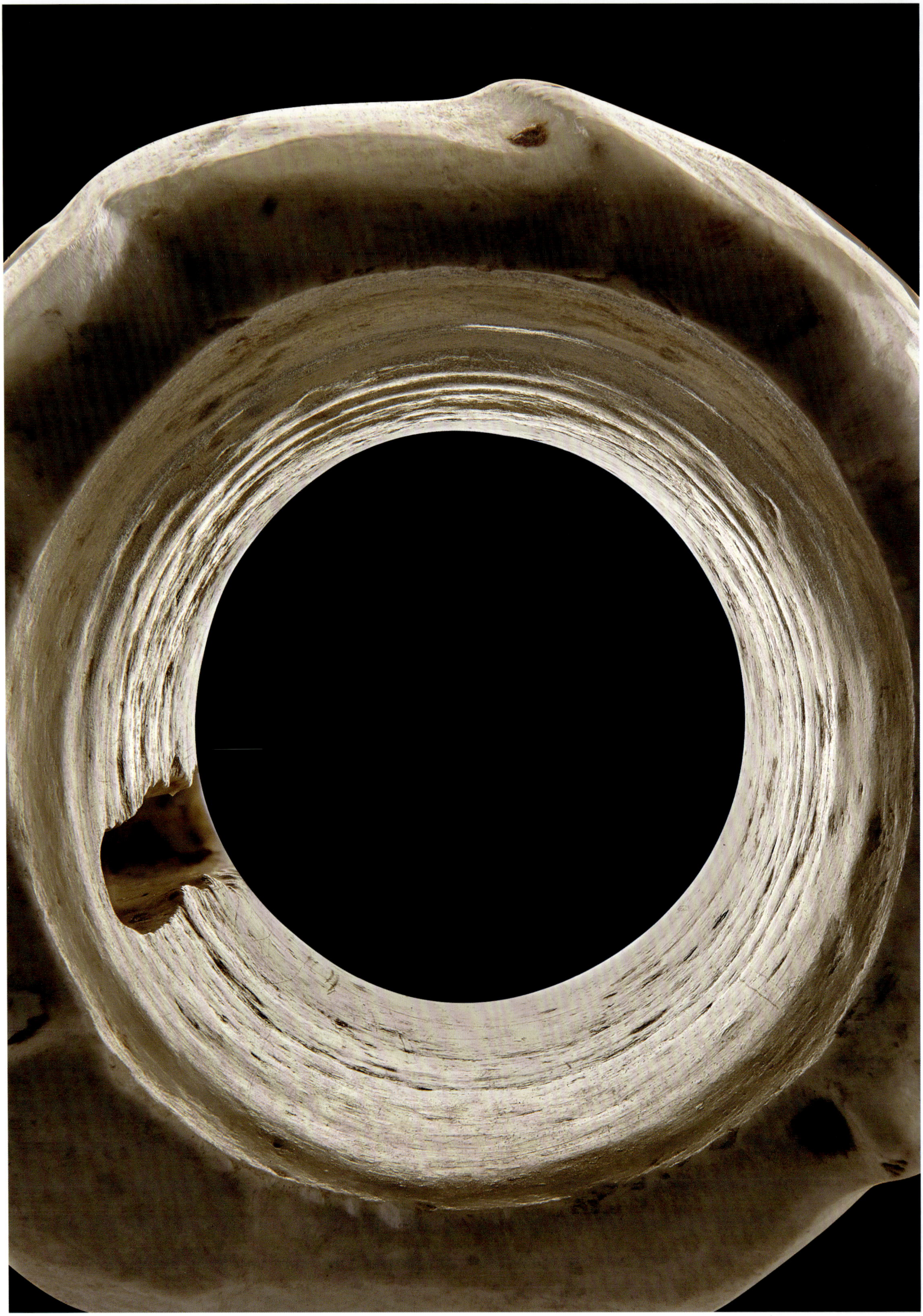

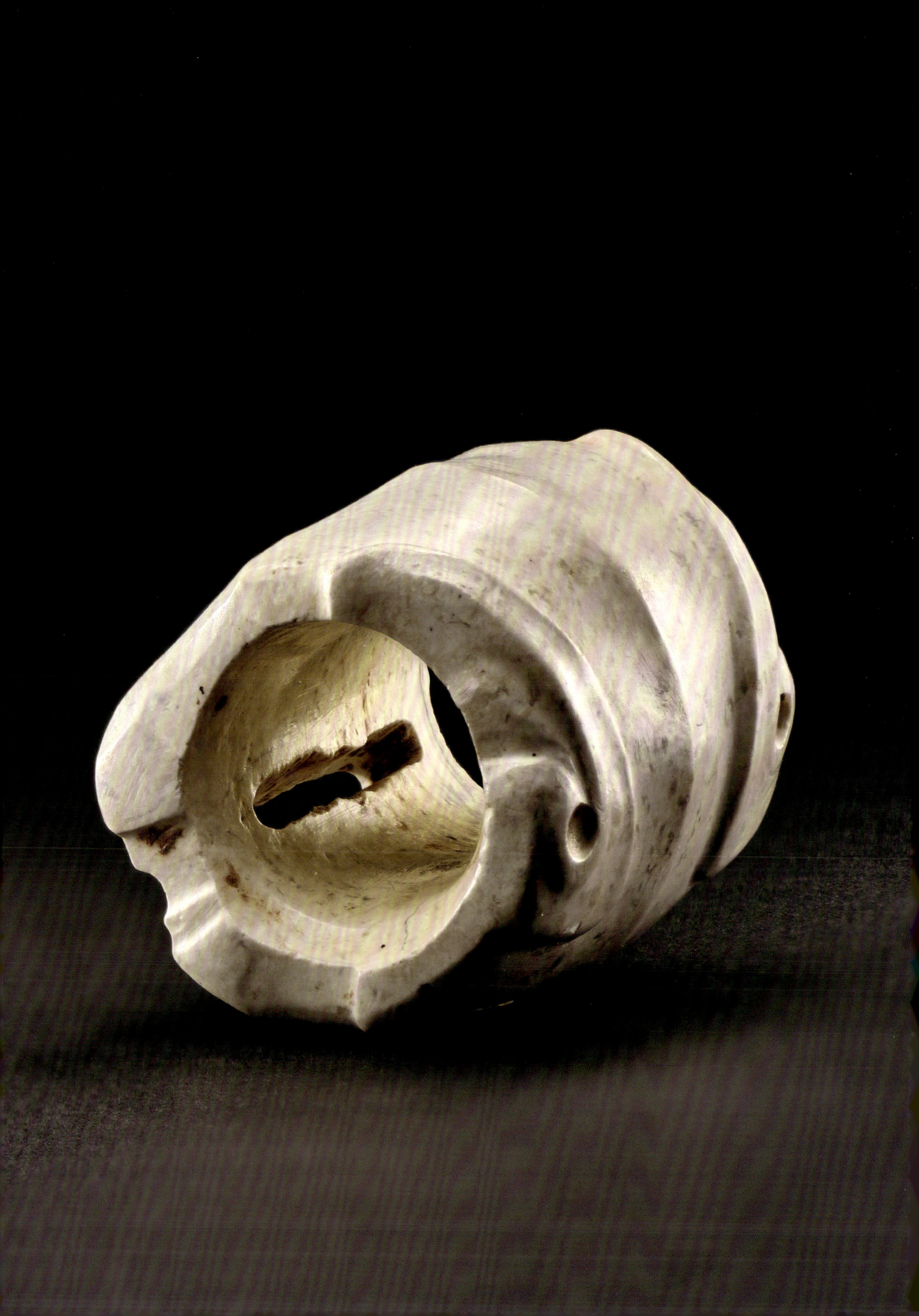

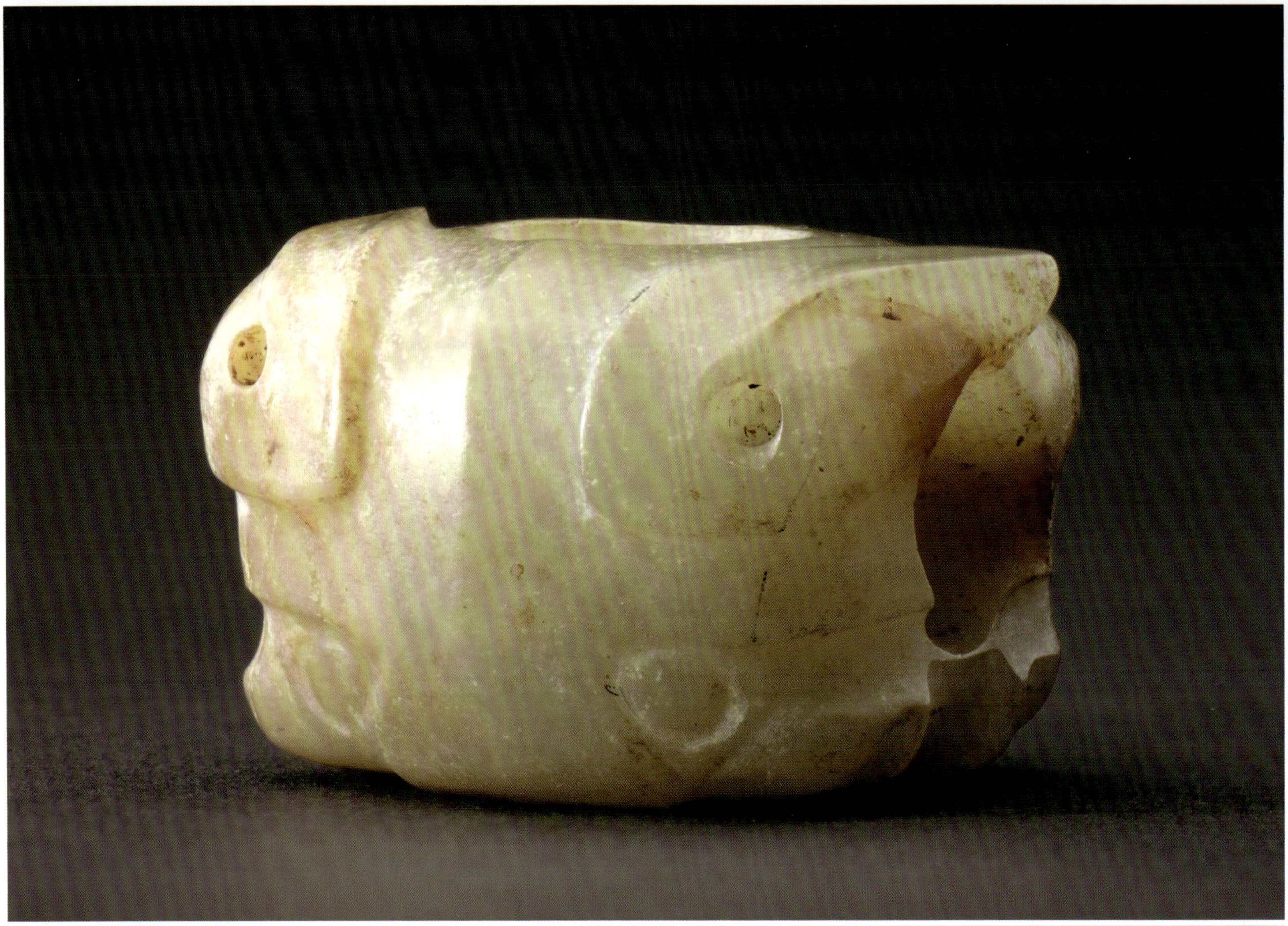

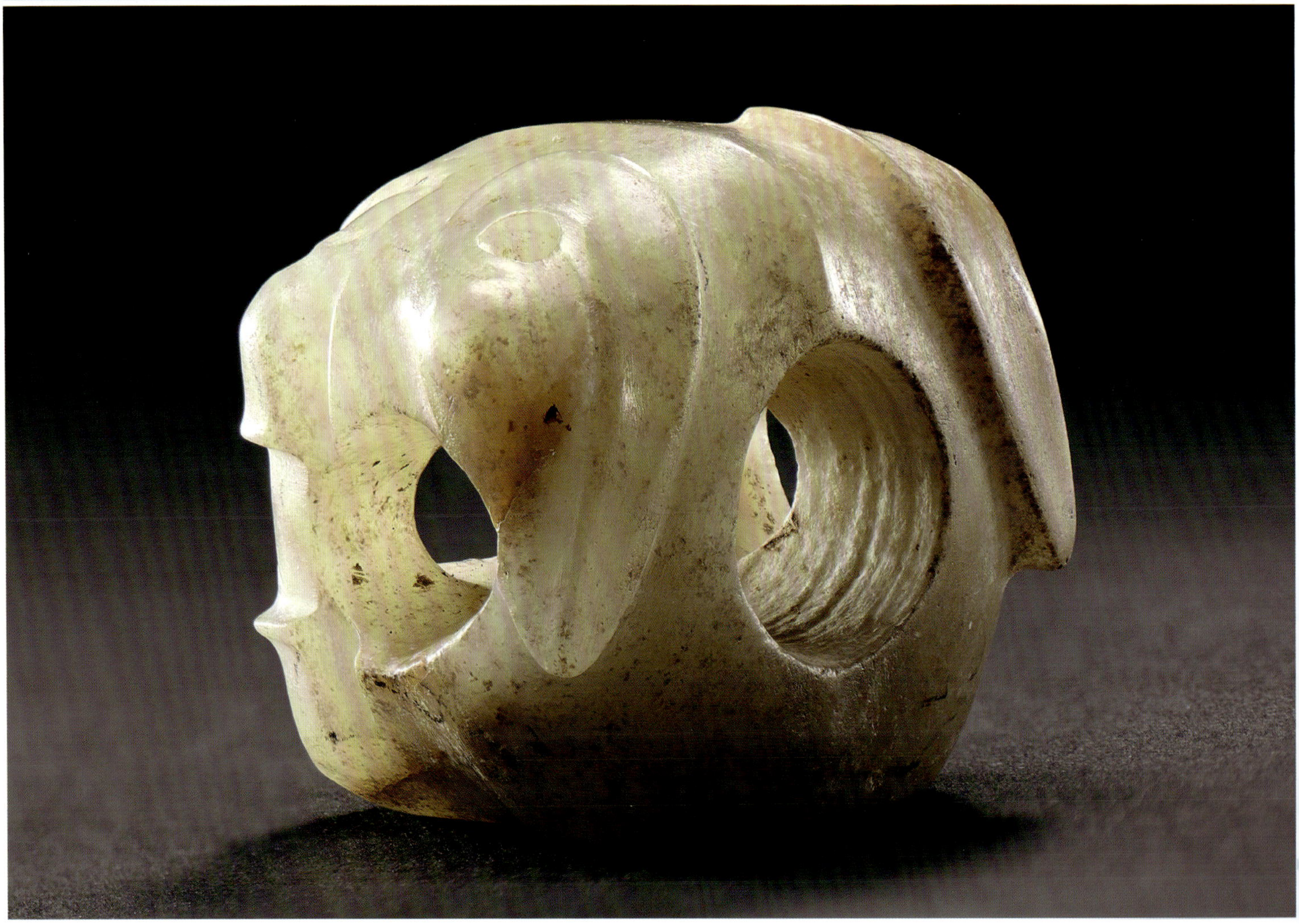

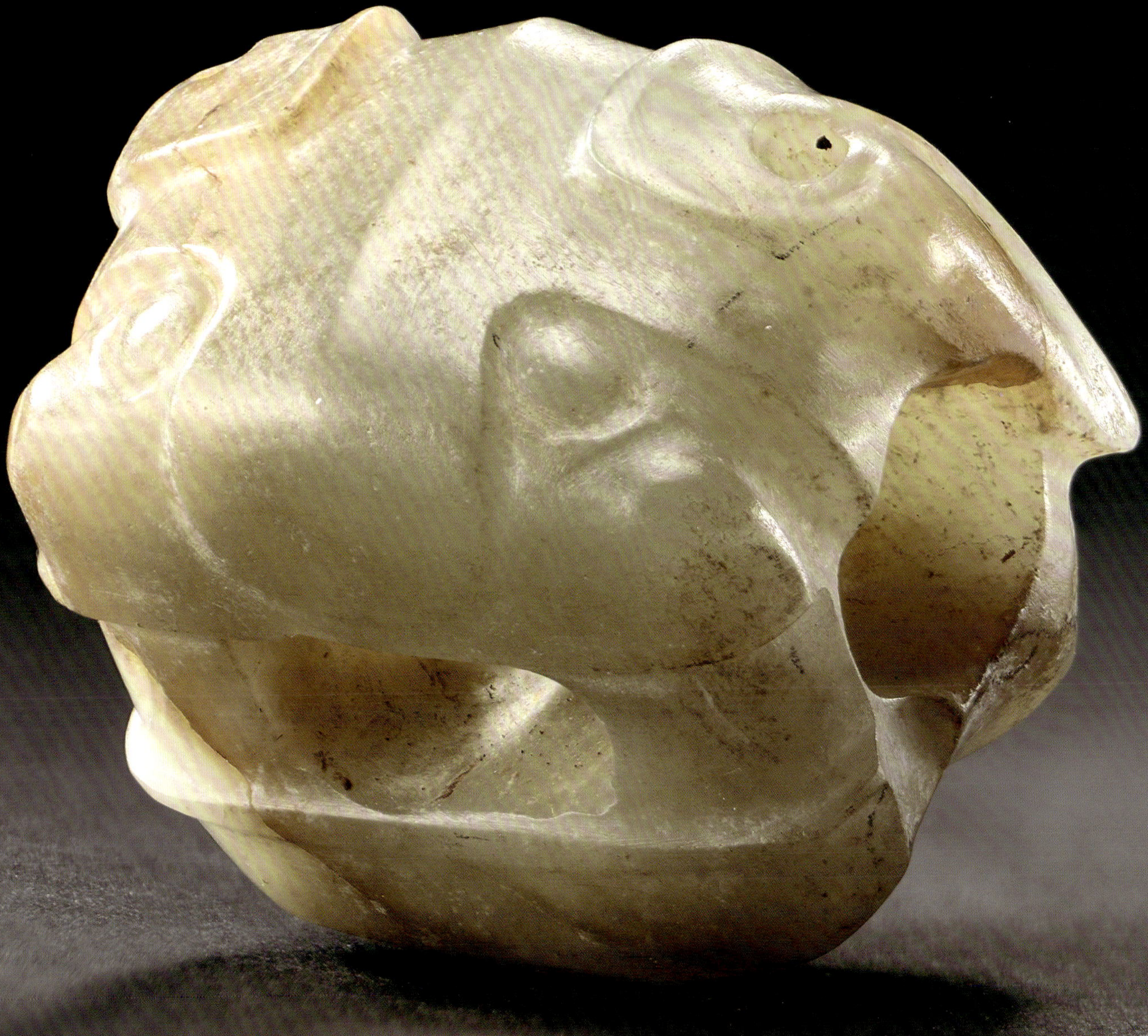

◎ 玉虎头像

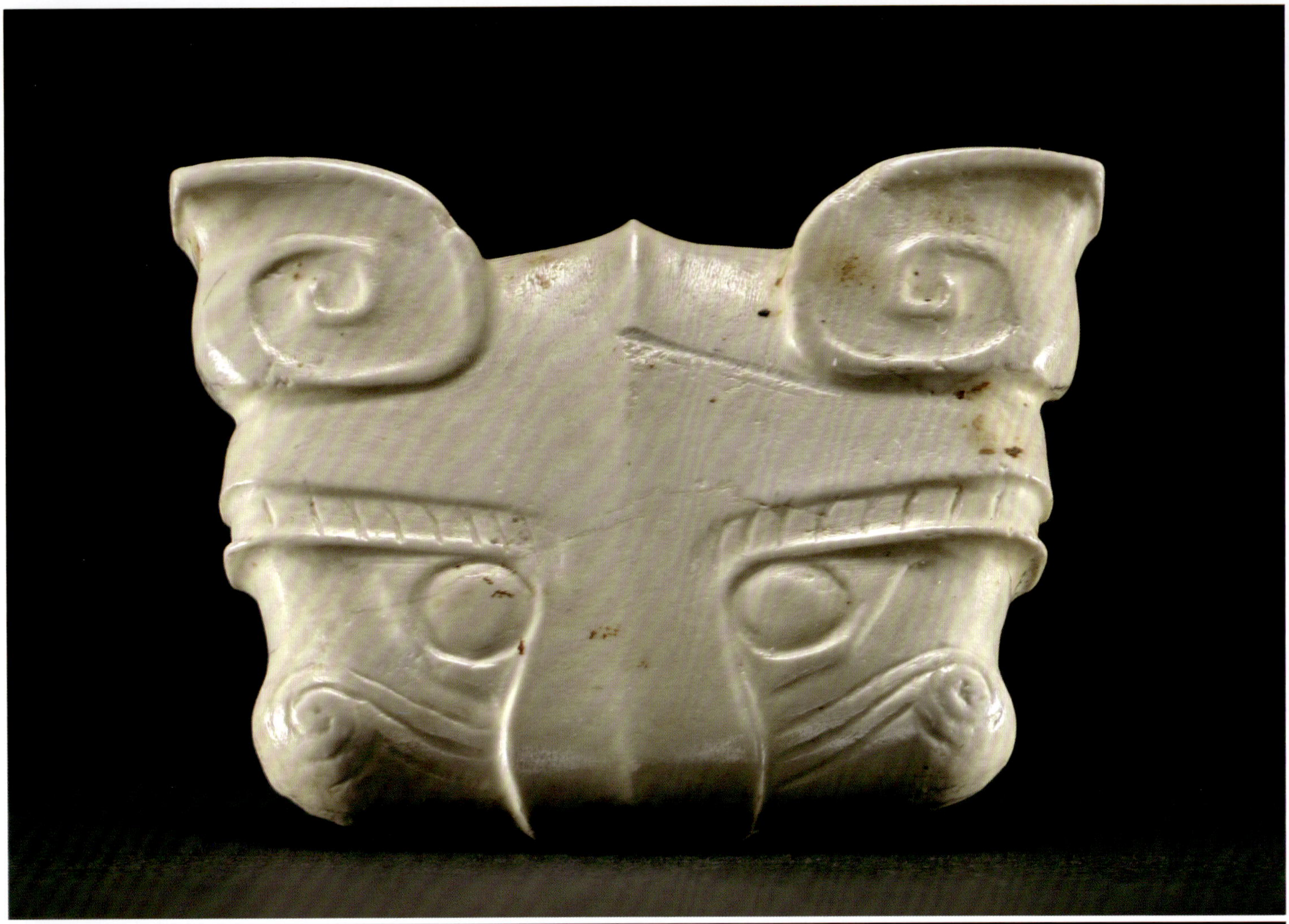
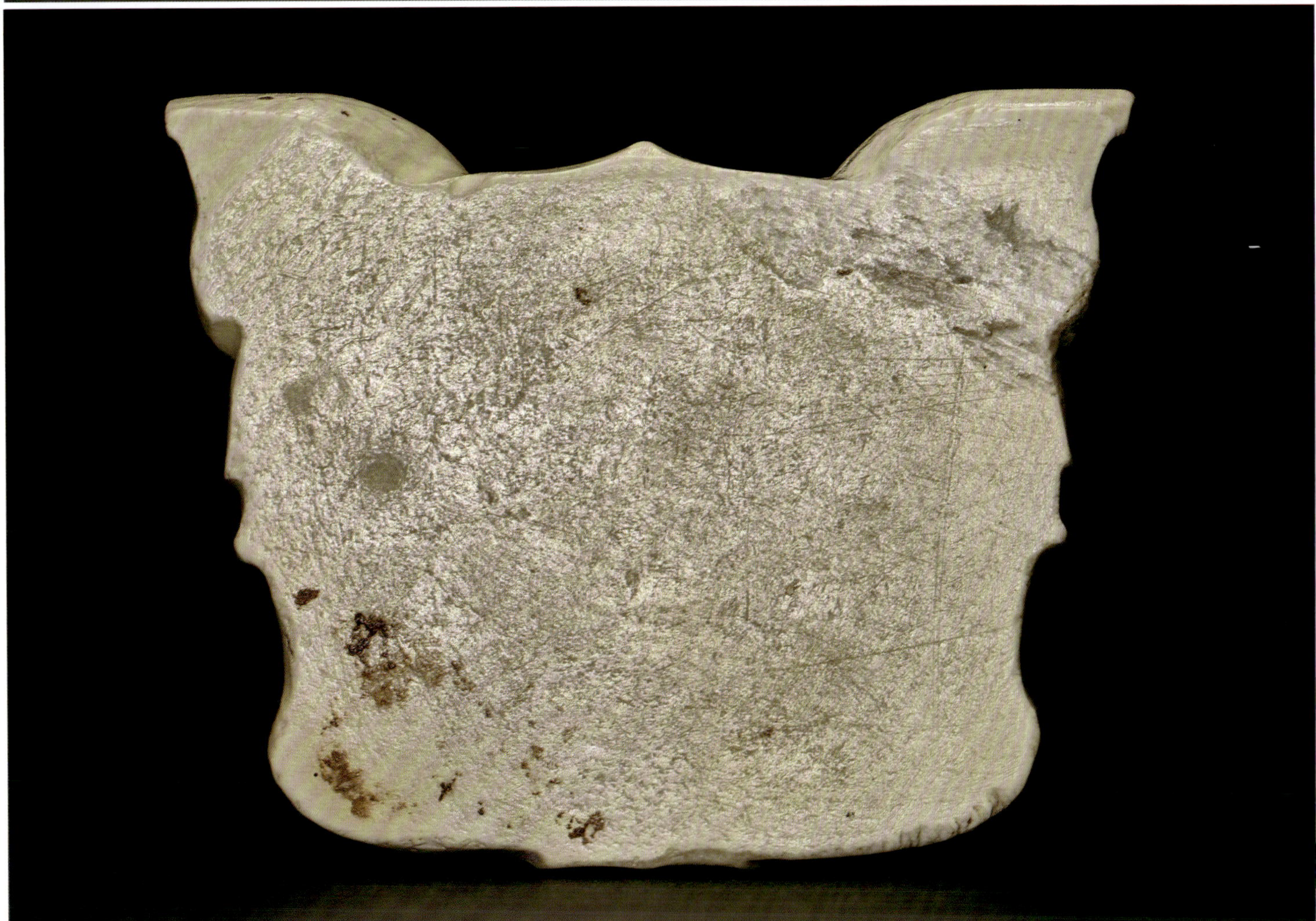

◎ 玉虎头像

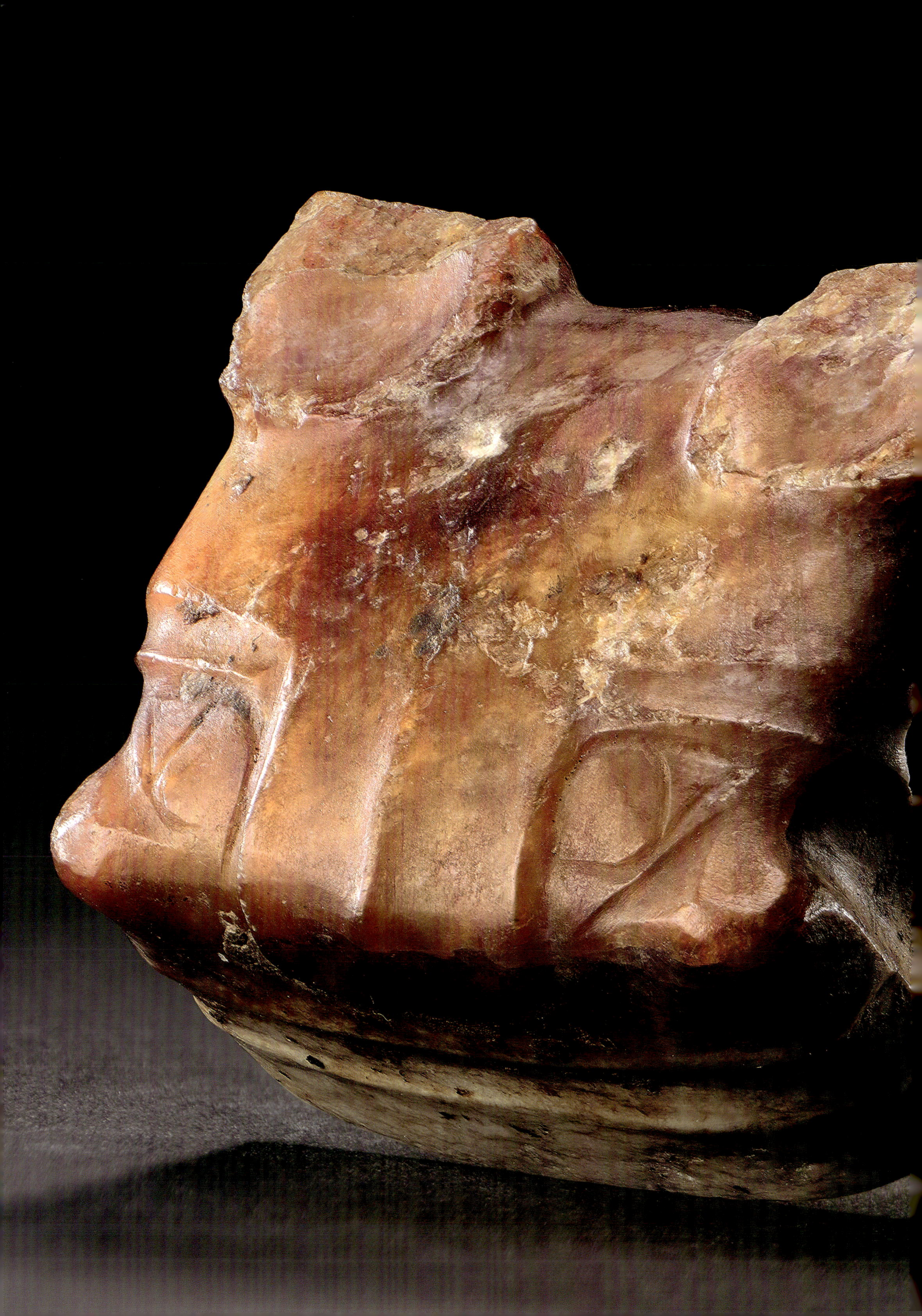

◎ 玉虎头像

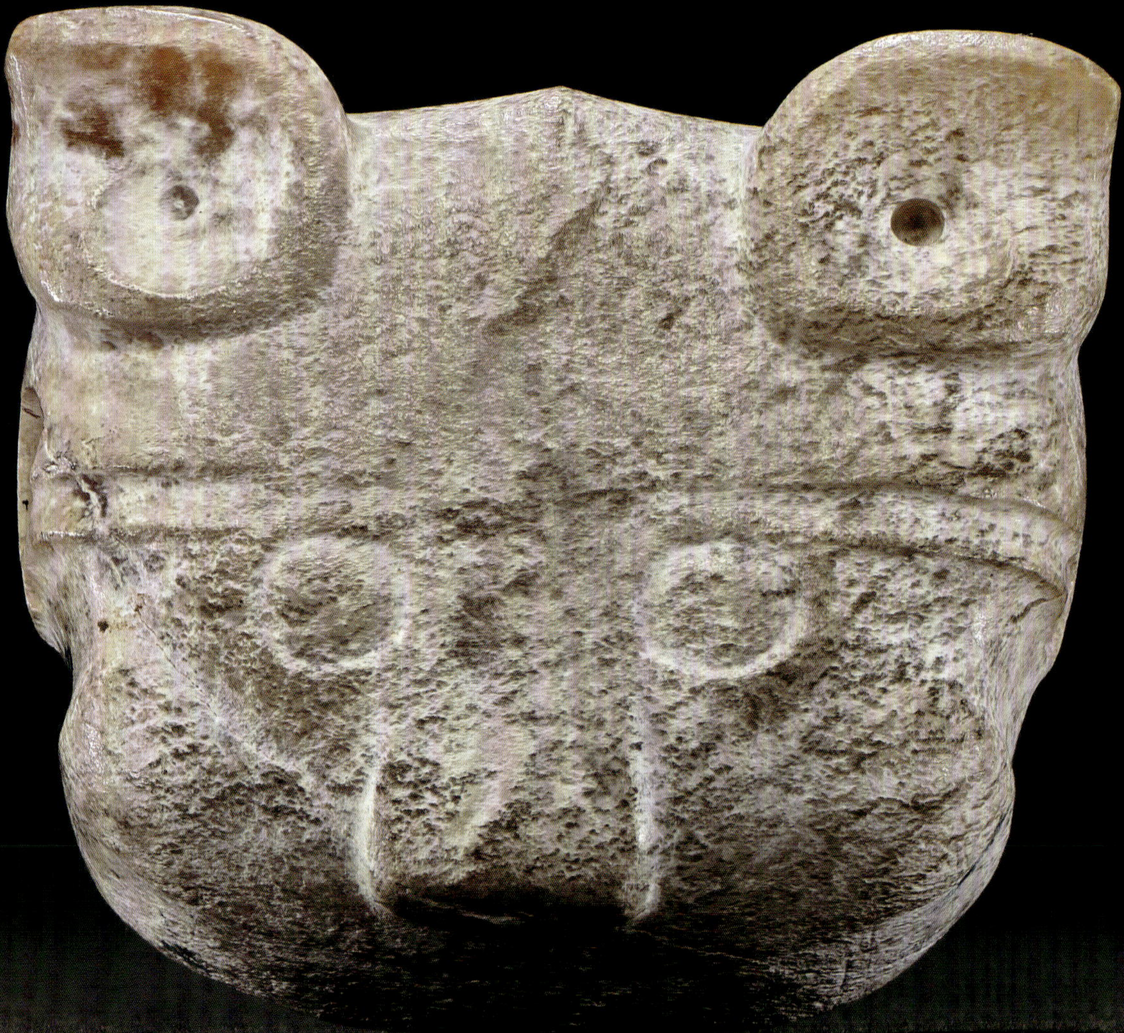

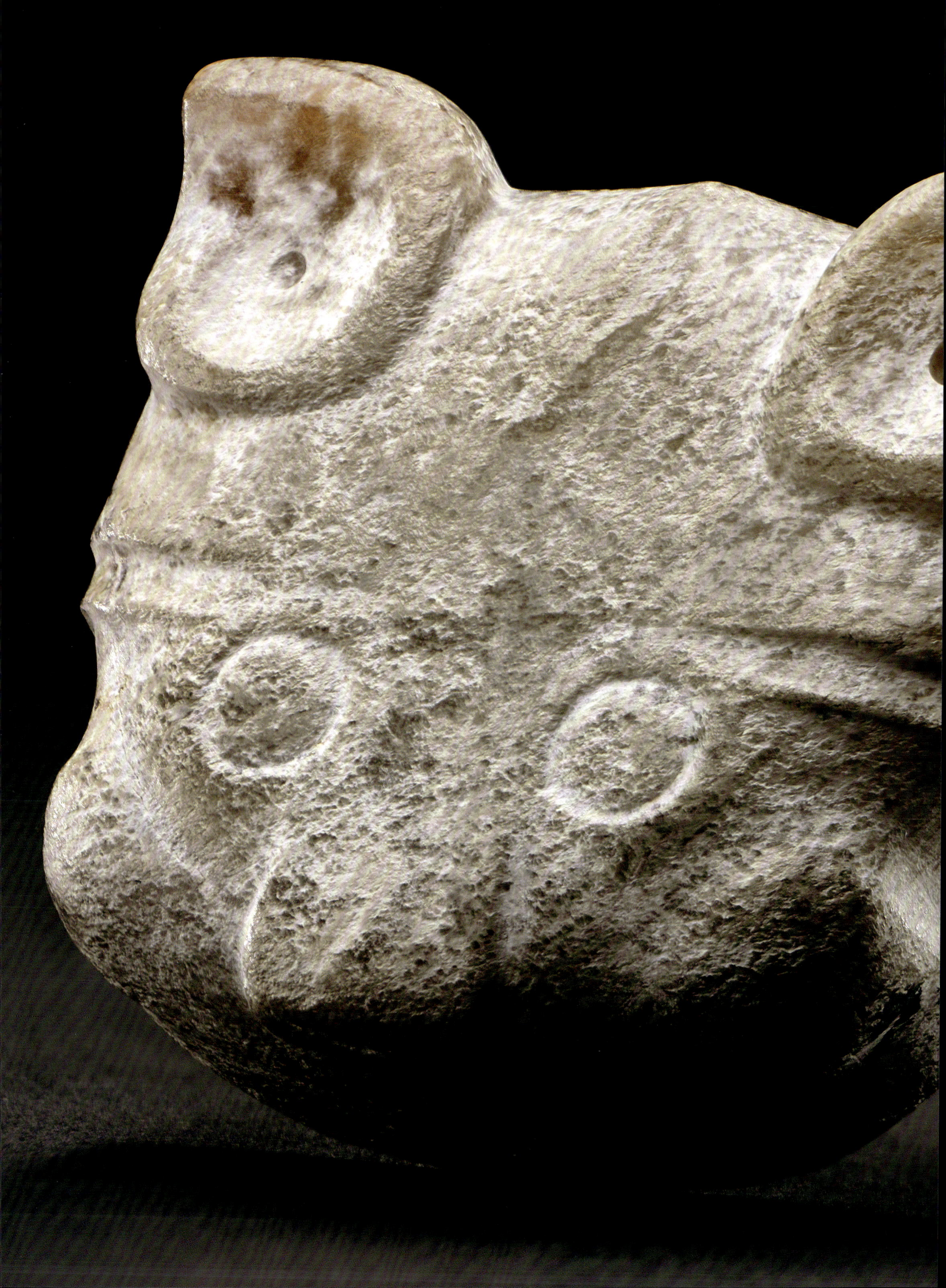

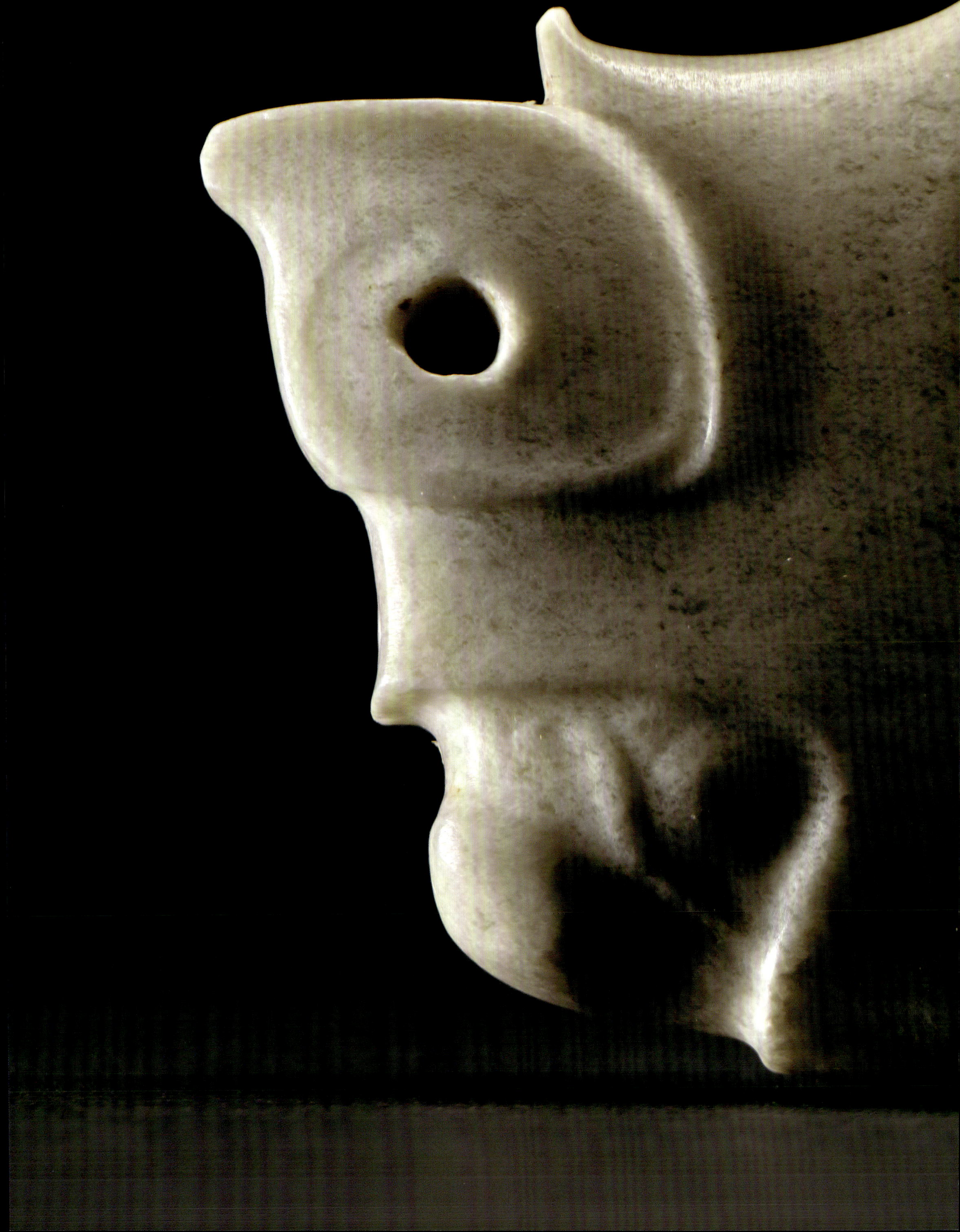

◎ 玉虎合影

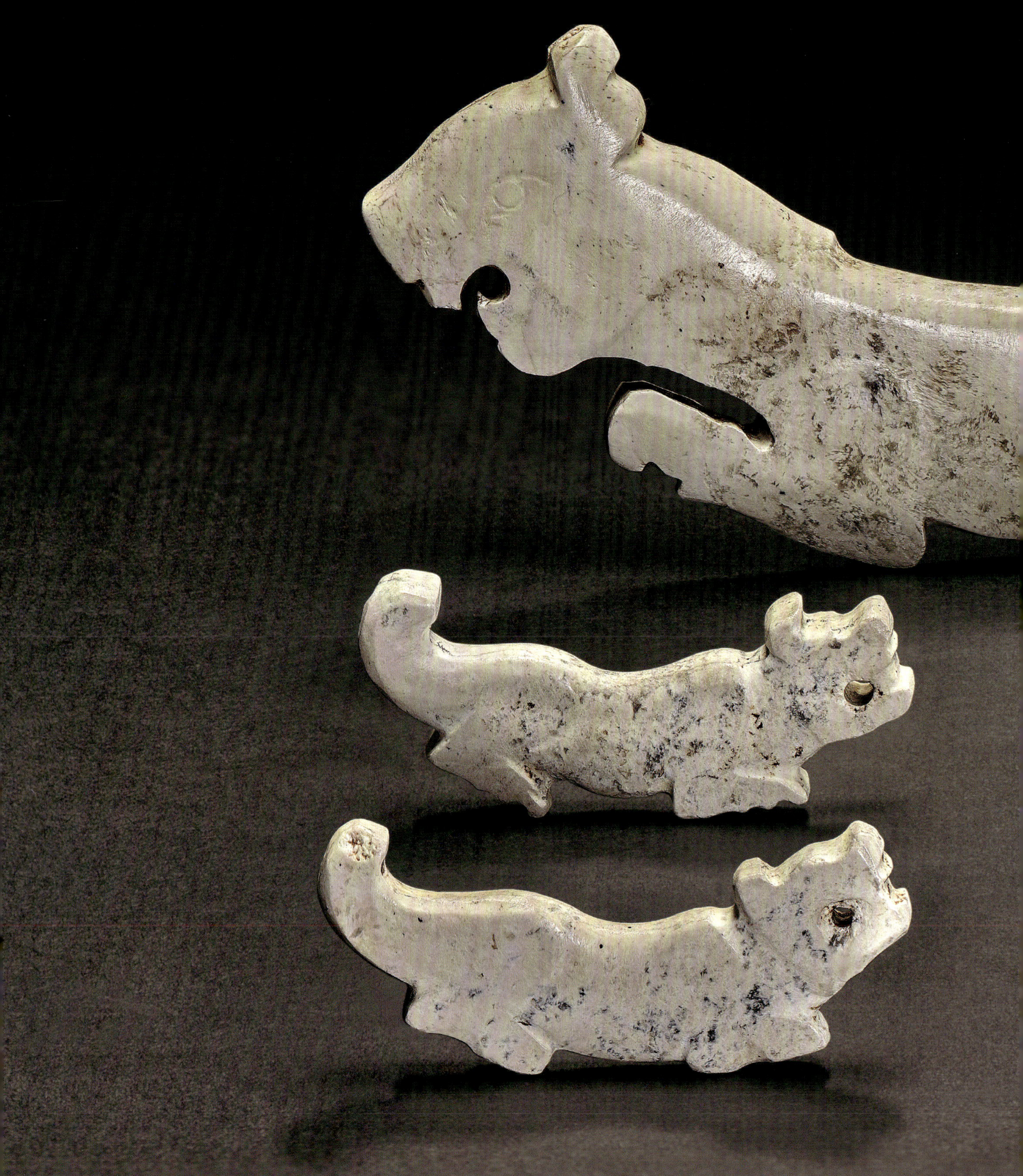

◎ 虎首玉璜

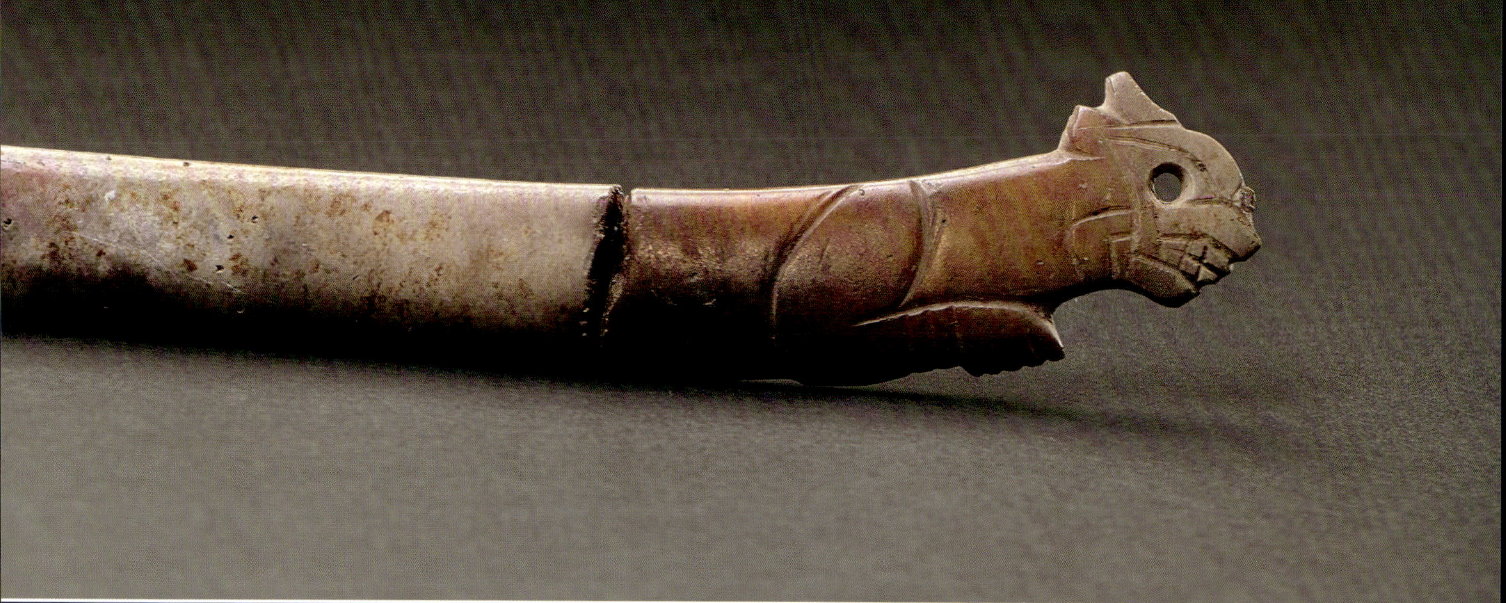
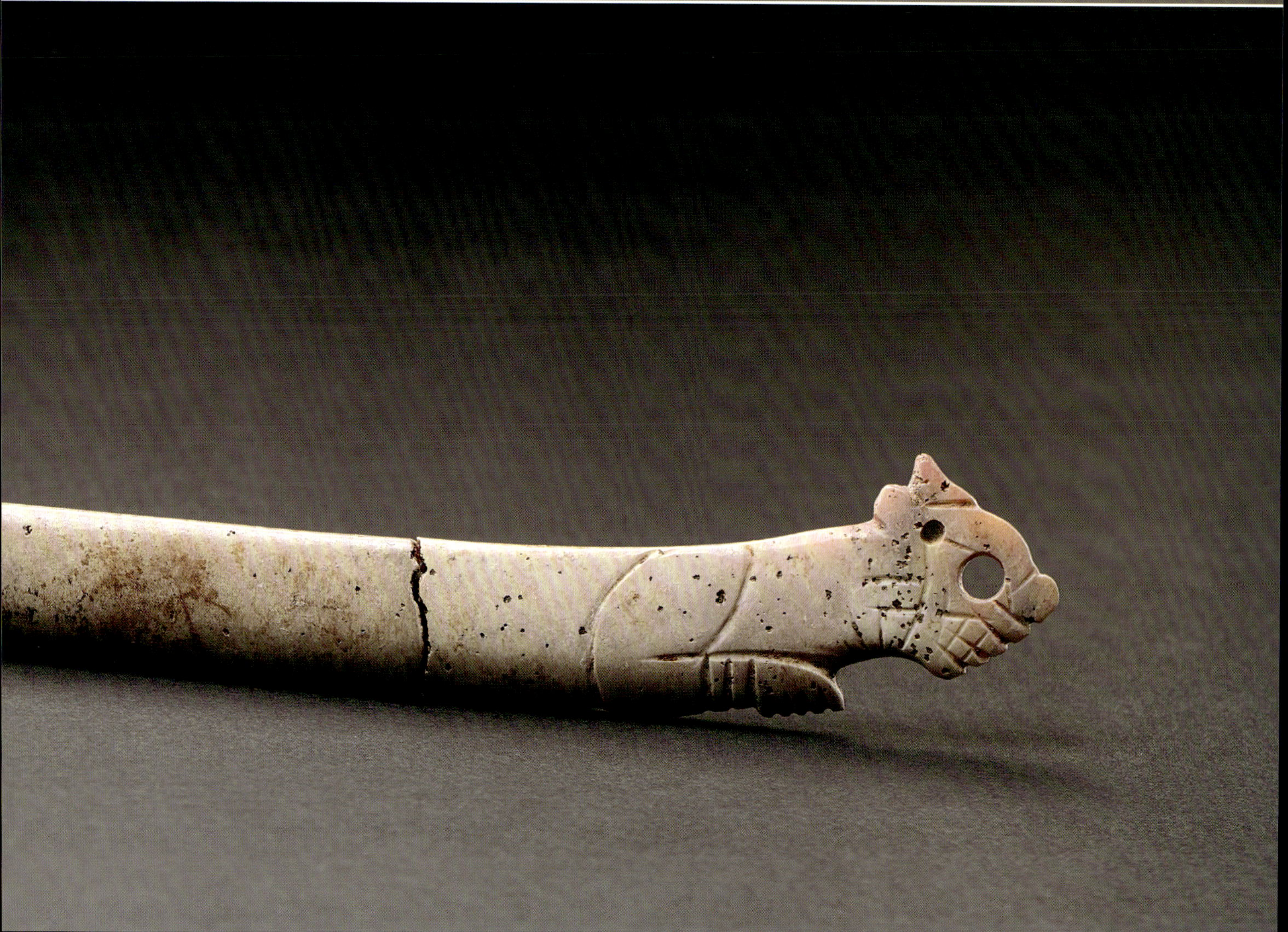

◎ 透雕凤形玉佩

◎ 透雕龙形玉佩

◎ 圆雕玉鹰

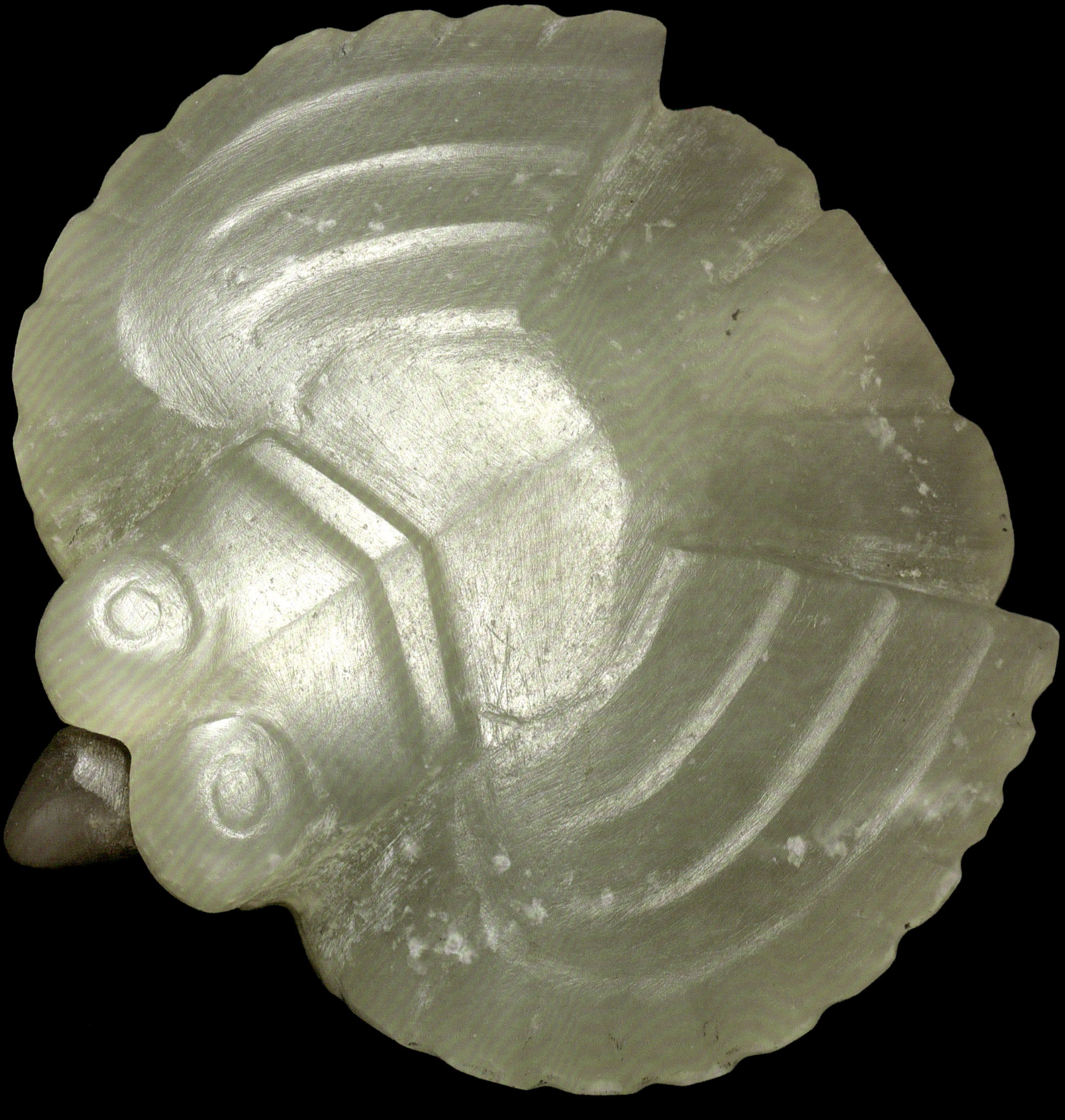

◎ 玉鹰

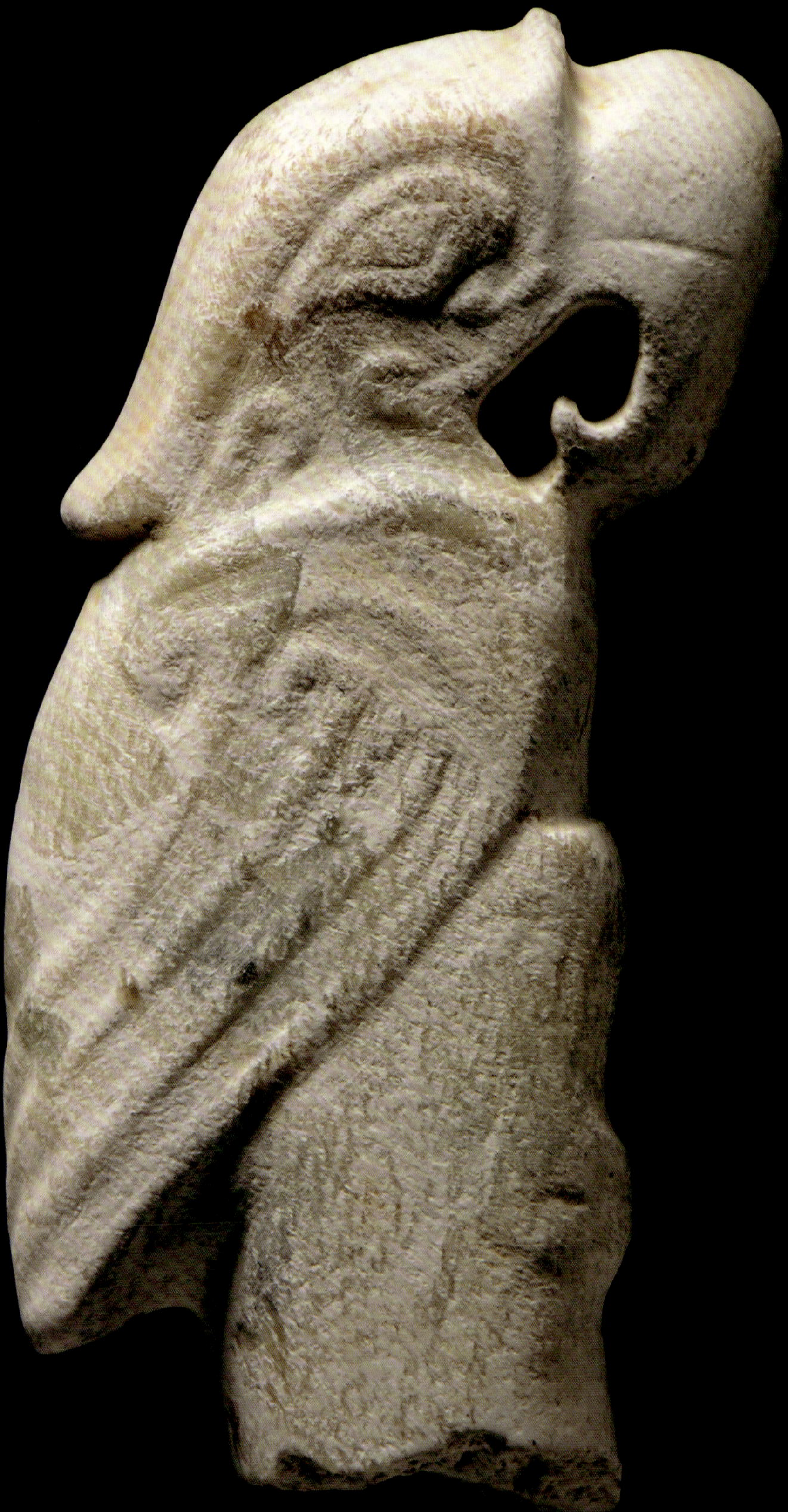

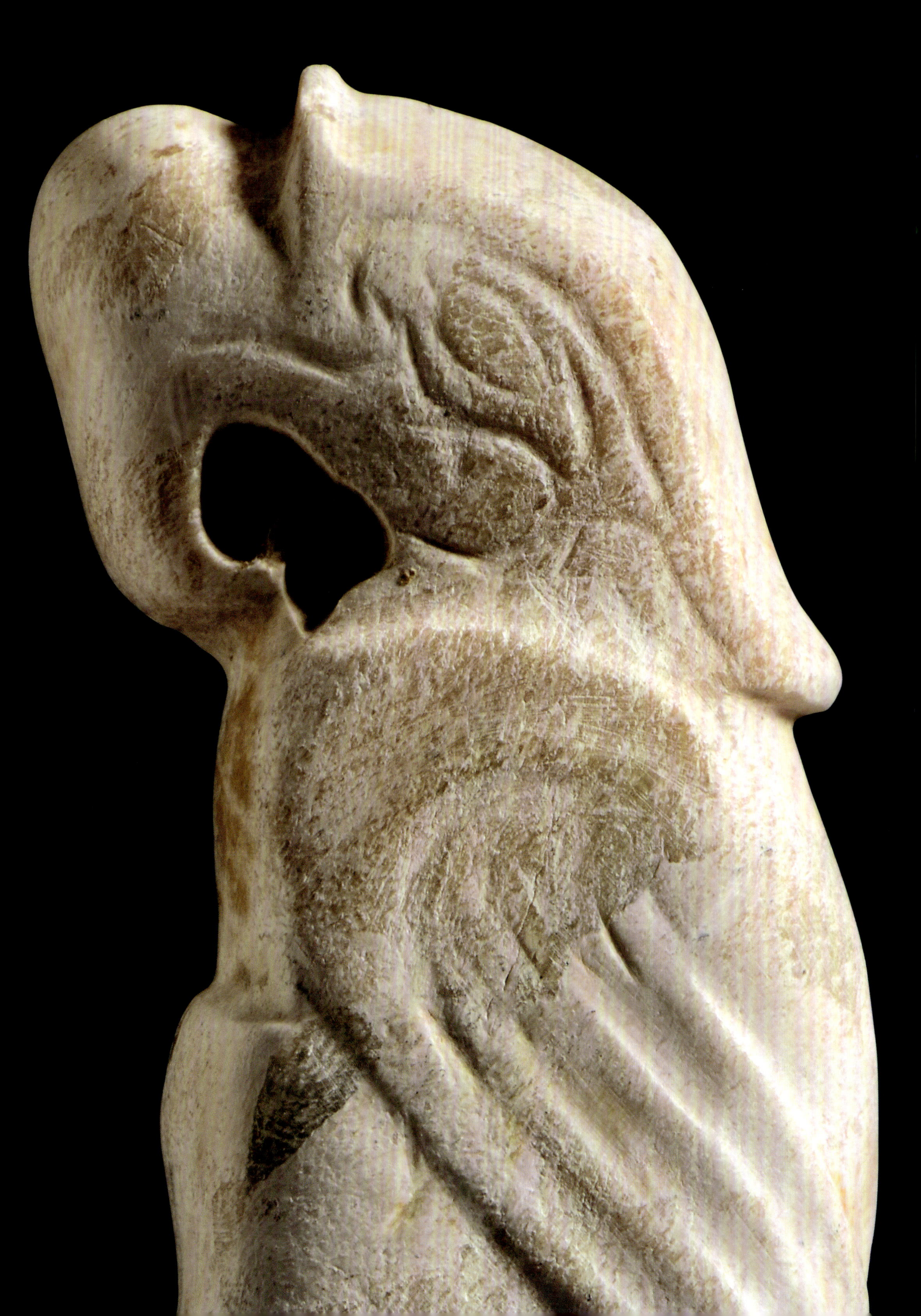

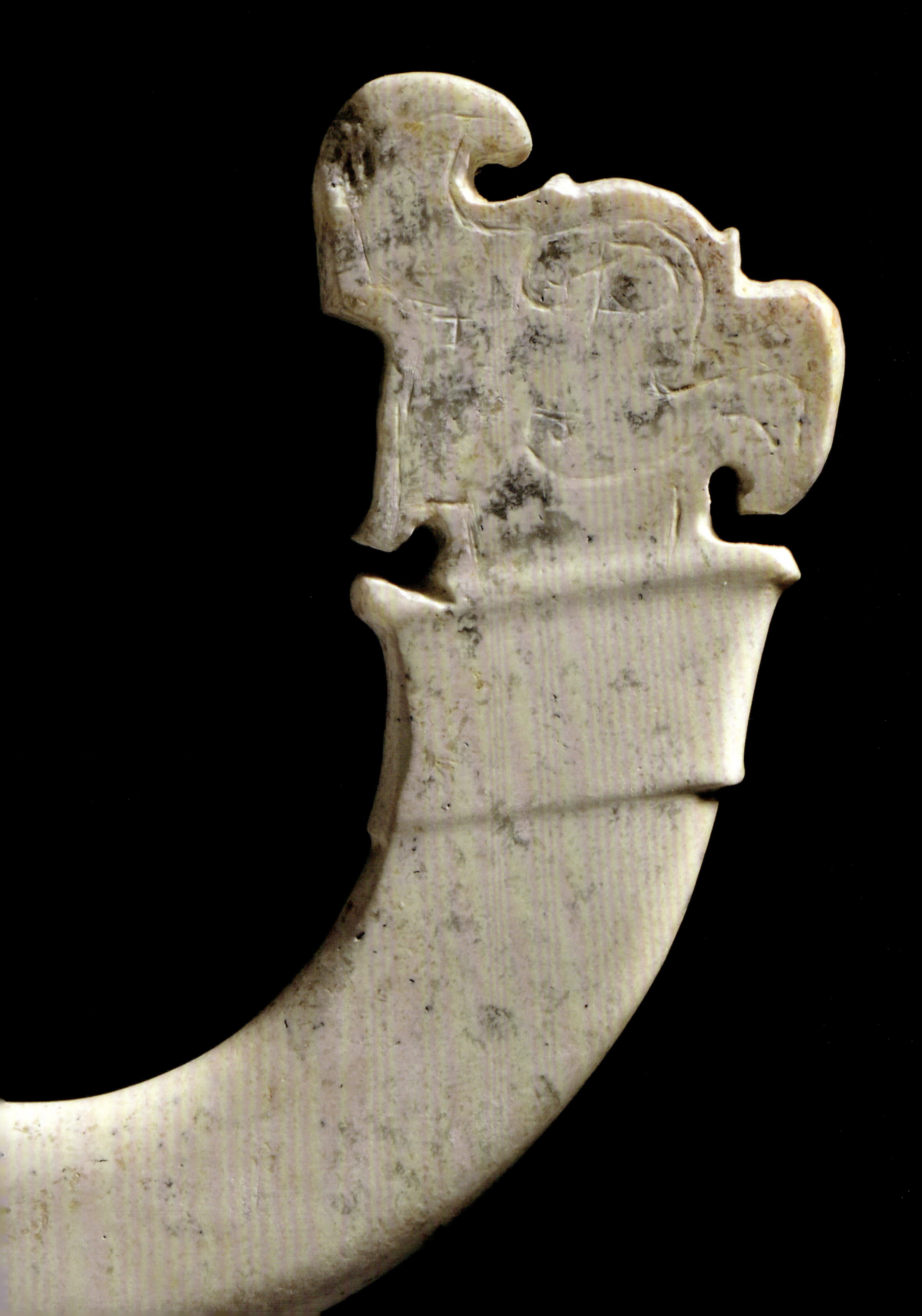

◎ 鷹首玉璜

◎ 浅平冠玉人头像合影

◎ 玉人头像

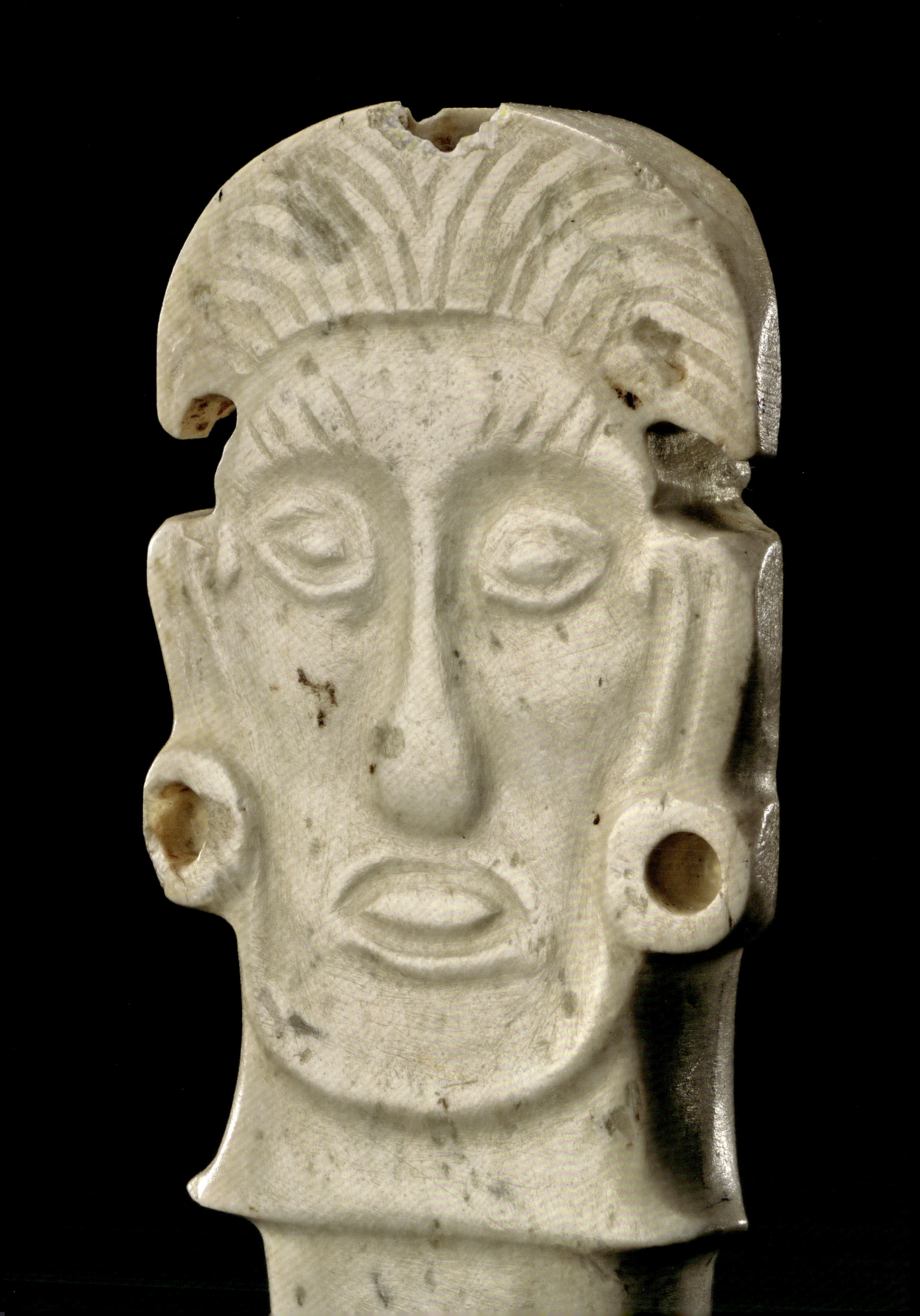

◎ 玉人头像

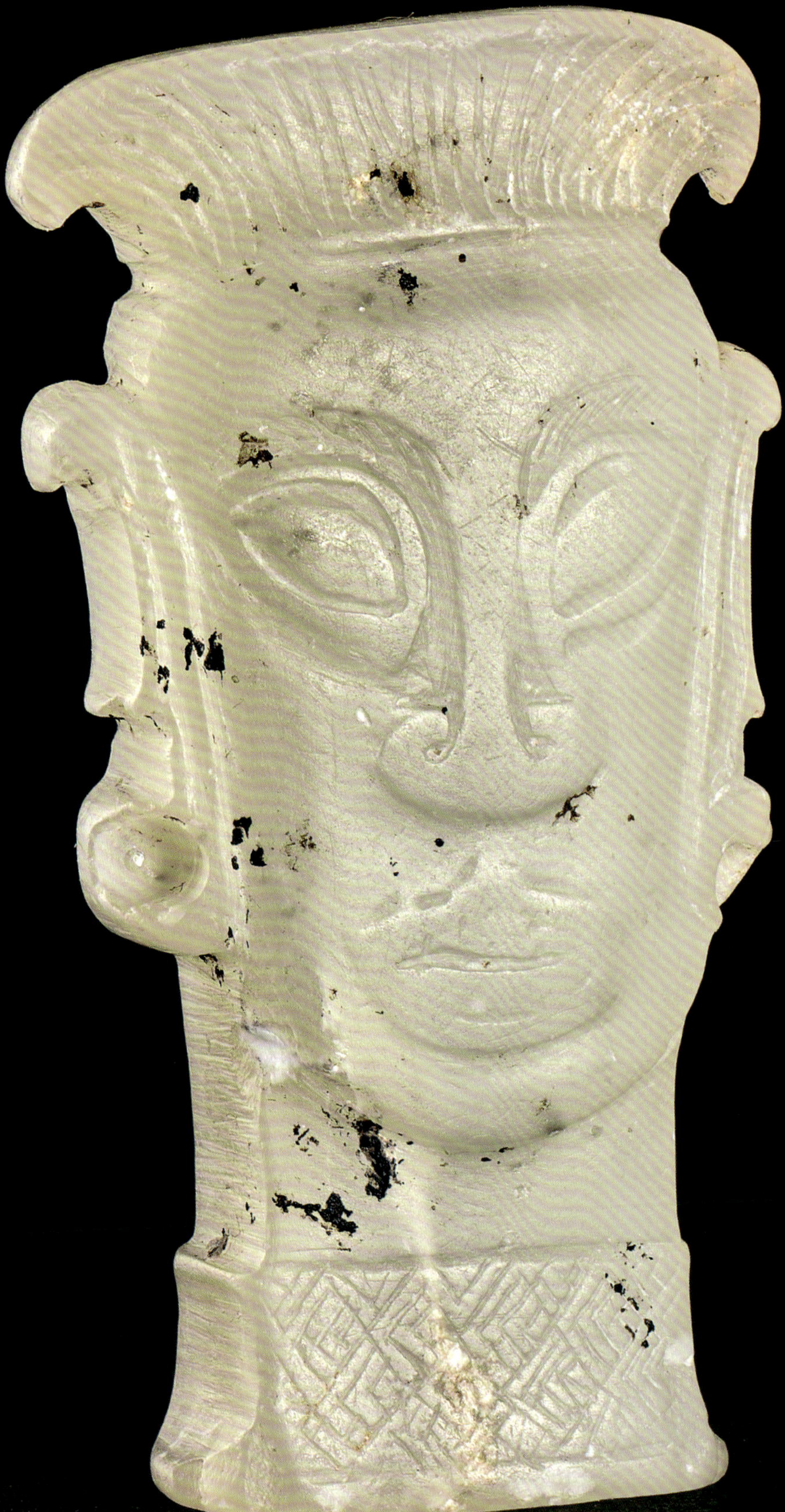

◎ 覆舟发式玉人头像合影

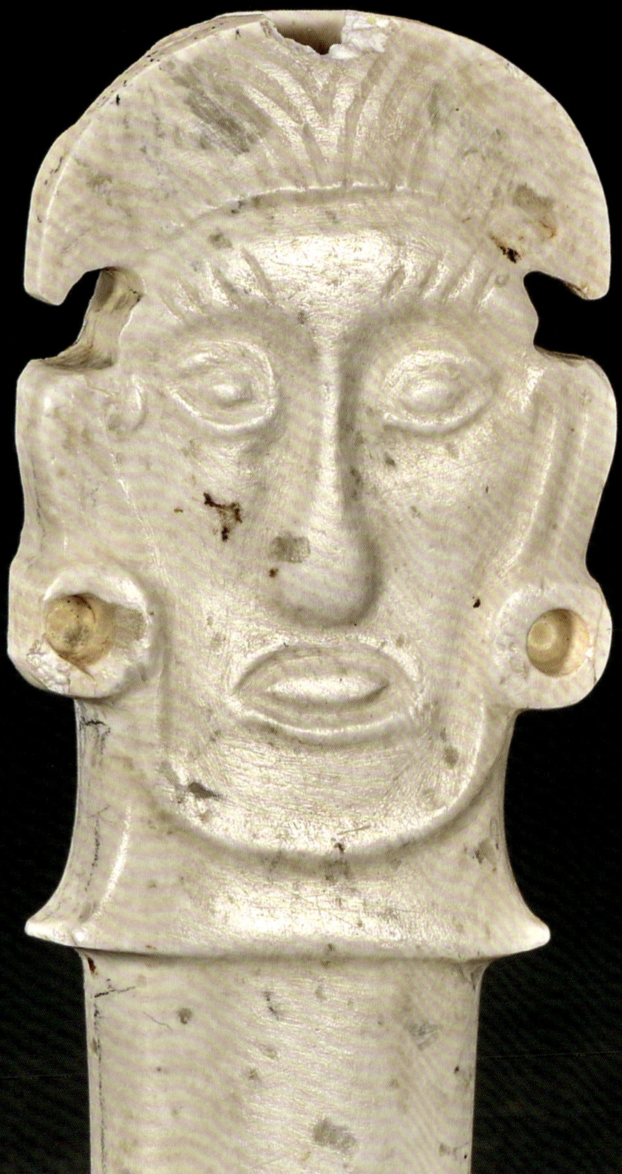

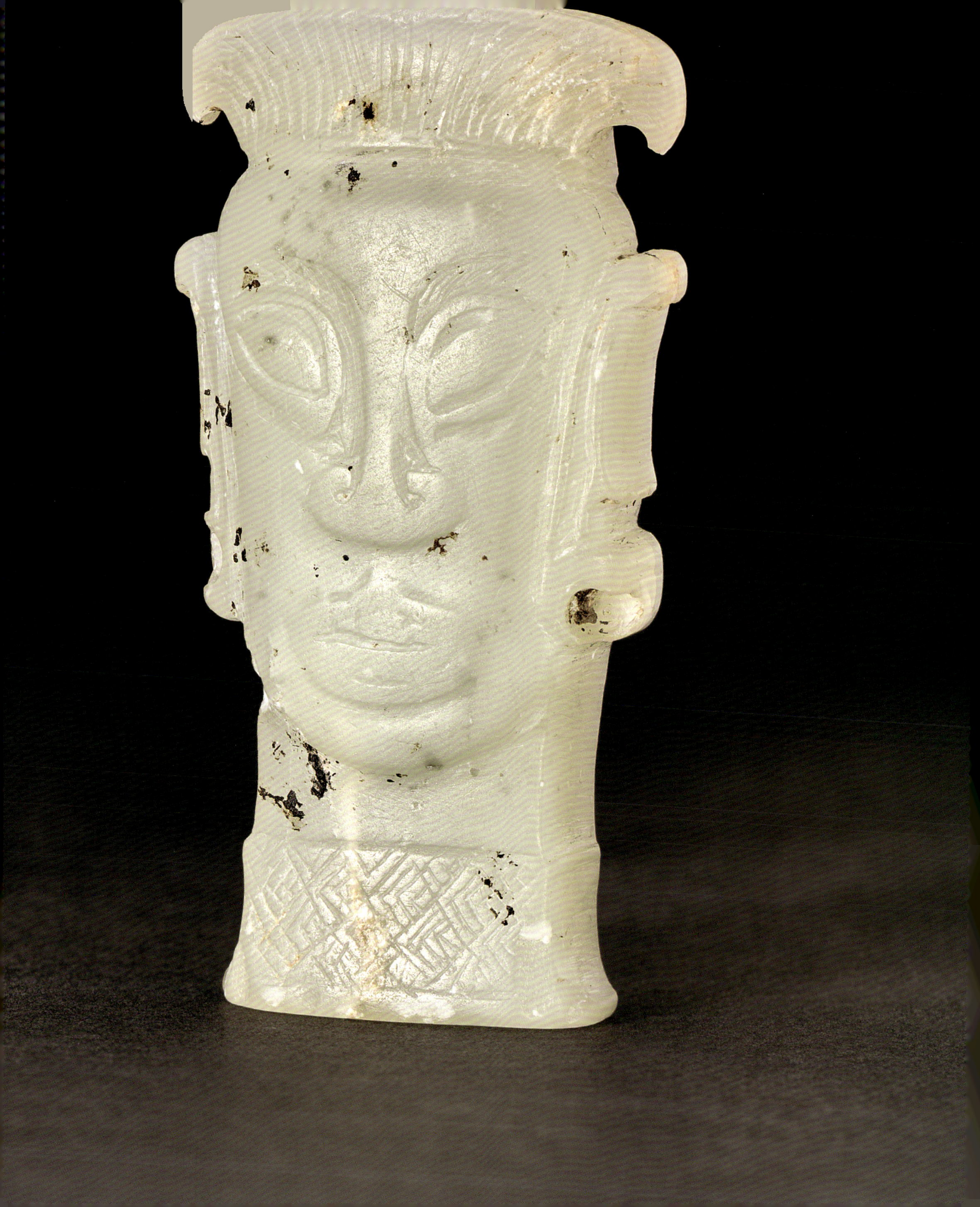

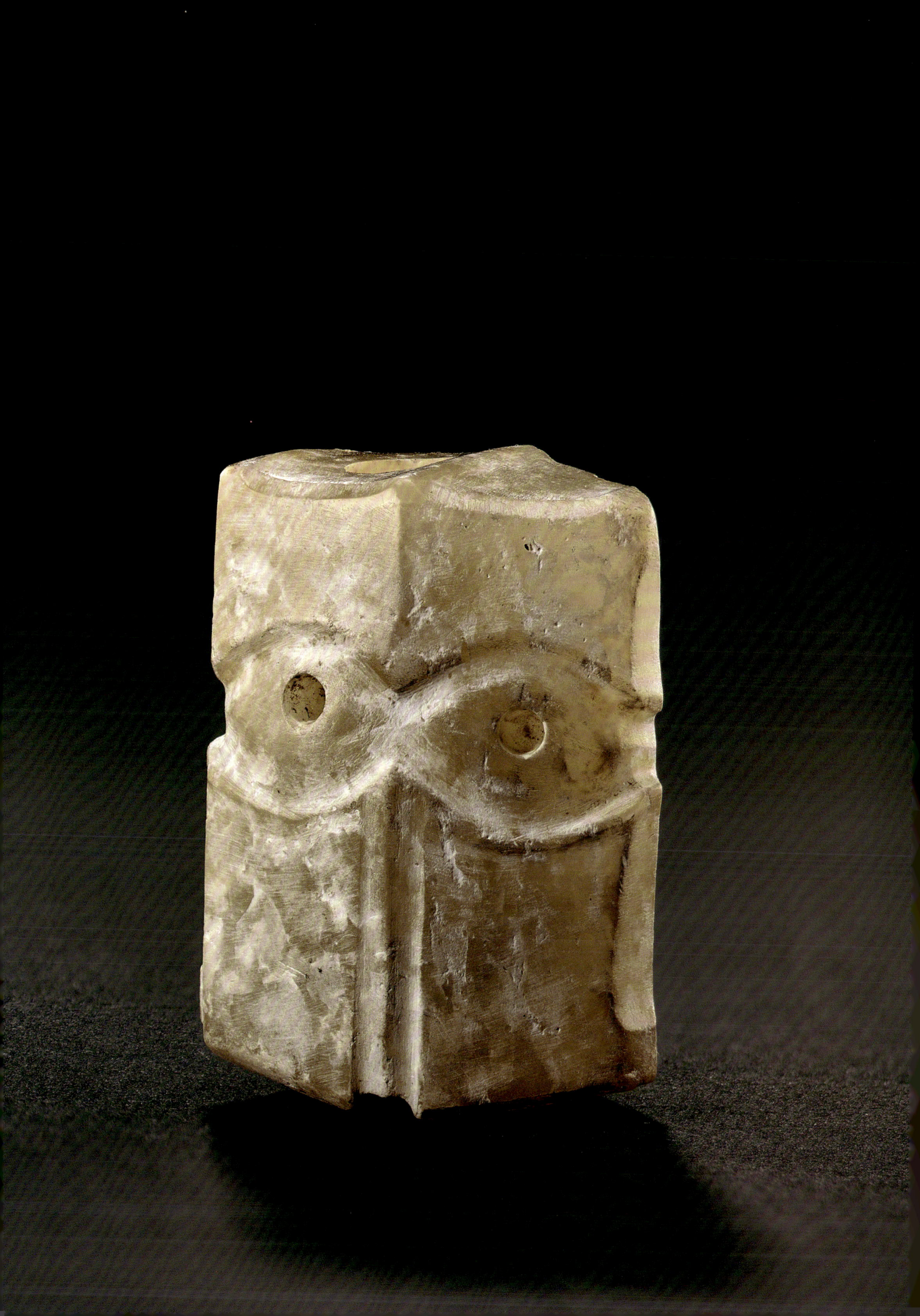

◎ 玉人头像

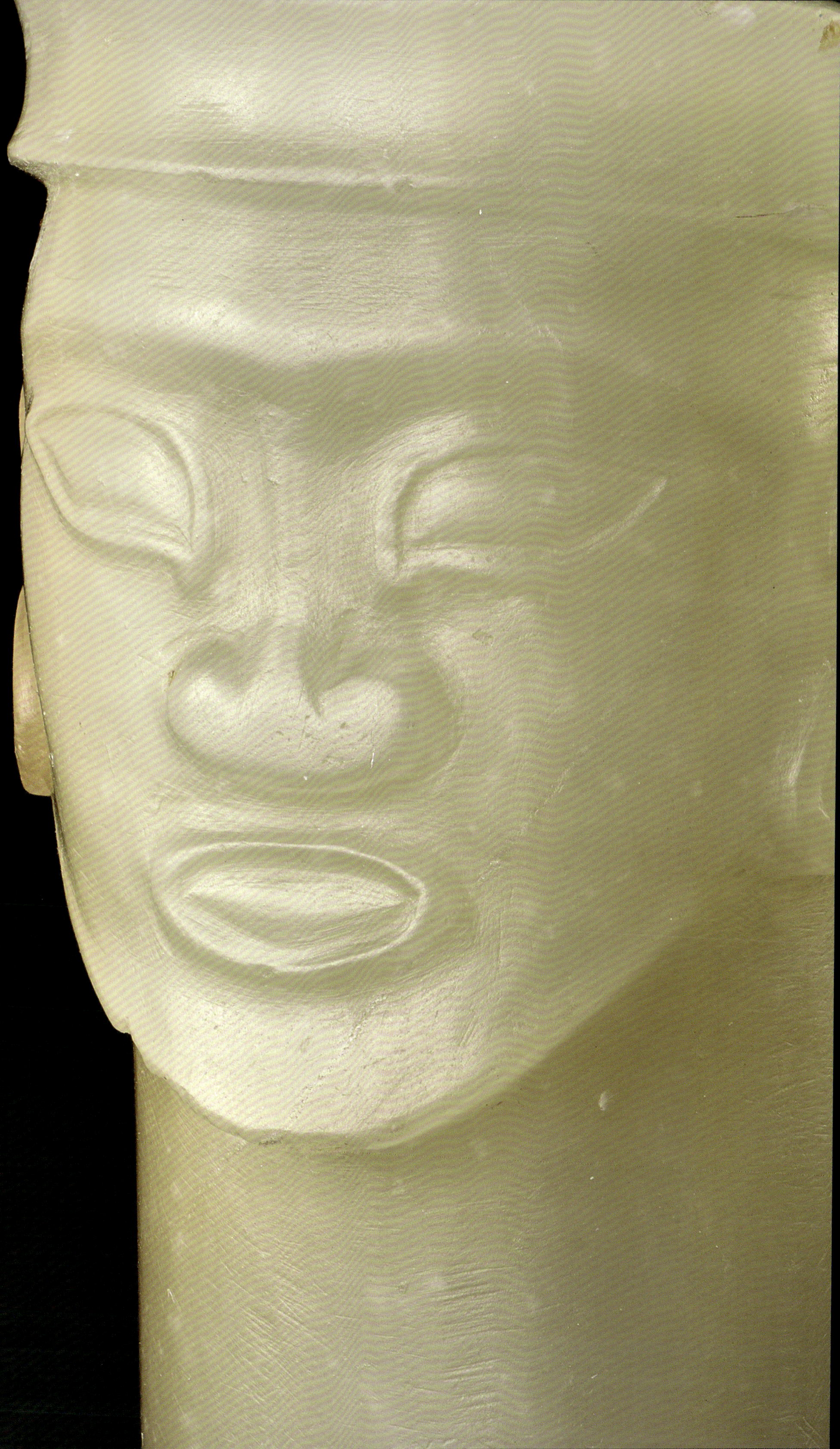

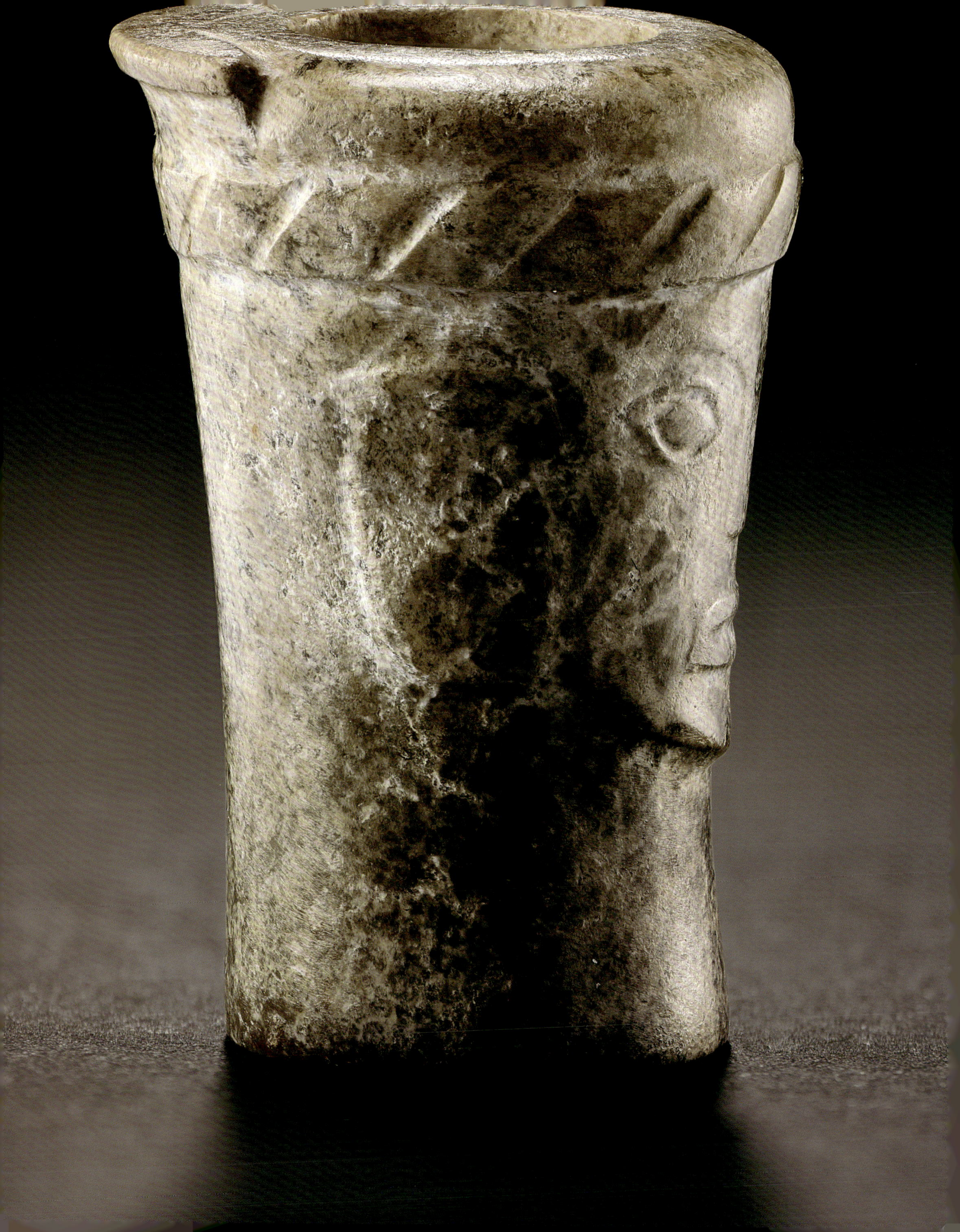

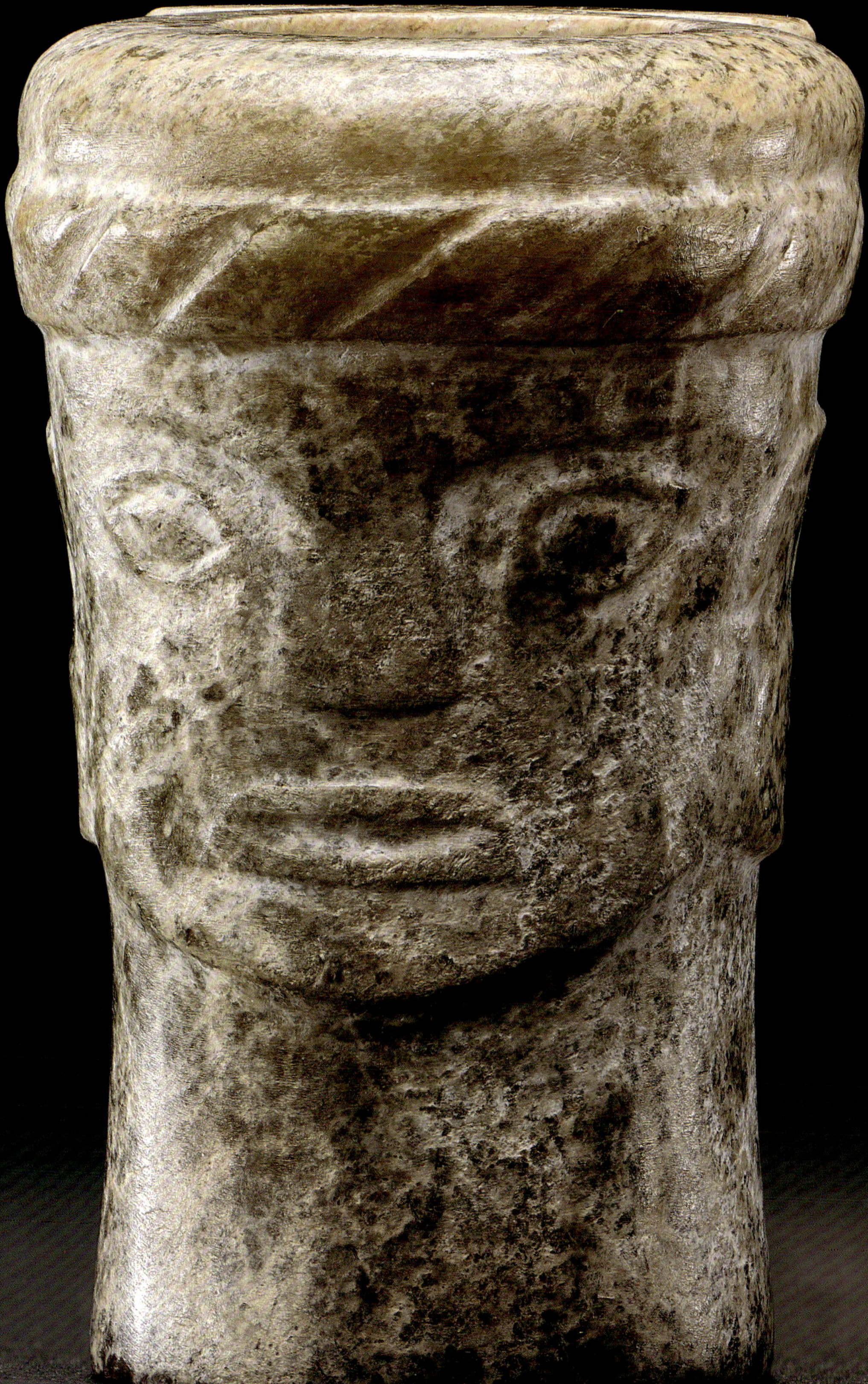

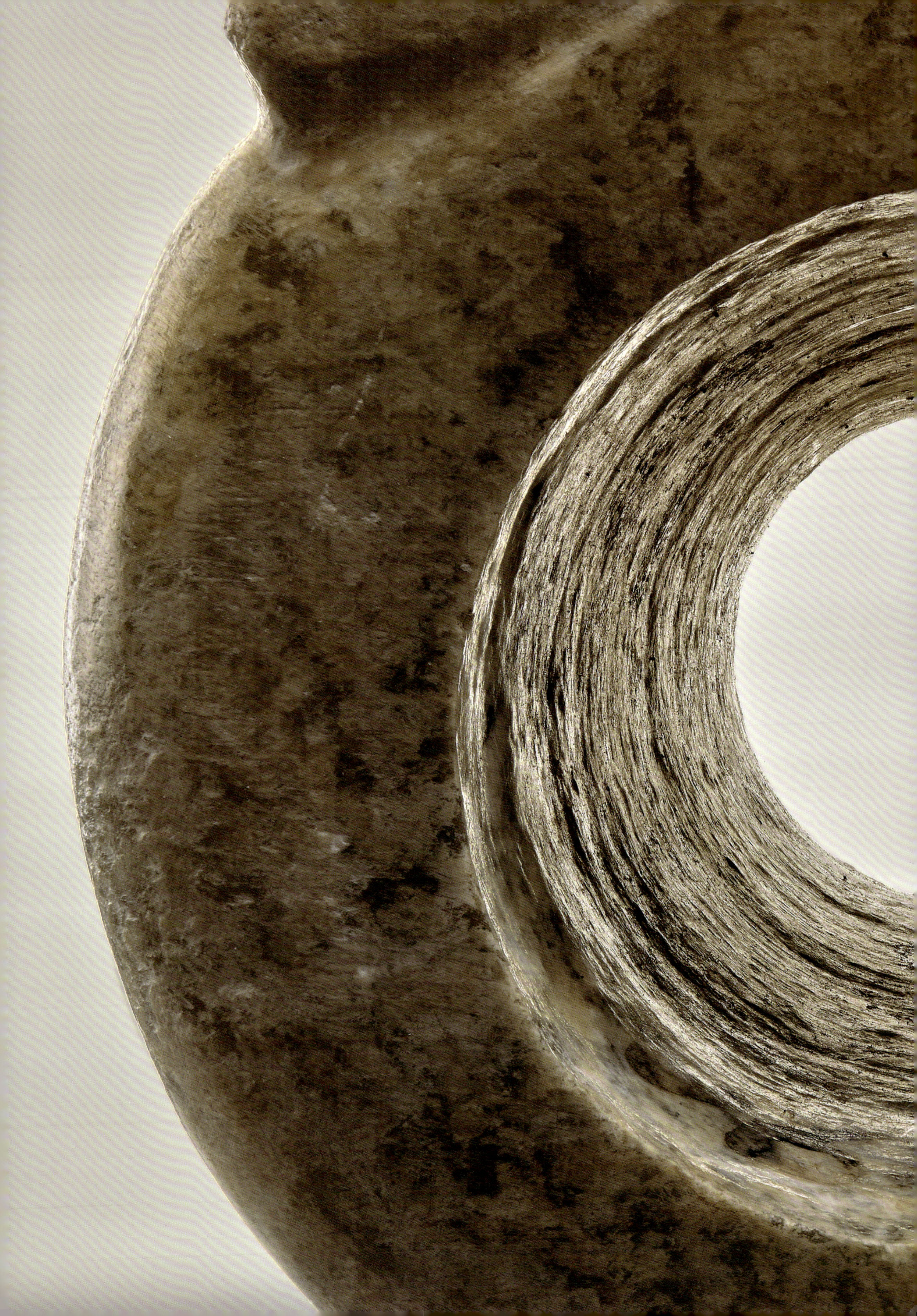

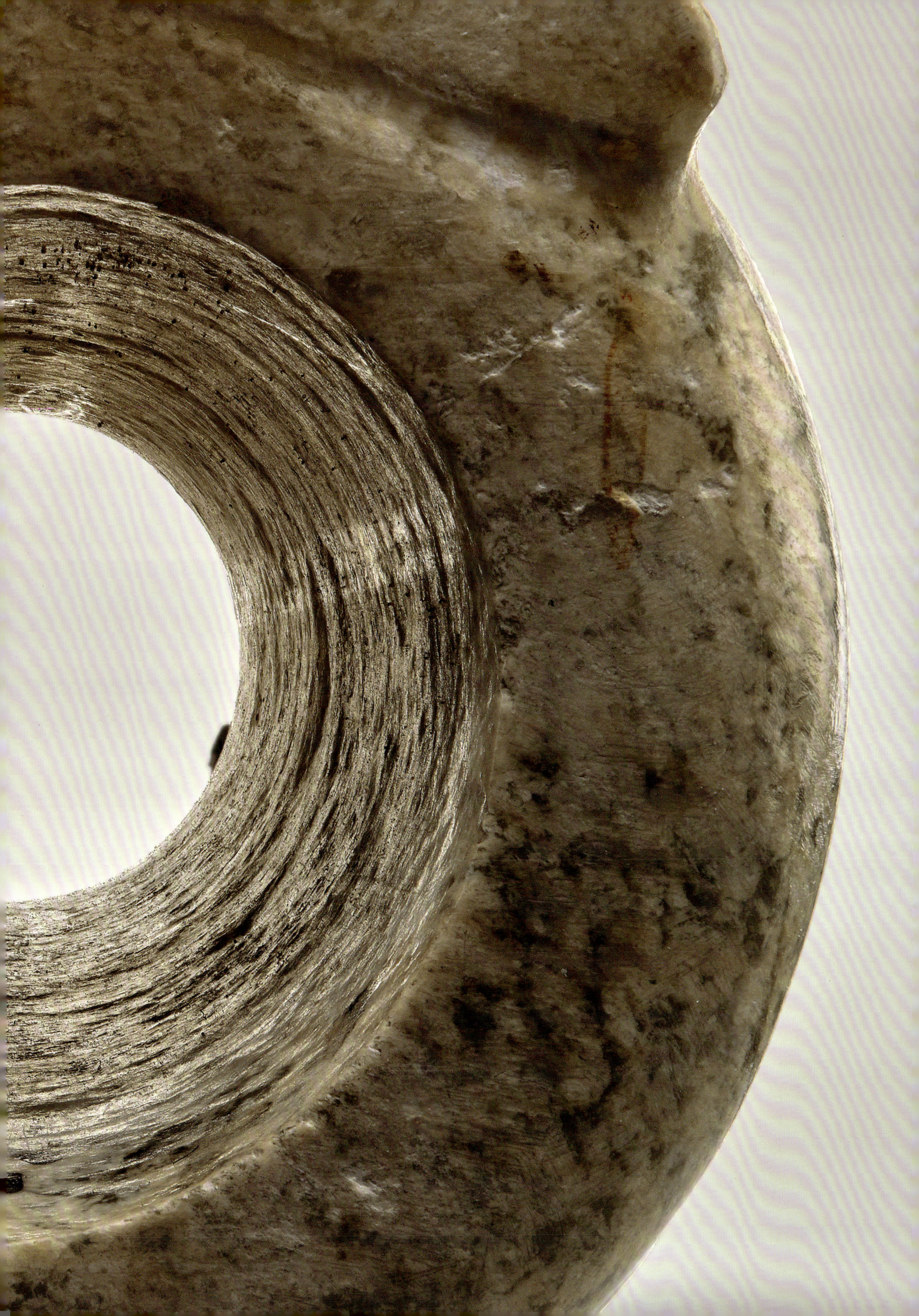

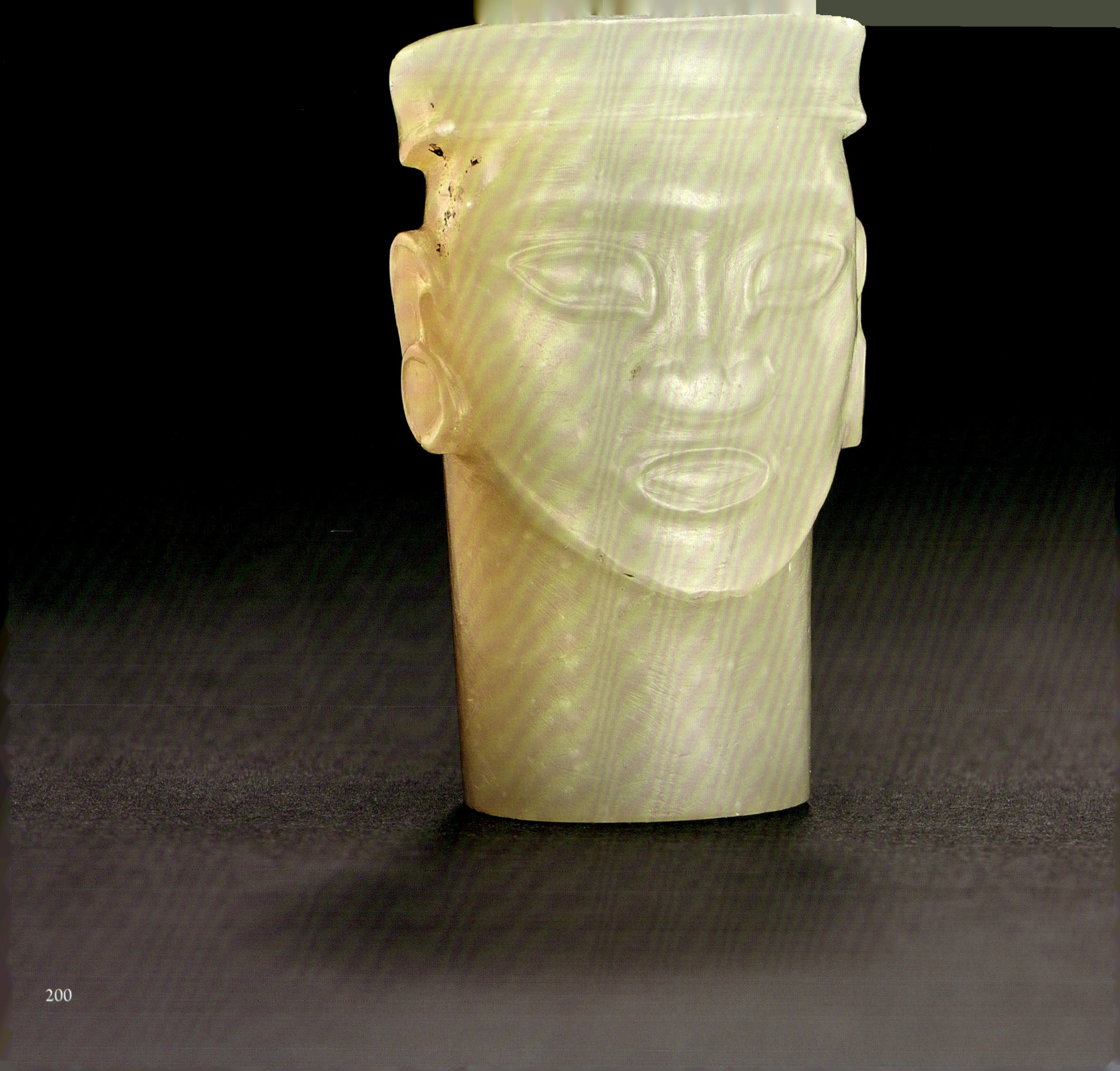

◎ 铜人头像

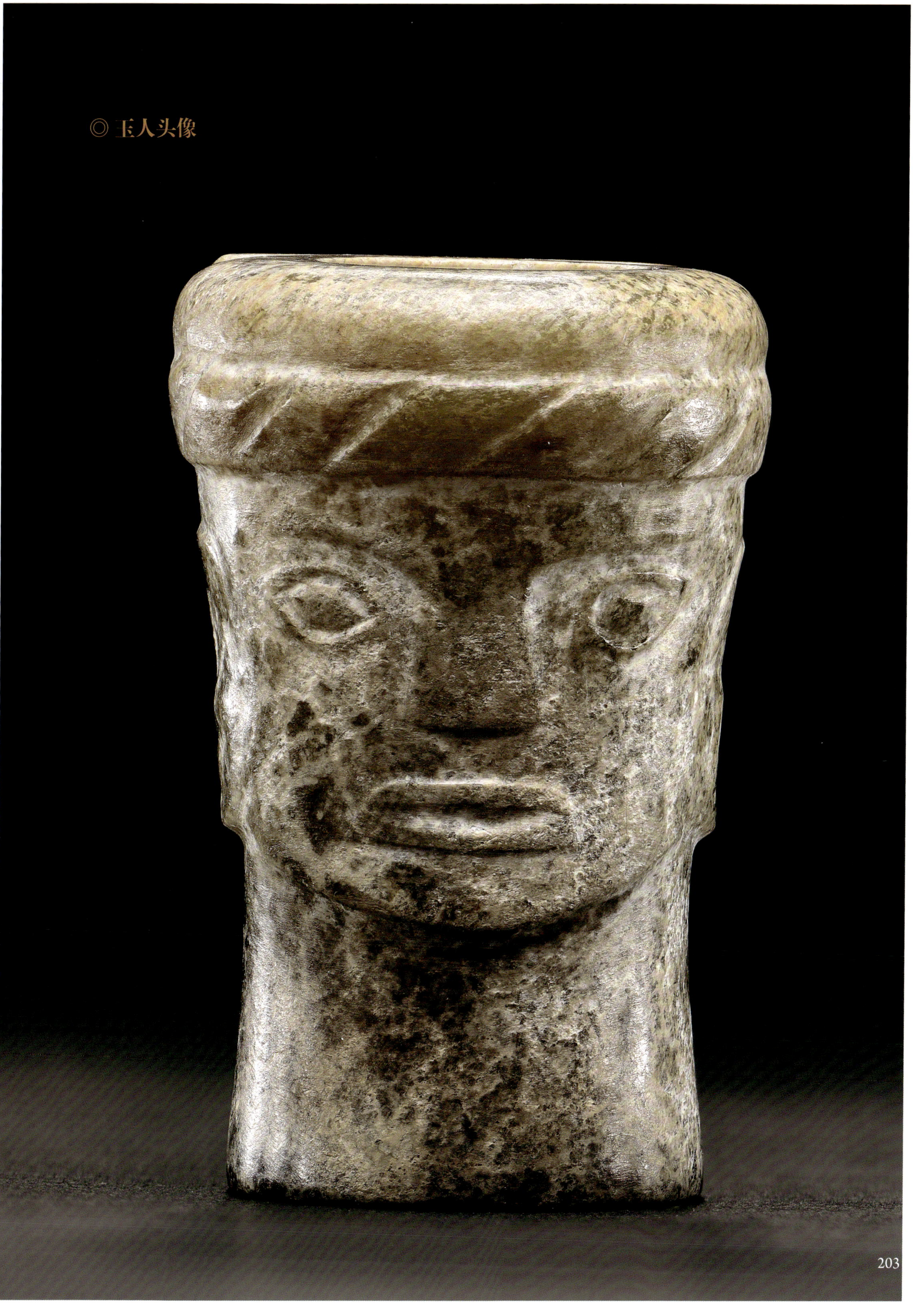

◎ 玉人头像

◎ 玉连体双人头像

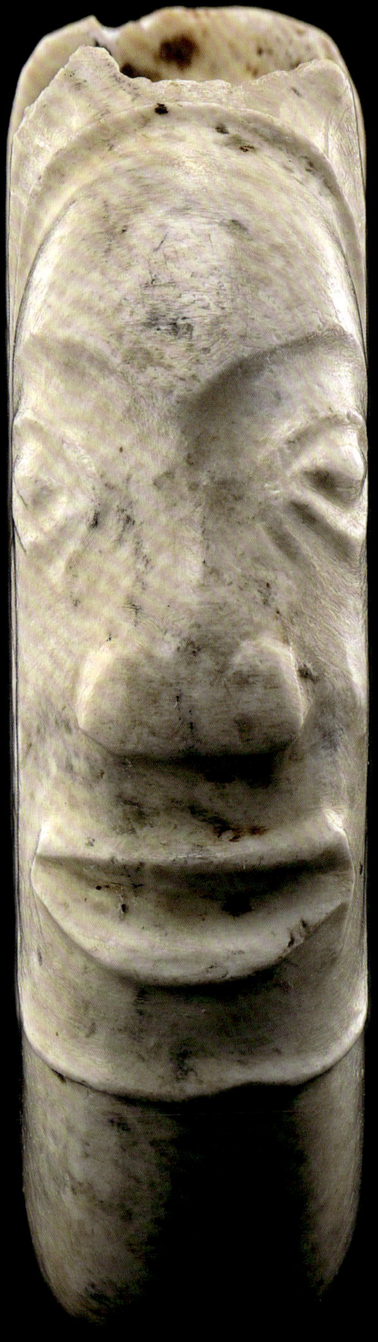

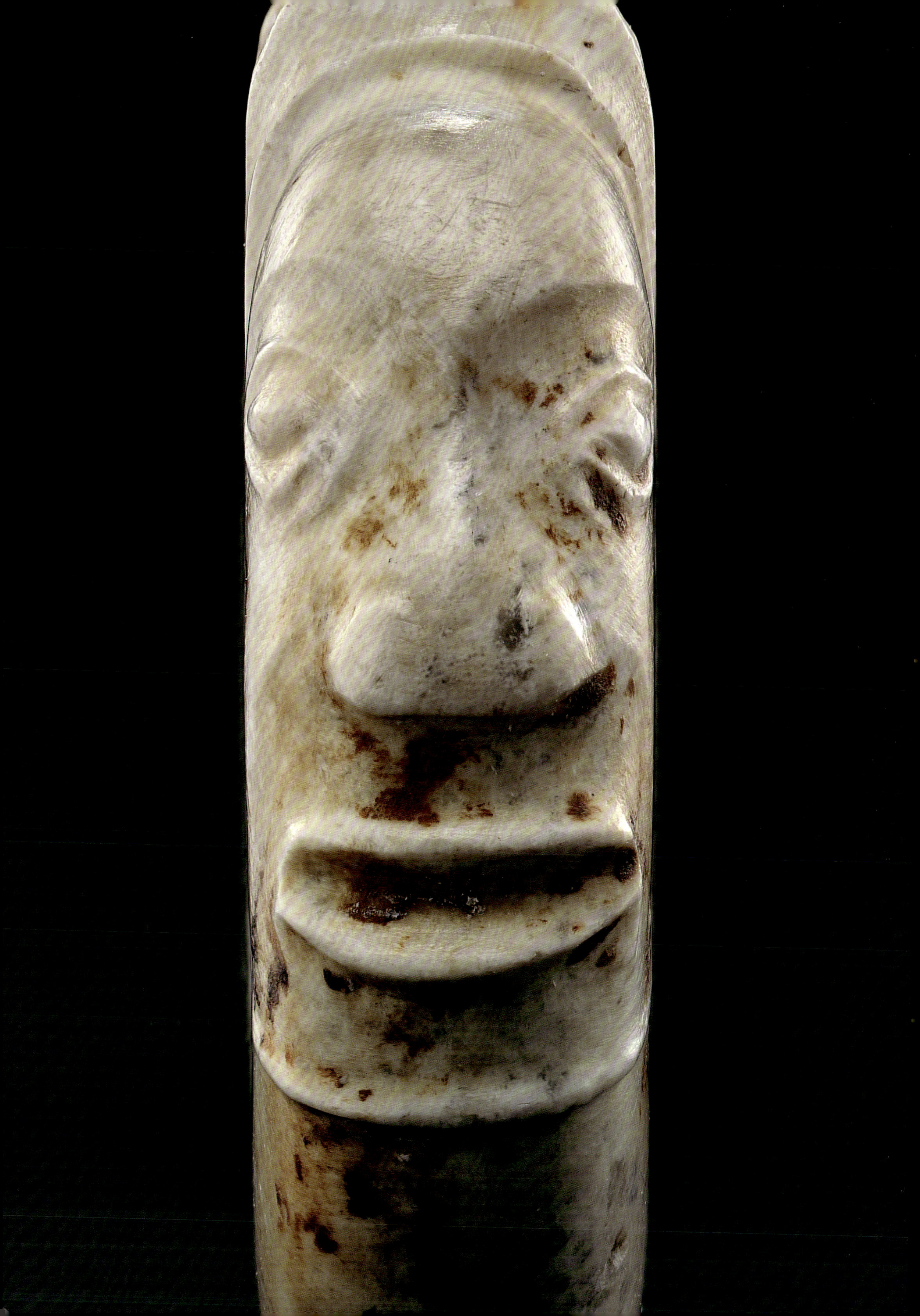

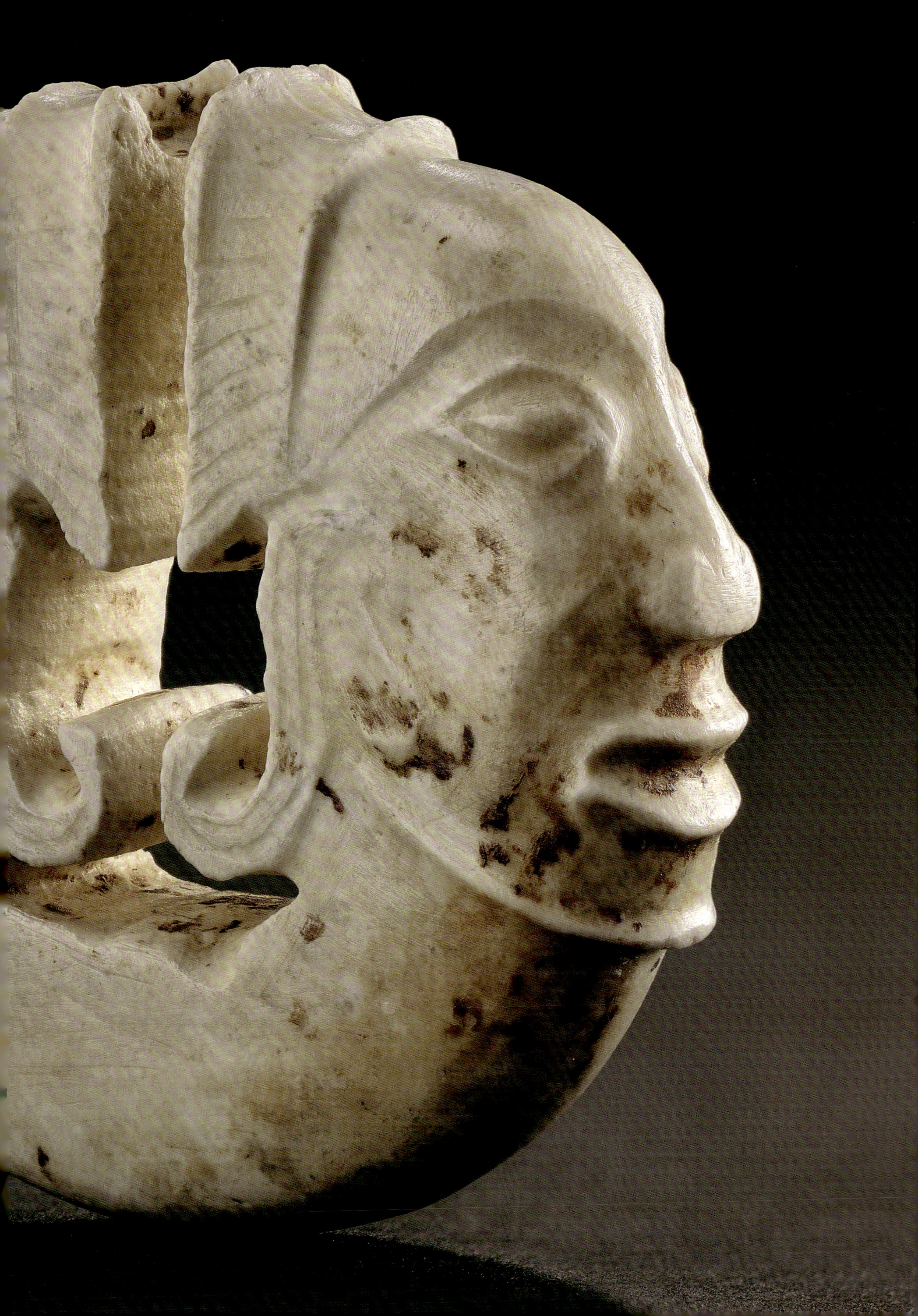

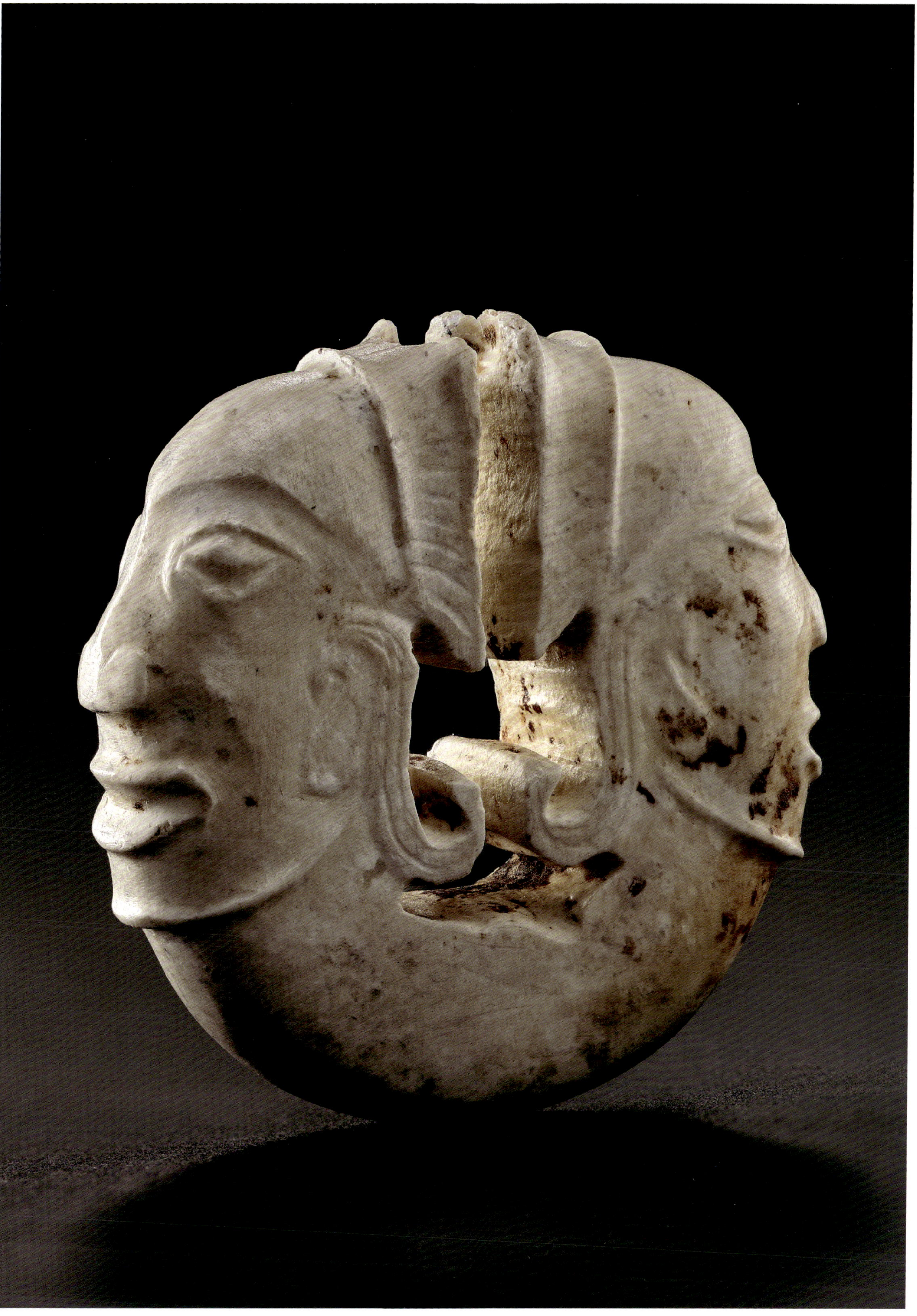

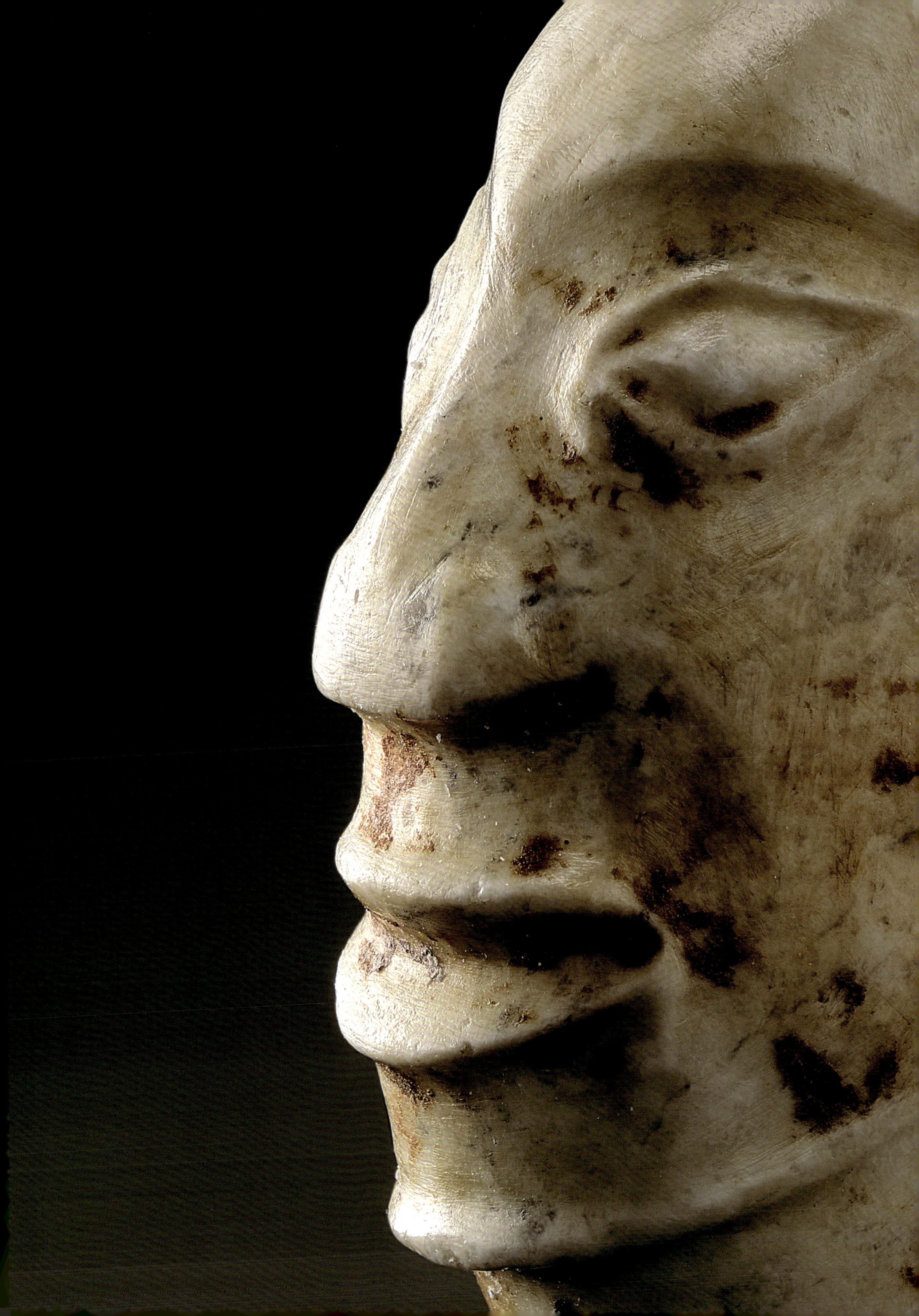

◎ 玉连体双人头像与人首龙身形玉饰合影

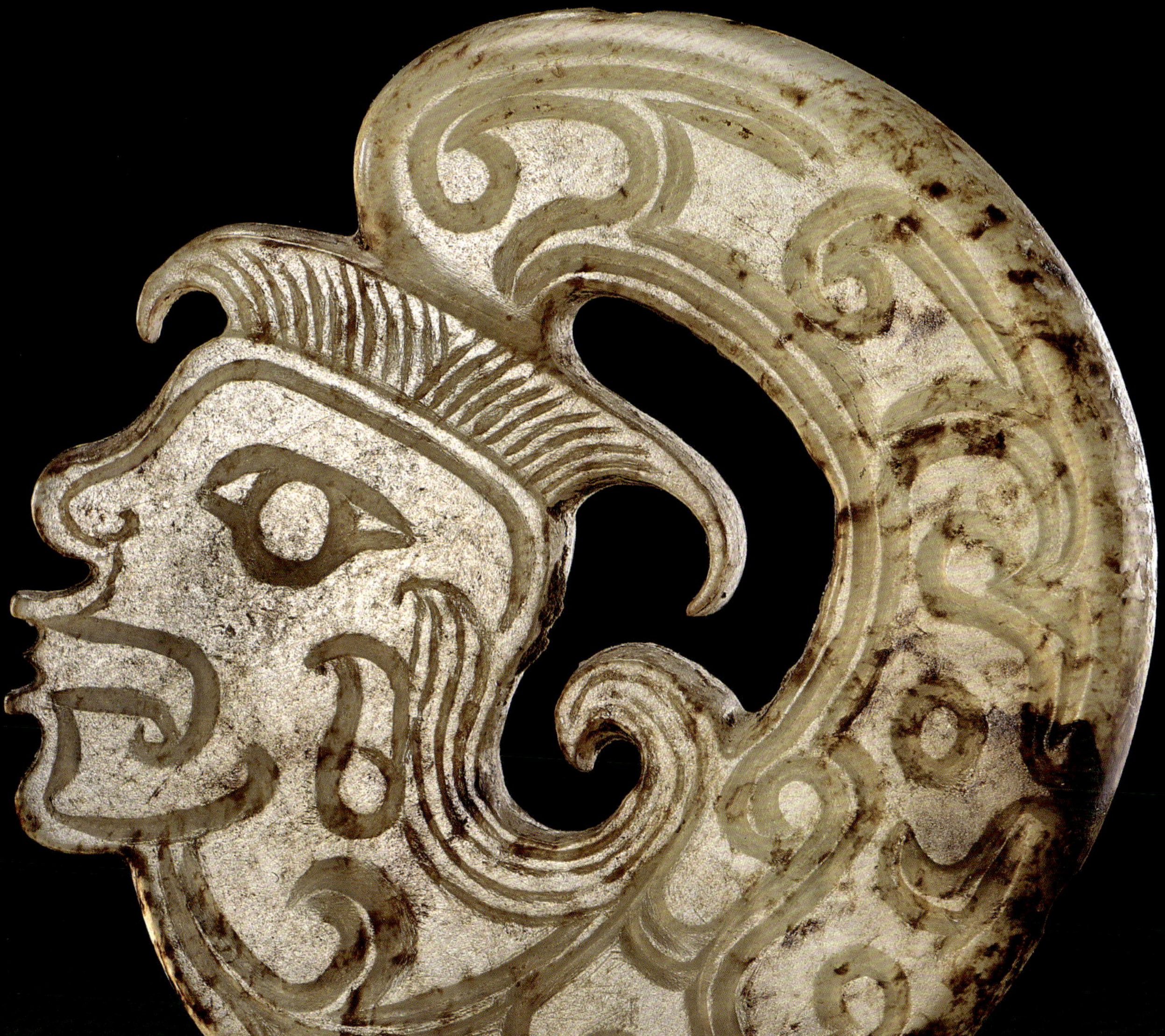

◎ 玉冠饰

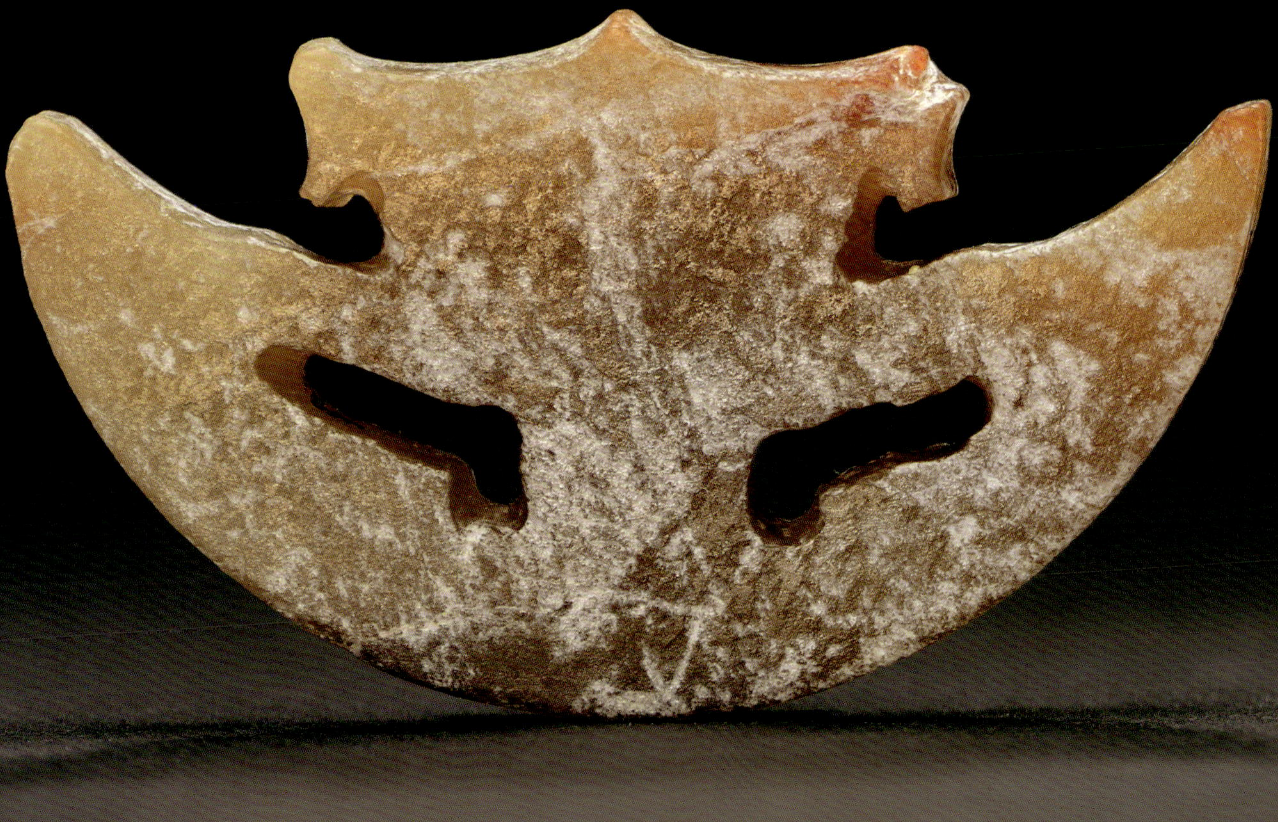

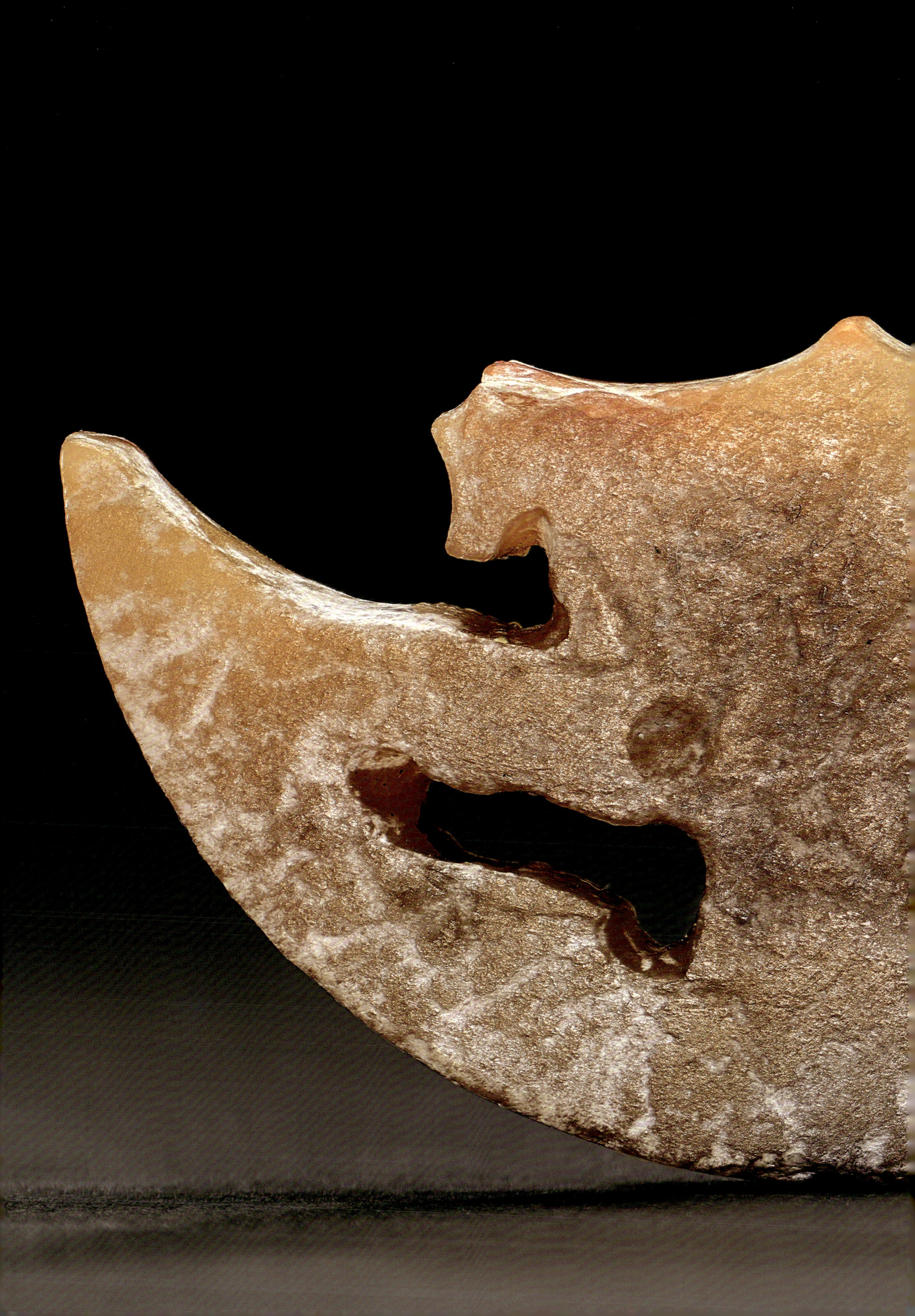

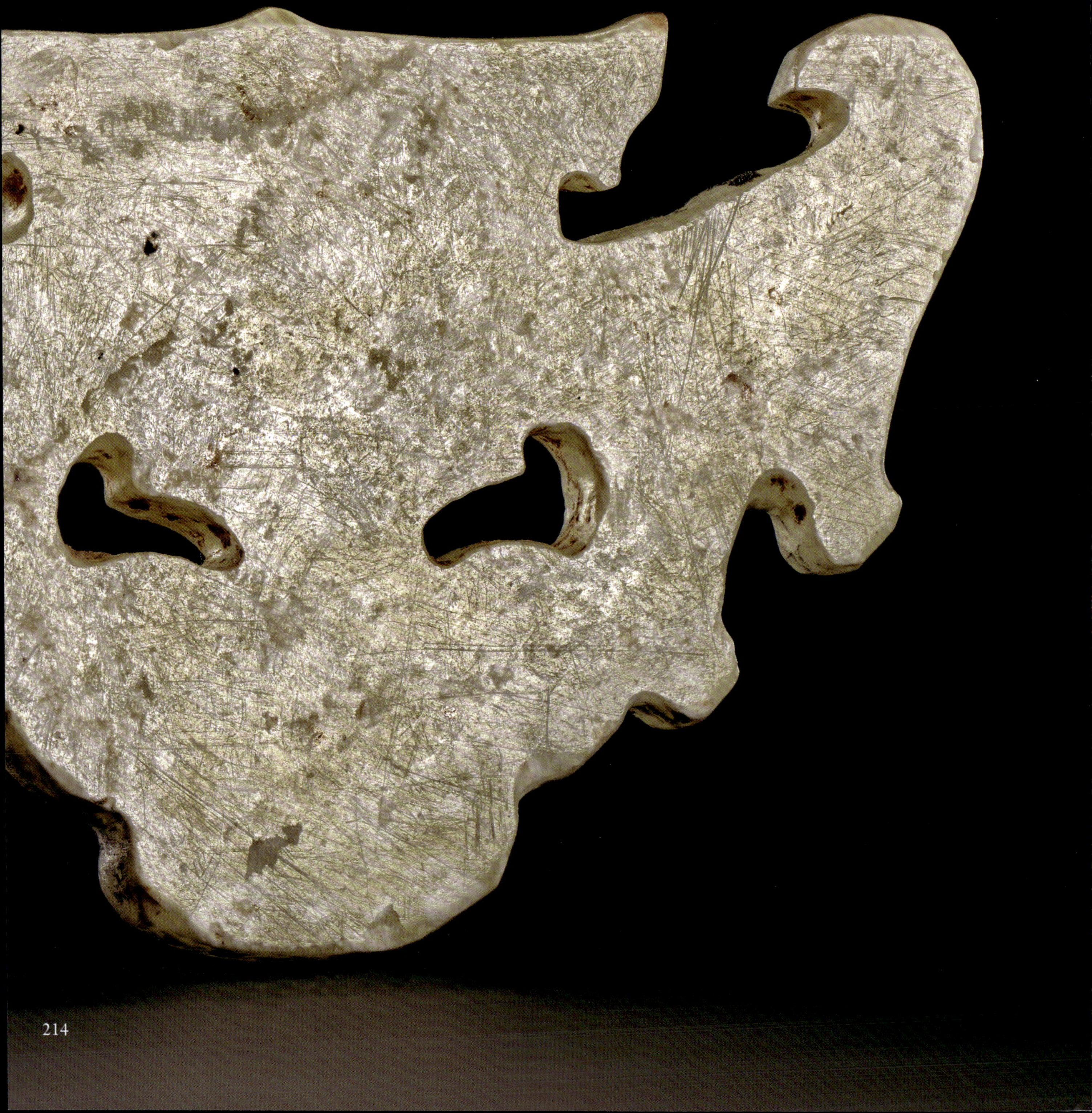

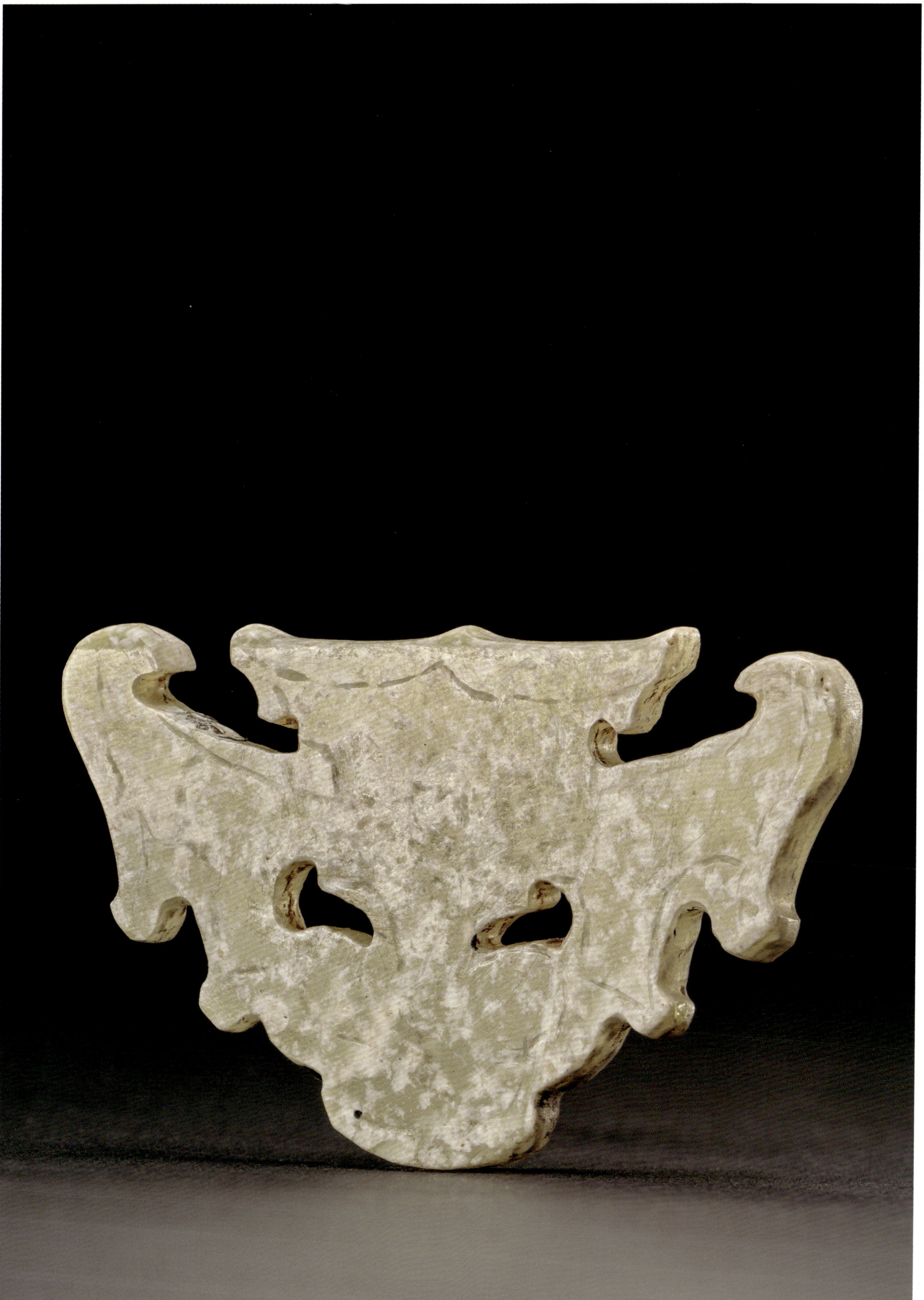

◎ 玉冠饰

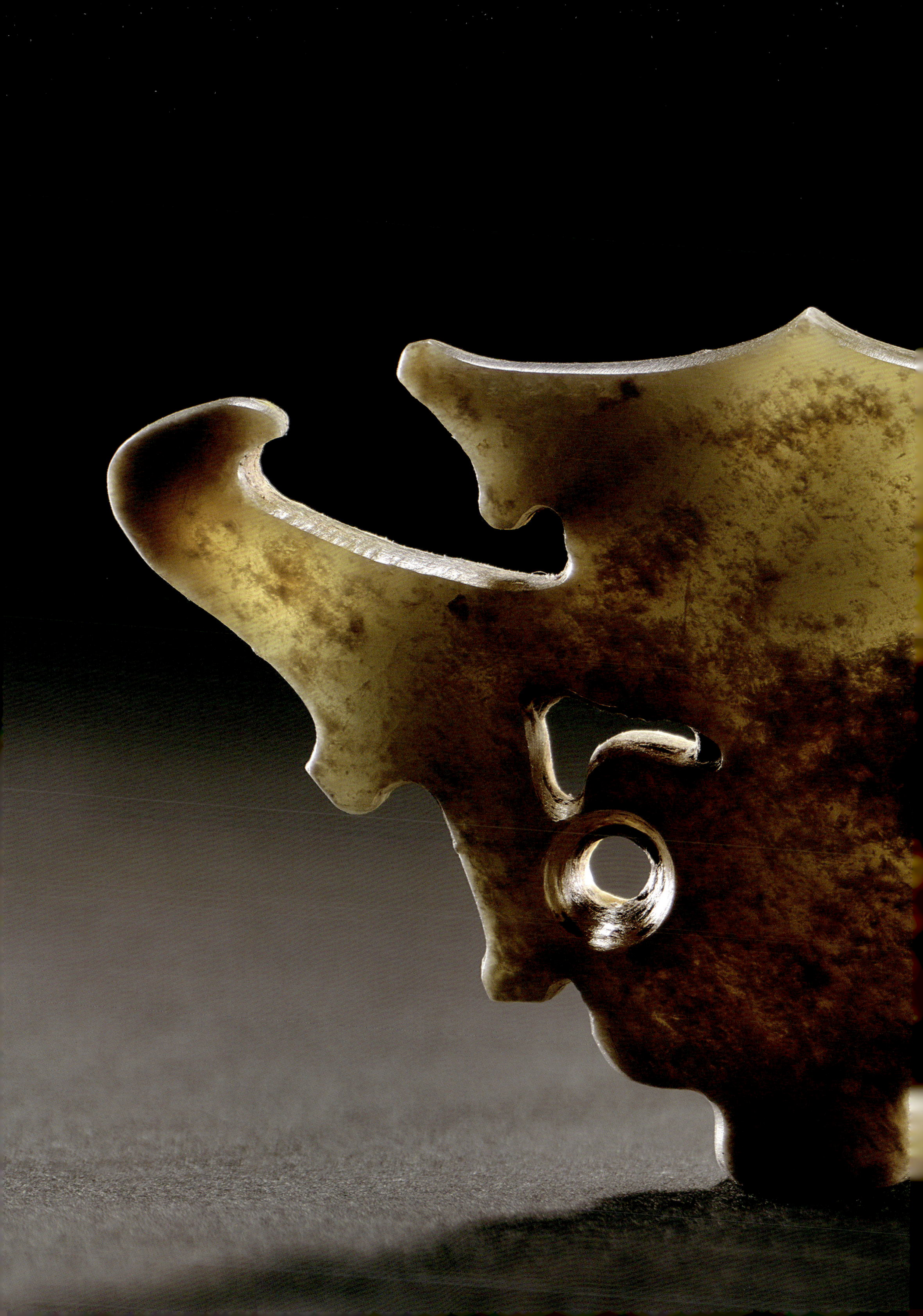

◎ 玉神面

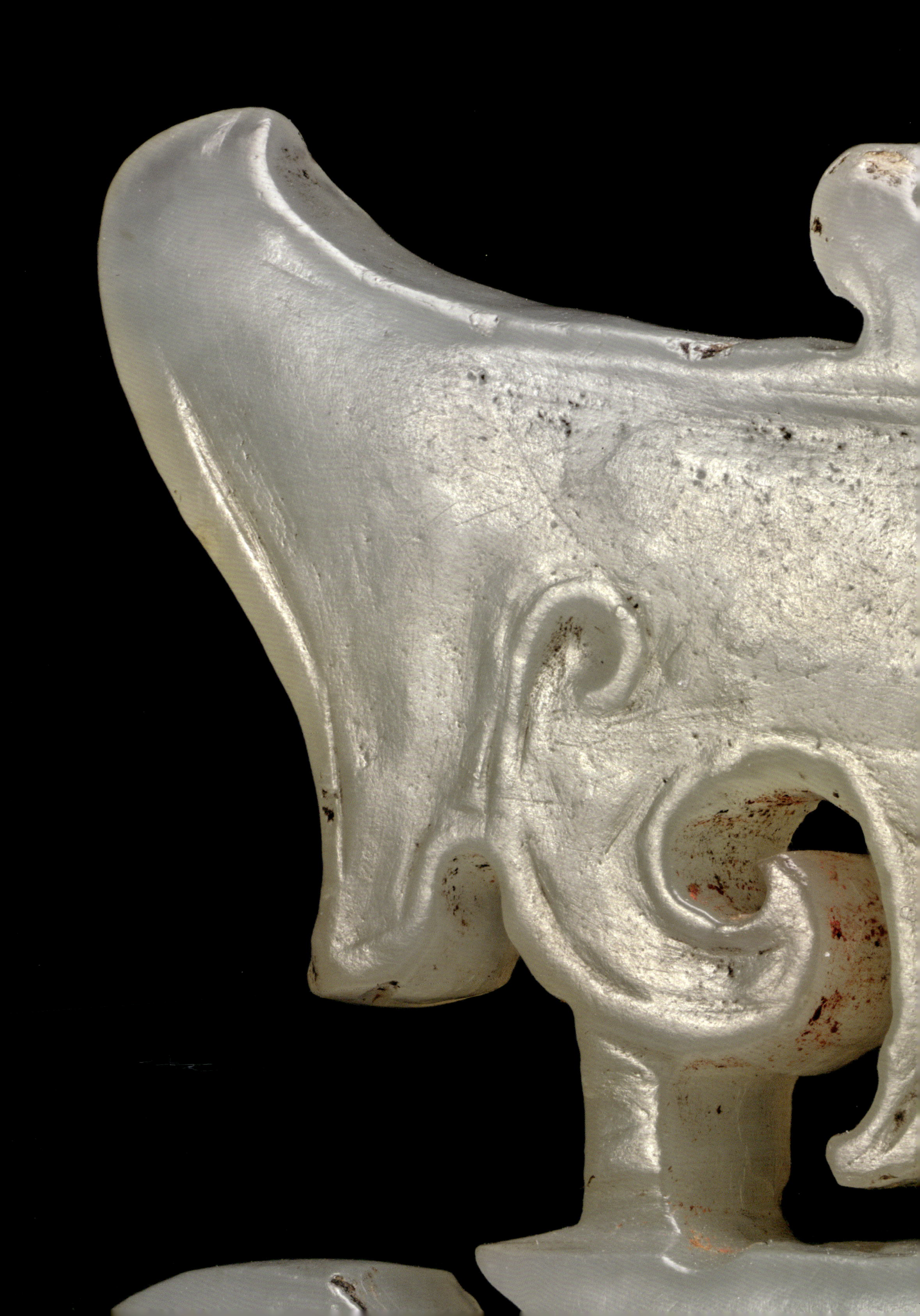

◎ 陶寺出土玉璜、玉神面与谭家岭出土玉璜、玉冠饰合影

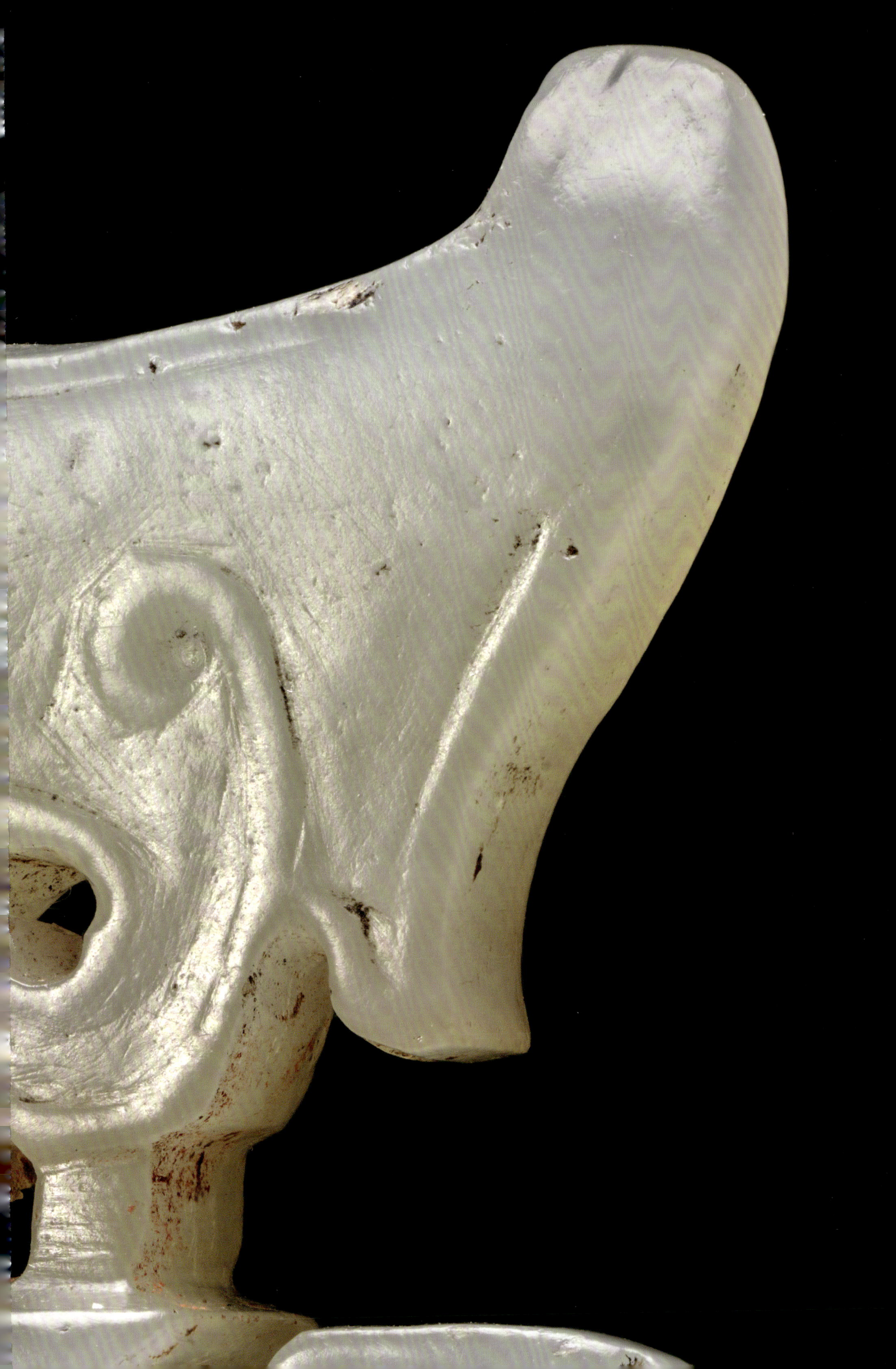

◎ 玉冠饰与玉神人头像合影

◎玉冠饰（神面）合影

◎ 玉璜

◎ 玉璜

◎ 高冠铜人头像

◎ 玉冠饰

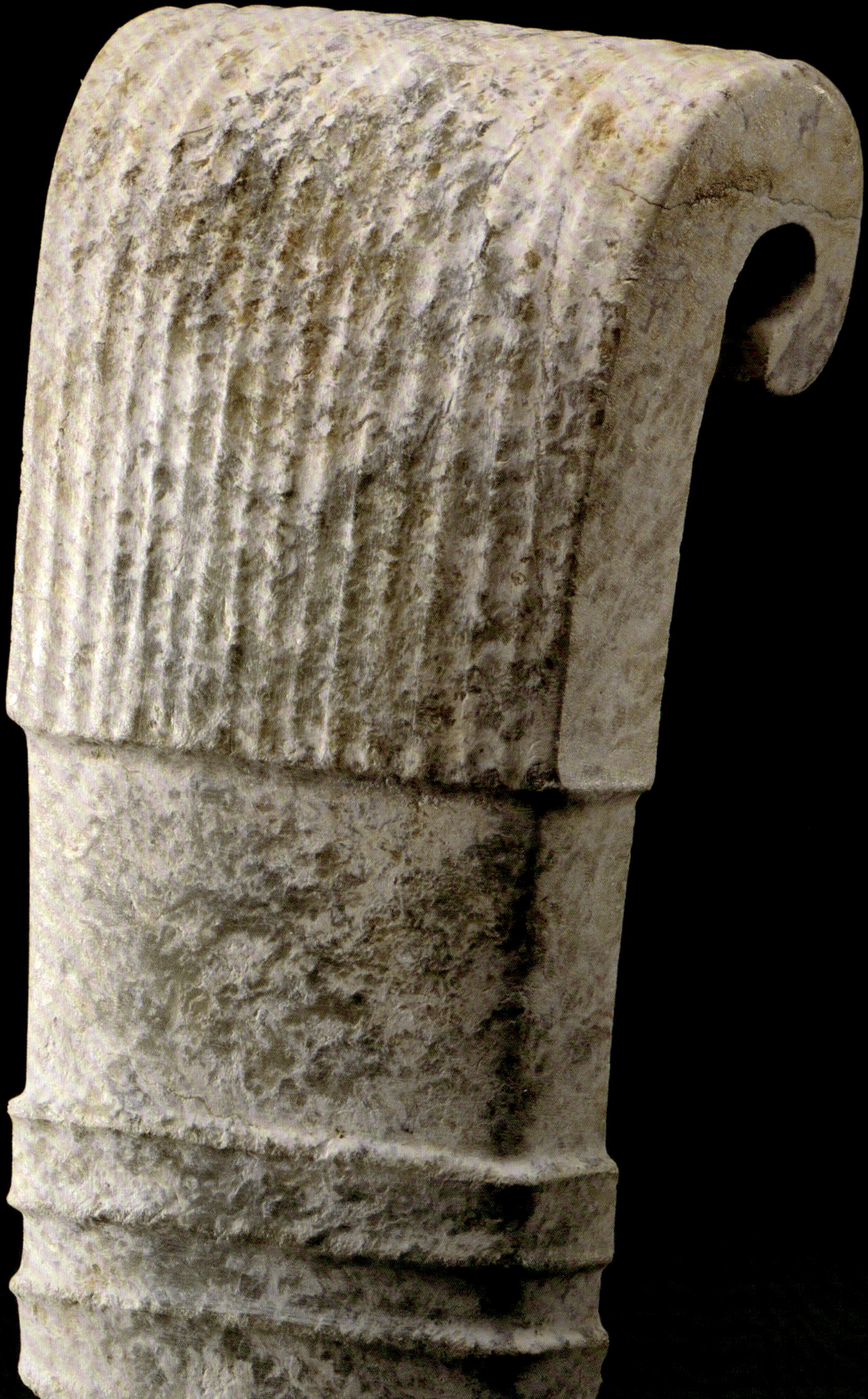

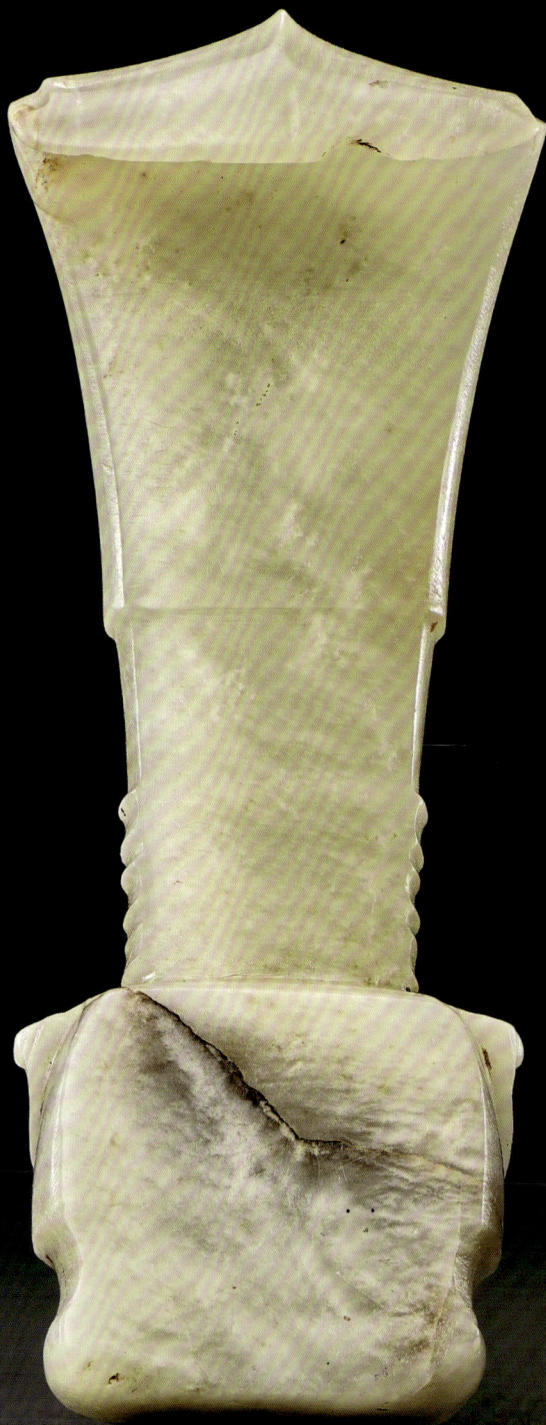

◎ 虎首玉冠饰

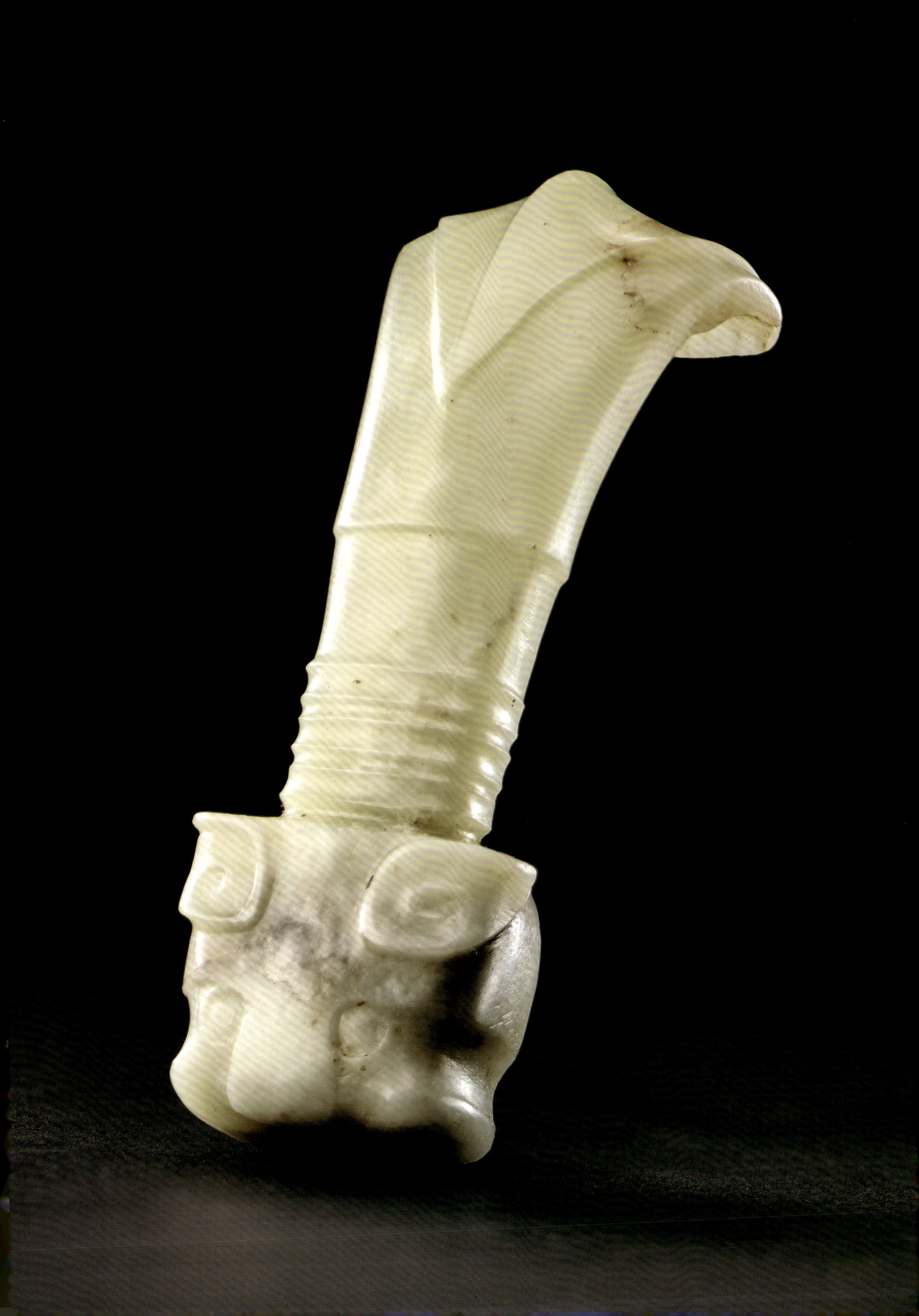

233

◎ 玉獠牙神面牌饰

236

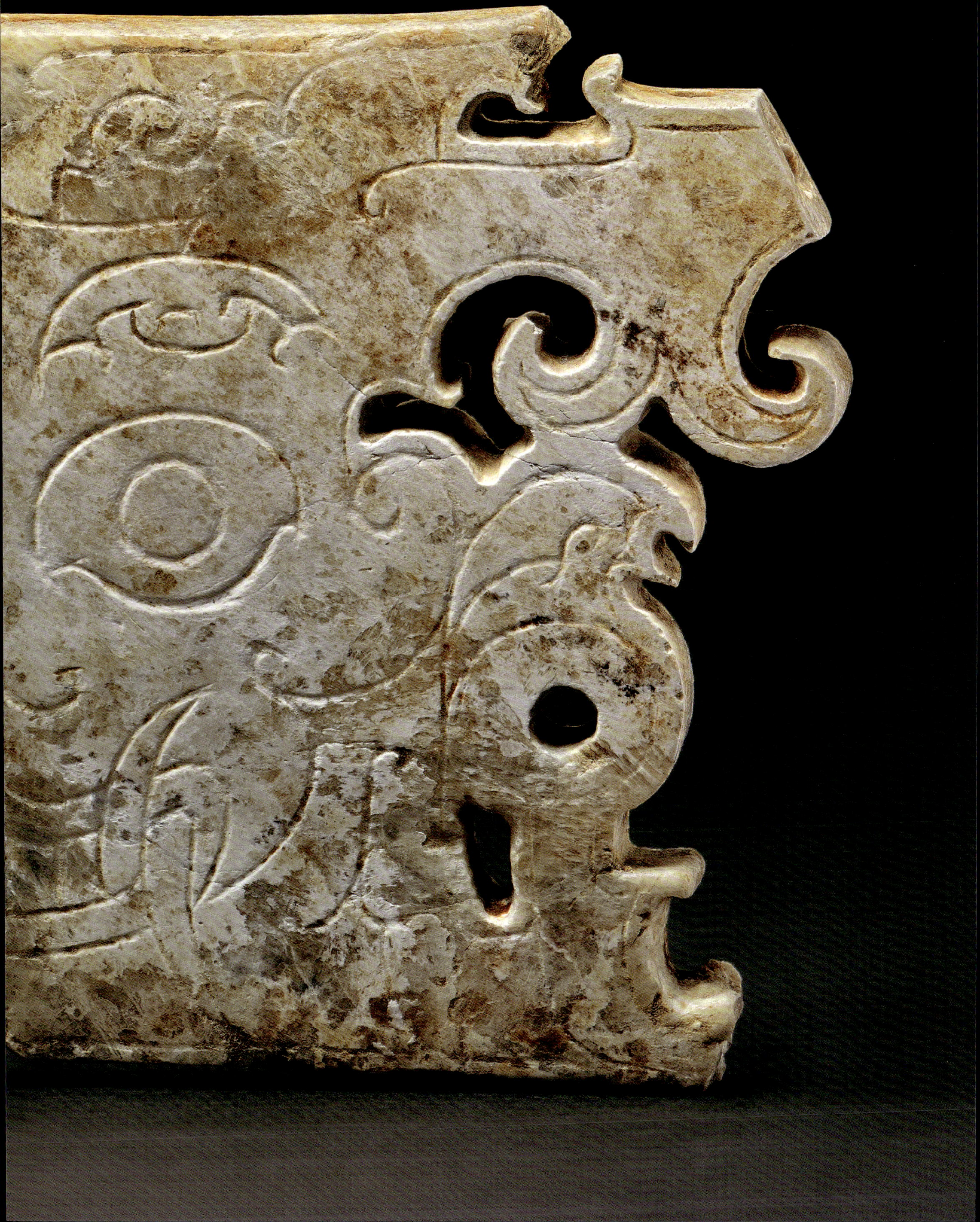

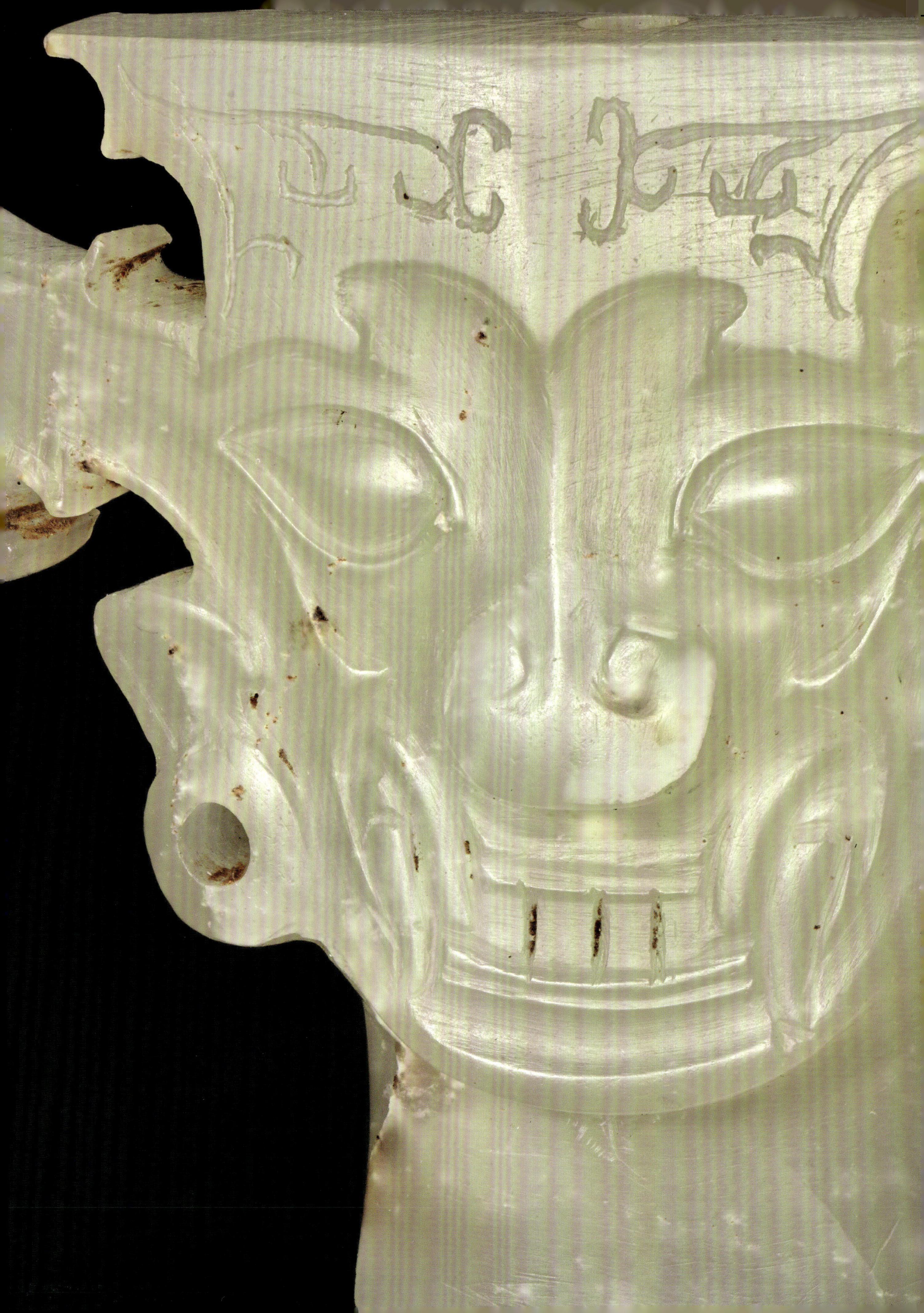

◎ 玉神人头像

◎ 玉神人头像

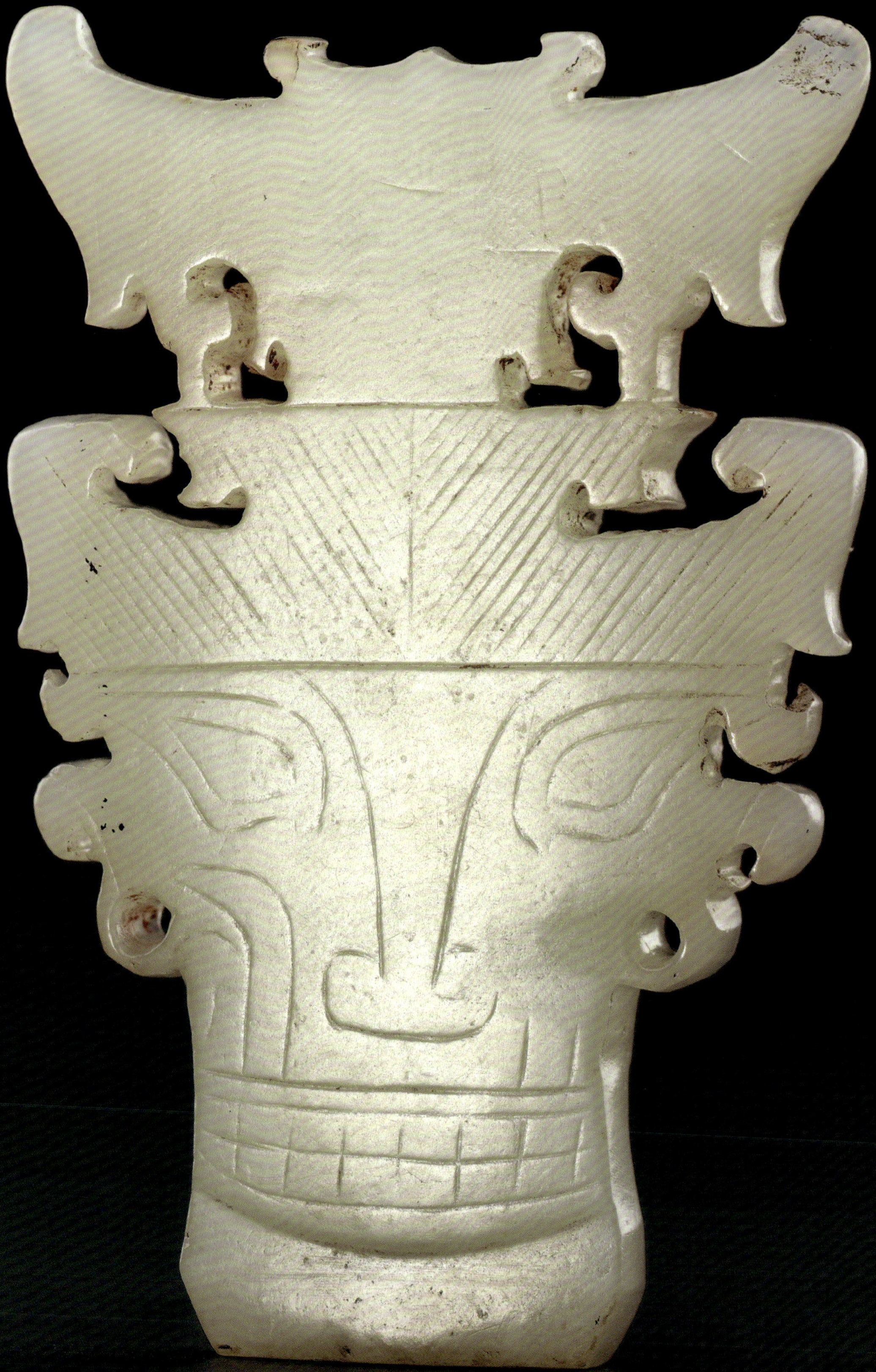

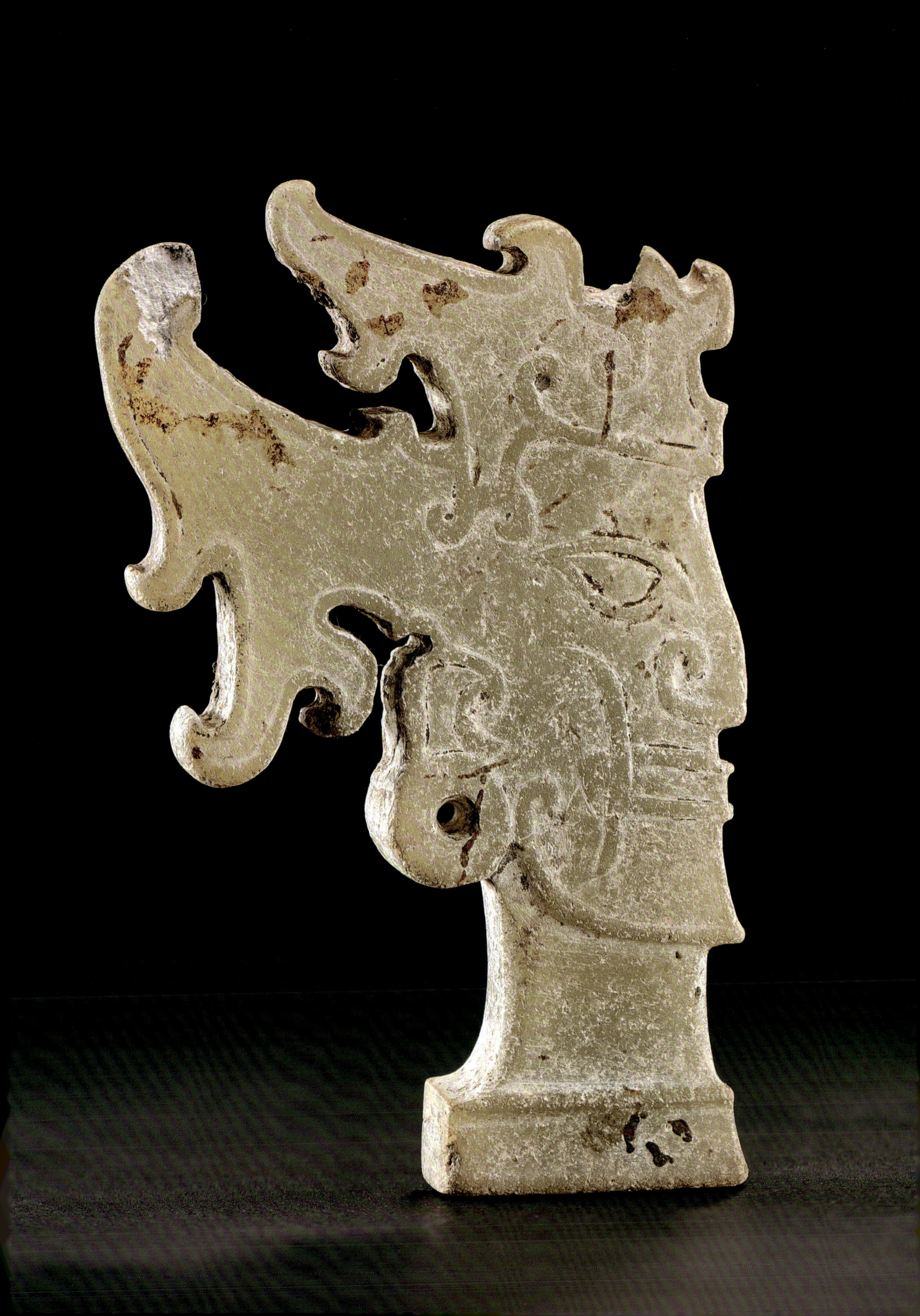

◎ 大辛庄遗址与金沙遗址出土侧首玉神人头像合影

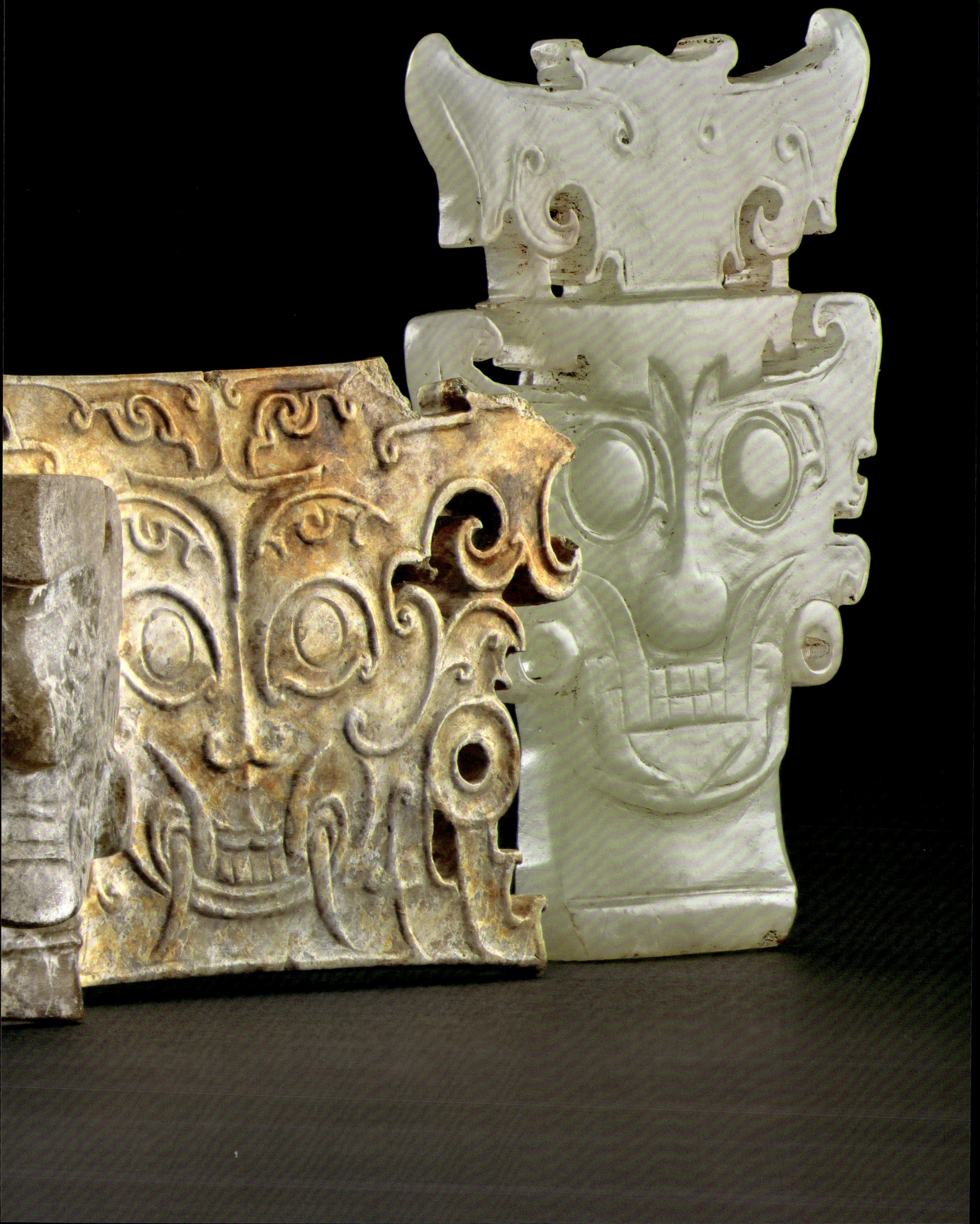

◎ 鹰形玉笄

◎ 鹰形纹玉圆牌

◎ 玉圭

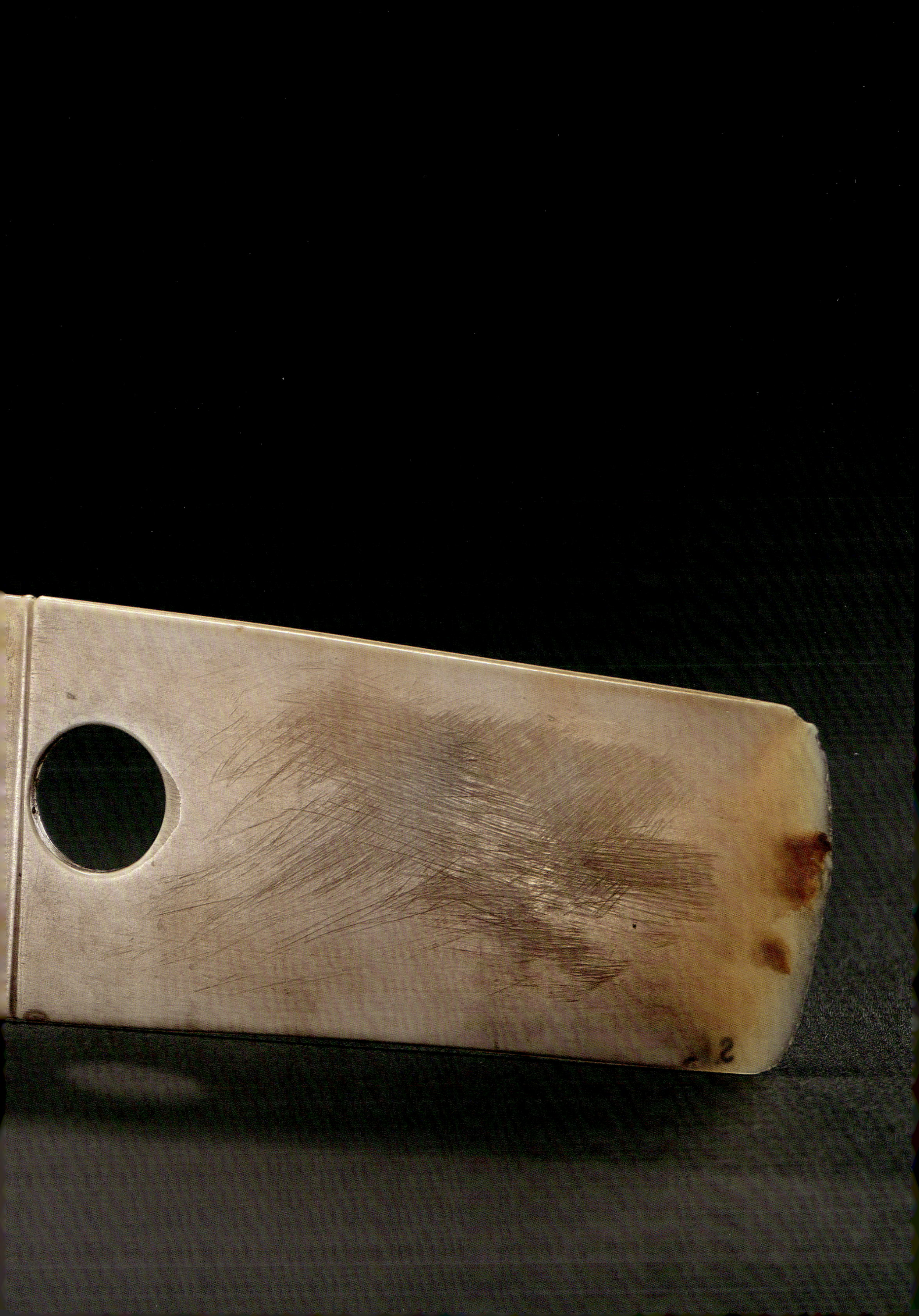

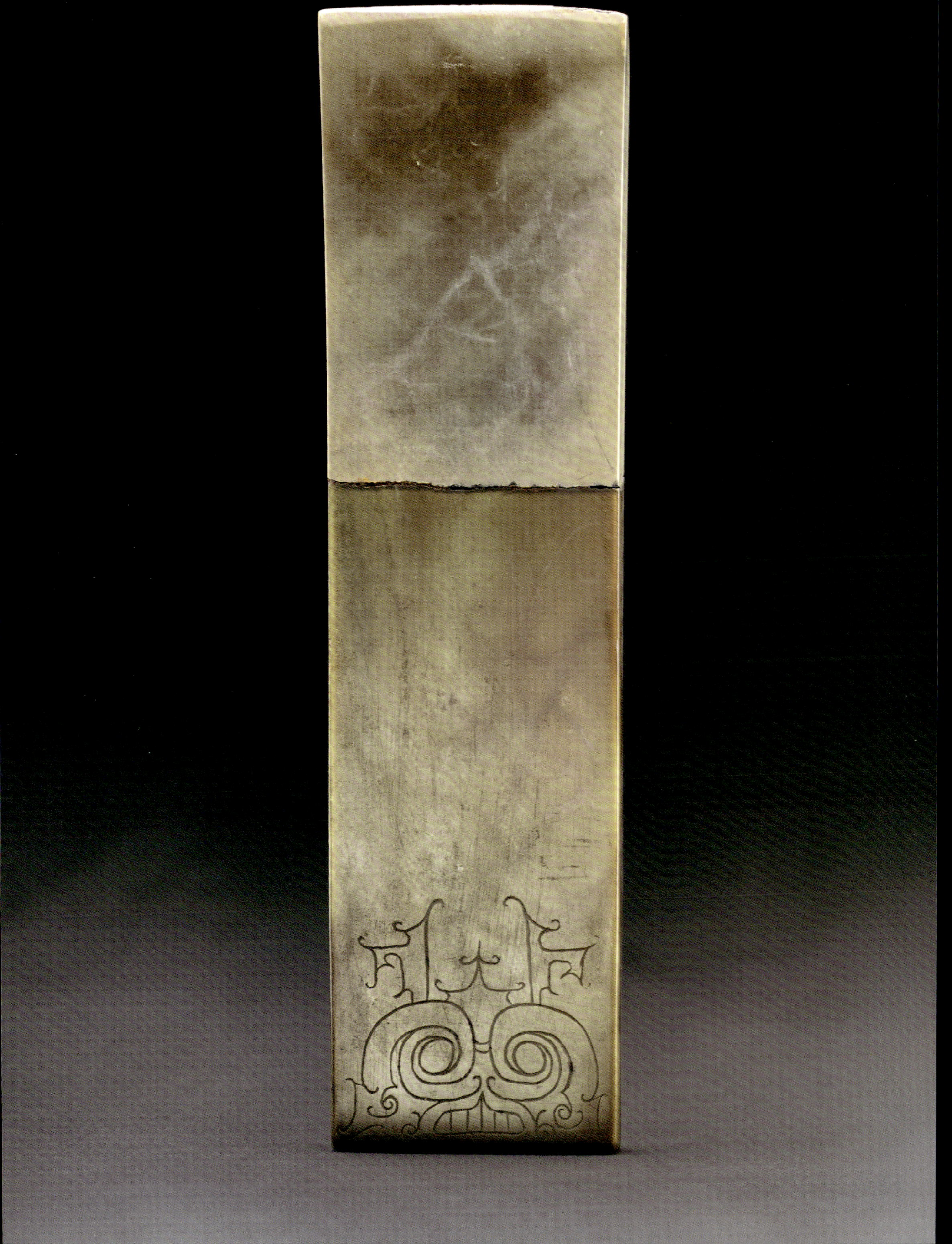

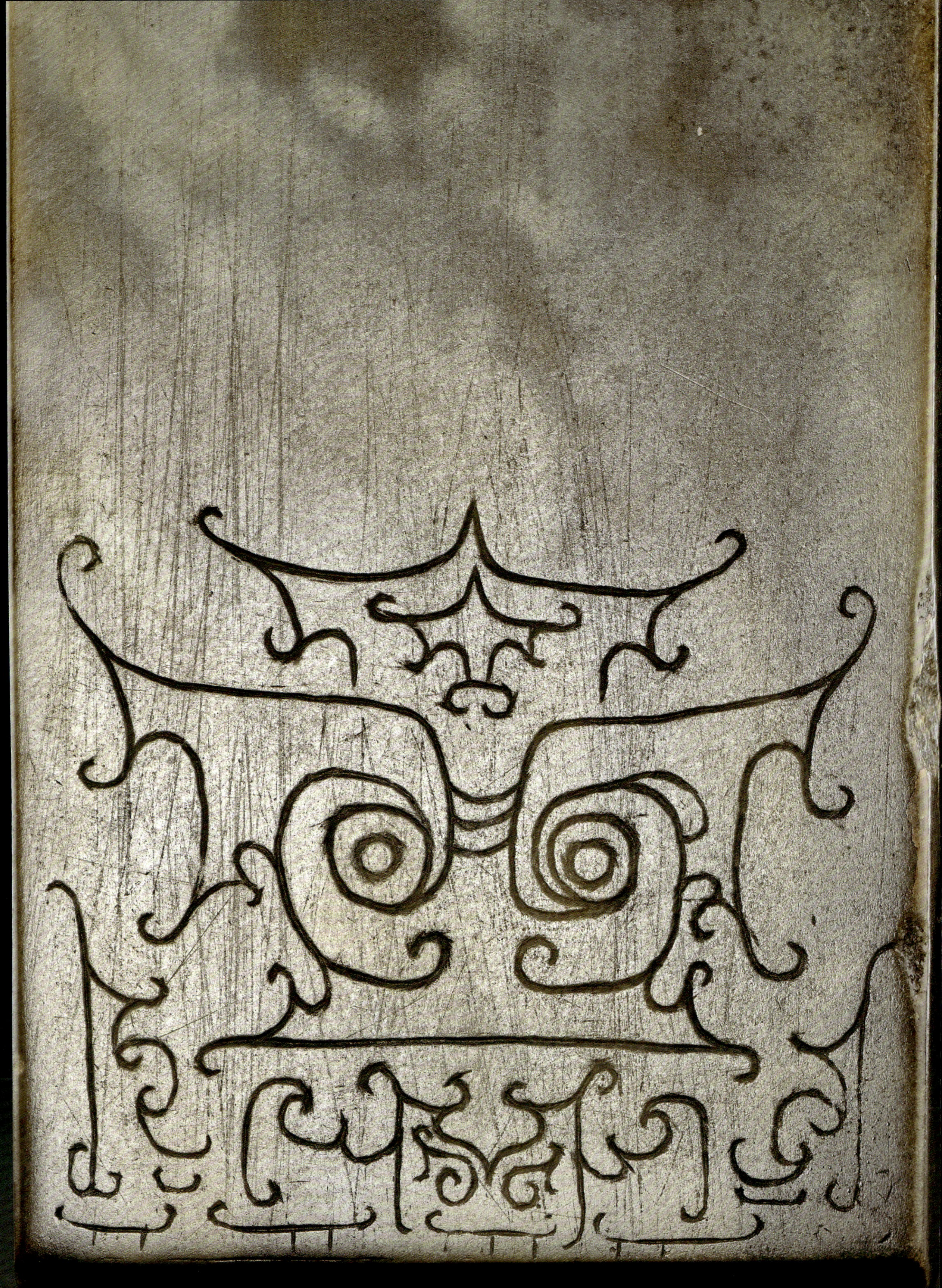

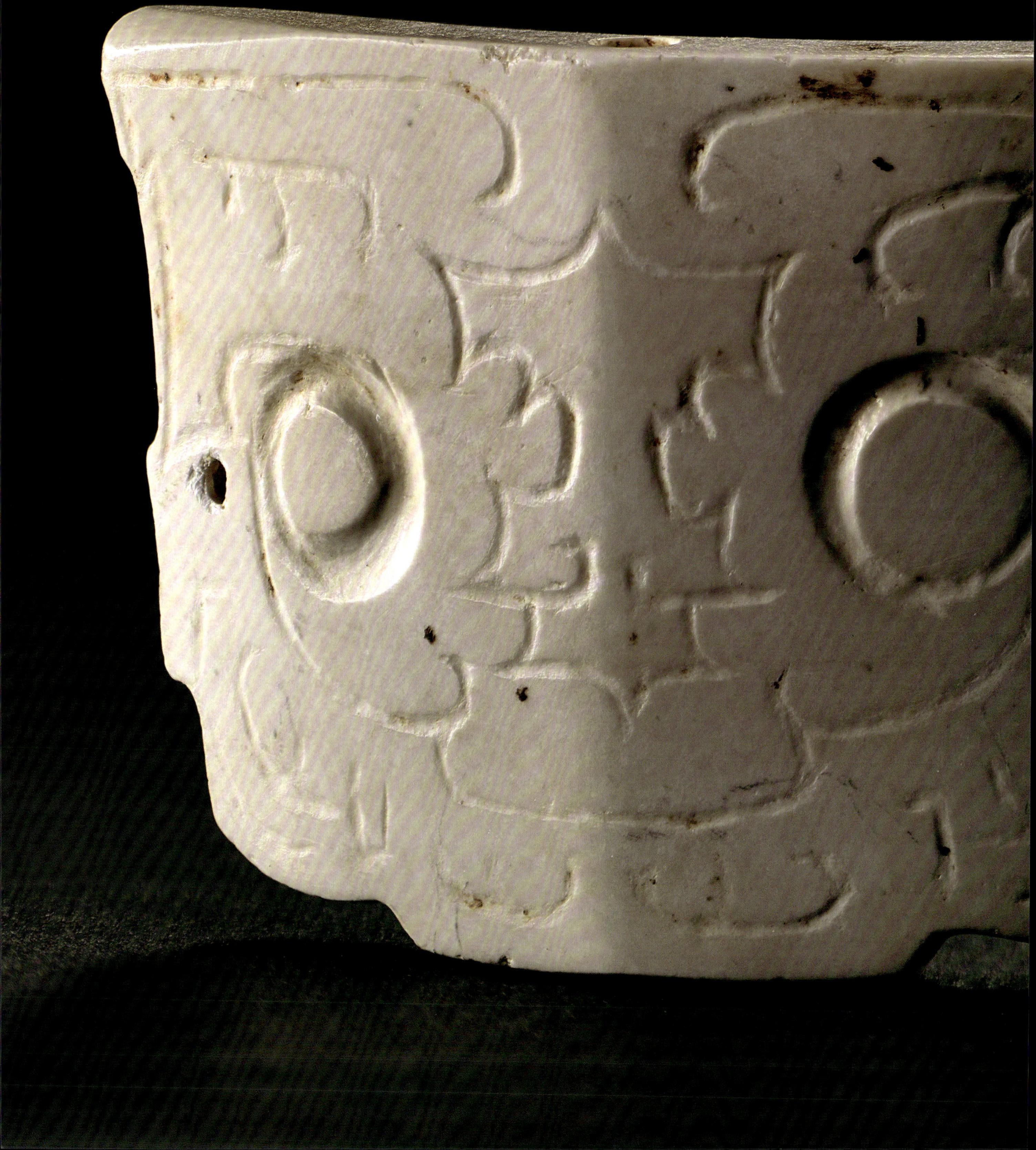

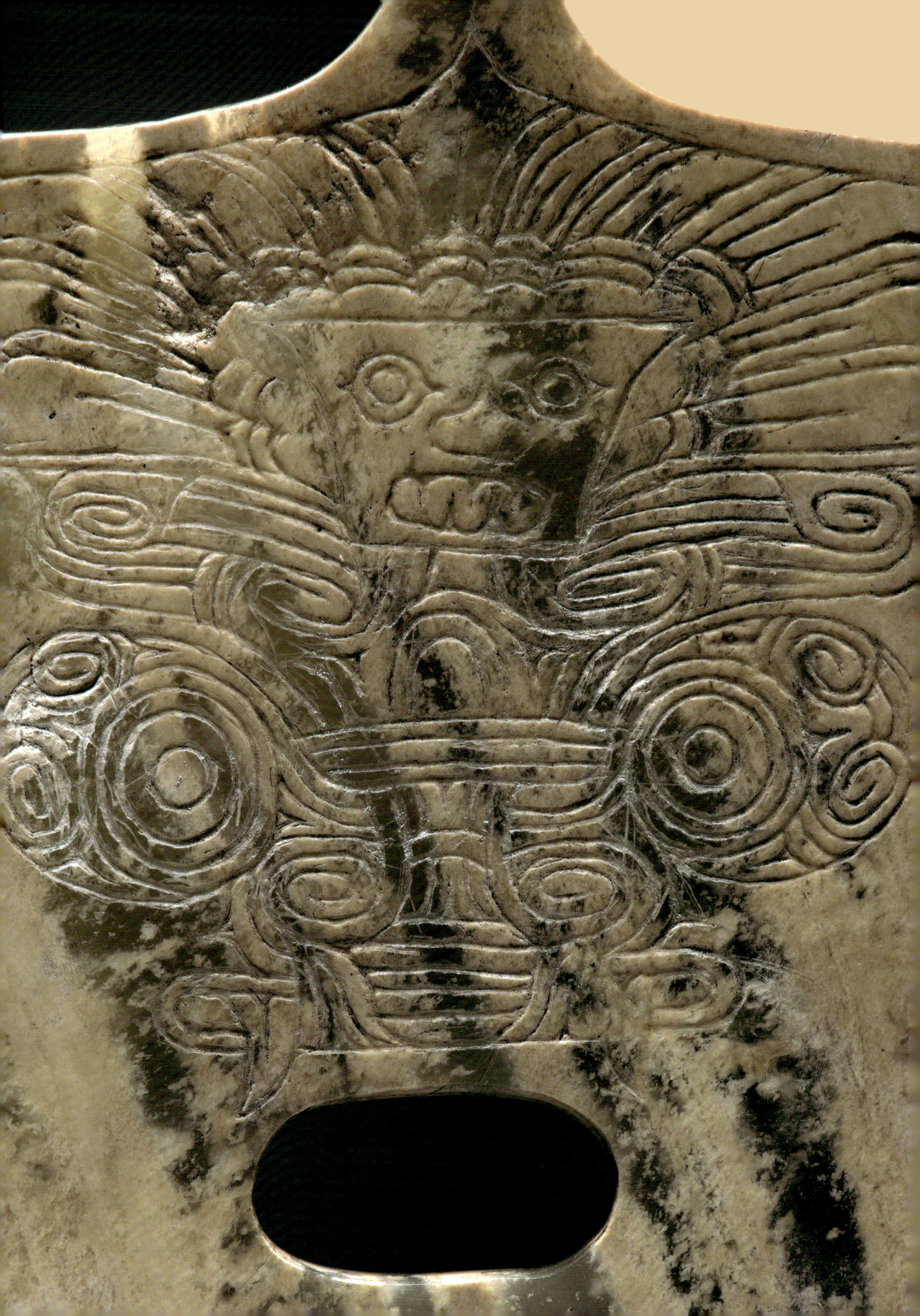

◎ 神人兽面及鸟纹玉冠状器

◎ 神人纹玉锥形器

◎ 神人兽面纹玉方锥形器

◎ 玉柄形器

◎ 玉柄形器

◎ 玉柄形器

◎ 玉花头柄形器

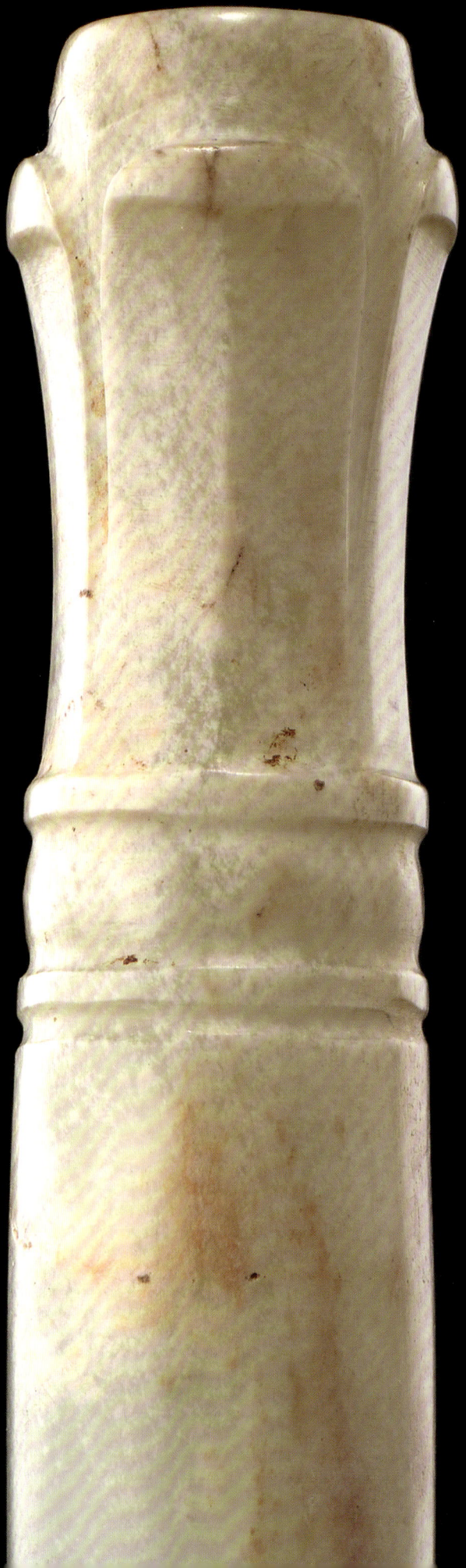

◎ 透雕玉冠状器

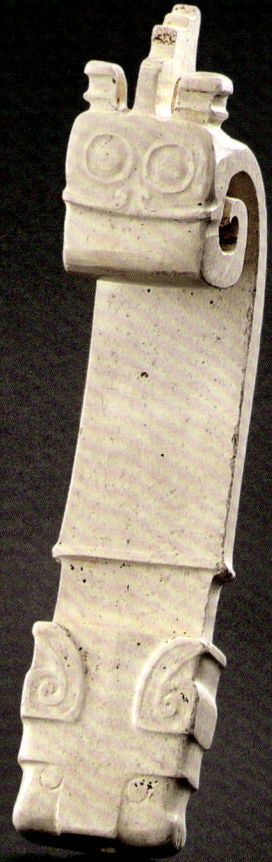

文明的高度繁荣，孕育了玉器在石家河古城晚期的横空出世。石家河玉文化以奇美的姿态一跃成为代表中国玉文化发展空前绝后的时空坐标，标志着史前玉作的巅峰。石家河遗址，以玉为媒，不仅推动了长江流域的文明进程，更与黄河流域诸遗址历经跨区域的文化冲突与整合，共同塑造"最初的中国"，开启"万国玉帛"多元一体的新时代。

　　石家河玉文化所承载的观念与信仰，跨越空间、超越时间、跳脱材质，深深根植于中华文明的文化基因。任物换星移，岁月流转，它始终静静见证中华文明融合与共、生生不息。

The highly prosperous civilization of the late Shijiahe city period nourished the beautifully shaped jade. Shijiahe Jade Culture, with its fanciful art design, is a milestone of traditional Chinese Jade Culture, marking the unprecedented peak of prehistoric jade craftmanship in China. The Shijiahe Site, using jade as a medium, not only promoted the civilizations along the Yangtze River, but also interacted, conflicted and merged with civilizations along the Yellow River. Together, these prehistoric cultures shaped the earliest China and led to a diversified yet unified era of Chinese civilization.

The concepts and beliefs carried by the Shijiahe Jade Culture transcend space, time and materials, and are deeply rooted in the cultural genes of Chinese civilization. The Shijiahe Jade Culture elegantly and silently witnesses the integration and continuation of Chinese civilization through the everlasting phase of time.

"玉神——石家河玉文化特展"
策展解读

程酩茜（盘龙城遗址博物院）

石家河遗址首次发现于1954年，同年，同在江汉大地的盘龙城遗址也再现于世，两座在历史上意义非凡的古城，有着不可磨灭的缘分。2024年，适逢石家河遗址发现70周年，在湖北省文物事业发展中心、武汉市文化和旅游局指导下，盘龙城遗址博物院策划主办了"玉神——石家河玉文化特展"。展览由湖北省博物馆、天门市博物馆、荆州博物馆、湖南省文物考古研究院、湖北省文物考古研究院协办，联合全国12个省、直辖市的22家文博机构共同举办，集中展示石家河玉器菁华，展现神秘绚烂的石家河玉文化，再现长江流域发达的史前文明，以玉为镜，揭示新石器时代末期中华文明多元一体化趋势下，跨区域文化的交流与认同。

破题——展览的选题策划

石家河遗址位于湖北省天门市石家河镇，地处大洪山南麓、江汉平原北部的山前地带，长江中游腹地，年代跨度距今5900～3800年，是长江中游地区迄今发现面积最大、延续时间最长、等级最高的新石器时代大型聚落群，在石家河文化时期迎来发展的顶峰，曾引领长江中游地区的文化发展，在区域早期社会演进中占据了经济、文化和社会意识形态等各层面的核心地位，是五千年中华文明史的重要实证地。而在石家河遗址最晚阶段即后石家河文化时期，特征鲜明、精巧至极的玉器横空出世，以奇美的姿态一跃成为代表中国玉文化发展空前绝后的时空坐标。石家河玉器不仅造型奇巧、雕琢精致，具有极高的艺术与观赏价值，更因其背后反映出的区域文化交流和深远影响，备受研究者关注。与此相悖，普通大众对它的认识却十分有限。

石家河遗址以玉器最负盛名，石家河玉团凤更是湖北最著名的文化符号，石家河玉文化需要一个有影响力的展览作为走向大众的契机。由此，盘龙城遗址博物院积极组织自有研究力量，以学术研究为基础，吸收最新研究成果，自主策划、原创"玉神——石家河玉文化特展"。

"玉神"一词源自《越绝书》中风胡子所云"夫玉，亦神物也"。新石器时代晚期是东亚地区琢玉用玉发展的高潮期，玉同神的信仰紧密联系。这一用玉特征在石家河玉文化中更为典型。梭形双目圆瞪、龇嘴露出獠牙、头戴鸟状的羽冠……"神"

在石家河人心中有了具体的形象，在百般琢磨之下，将其化为一件件事神的玉作。如此一副狰狞的"神"的模样，在东亚大地不同区域间流转，成为诸区域人群走向文化认同的关键。故而，将"玉神"作为展览的主标题最为适合。以"玉神"为引，聚焦石家河，放眼全国，以文化交流的视角，跨越时间和空间，举办一场史无前例的石家河玉文化大展。

解码——展览的内容架构

展览将石家河玉文化细细剖析，再联系组合，将其最典型、最具传播价值的内容在有限的展陈空间中版块化呈现。展览划分为"石破天惊""琢玉为祐""瑶玉源流"三大单元、五大空间版块，按石家河玉器的考古发掘背景、石家河玉器类型、石家河玉器的殓葬和祭祀功用、石家河琢玉技术、石家河玉文化在中华文明中的发展源流和影响的展陈逻辑展开。具体为：

第一单元——石破天惊，分为"古城遗玉""各色琳琅"两部分。"古城遗玉"从石家河遗址罗家柏岭地点"中华第一凤"玉团凤的惊天发现开篇，简要介绍石家河遗址聚落的演变进程，梳理石家河玉器的集中出土情况；"各色琳琅"系统介绍石家河玉器的器形器类和组合习惯，用条理清晰的基础信息为观众的进一步观展做铺垫。

第二单元——琢玉为祐，分为"殓玉藏奢""精工敬神"两部分。"殓玉藏奢"以出土单位组合陈列的方式介绍后石家河文化中用玉器在瓮棺中随葬的习俗，及其反映出的人群等级；"精工敬神"从石家河古城的祭祀传统讲起，叙述石家河玉器祭祀礼神之用，及其背后渊源深厚的精神信仰，又因以玉敬神的功能需求而催动其制作工艺的高度发展。

第三单元——瑶玉源流，分为"玉韵融通""玉泽百代"两部分。"玉韵融通"讲述长江流域凌家滩文化和良渚文化的用玉传统，是石家河玉文化产生的源头，

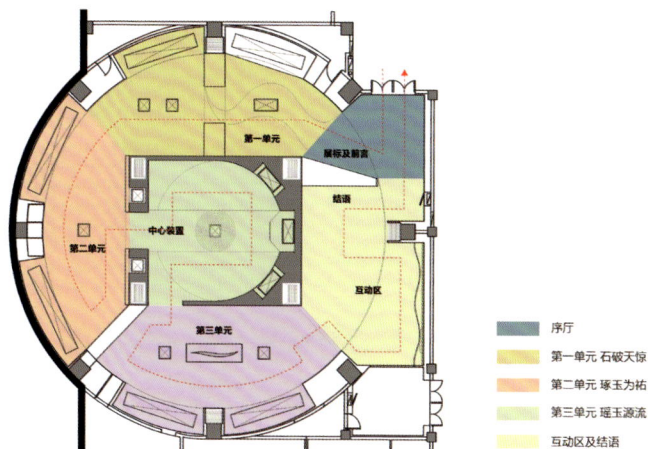

序厅
第一单元 石破天惊
第二单元 琢玉为祐
第三单元 瑶玉源流
互动区及结语

平面流线

展厅轴测图

283

而在文化交流频繁的时代背景下，石家河玉文化又向周边区域辐射；"玉泽百代"述说石家河玉文化泽被后世，在中华文明形成的关键期留下难以磨灭的印记，影响后世玉文化及青铜文化的发展。本单元也是展览主旨的高度所在。

在展览的最后单独划分出一部分空间，设定互动区，并从展览大纲撰写时便开始思考，以什么内容、何种装置，让参观互动效果最佳呈现。

觅物——展览的展品选择

"玉神"展的定位并非石家河遗址考古出土玉器的简单陈列，而是从石家河玉文化的视角，以最宏观的视野，旨在以小见大，在大的时空背景下，在横向或纵向的比较中，阐释石家河玉文化在中华文明多元一体进程中的影响。

因此，展品的选择以两湖平原出土后石家河文化玉器为主体，但不局限文物所在的年代、地域和遗址，更不拘泥于文物的材质和形制。依据最新考古研究成果，充分盘活全国文物藏品。174 件（套）参展文物分别来自北京、天津、山西、浙江、安徽、江西、山东、河南、湖北、湖南、四川、陕西的 22 家文博机构，不仅遴选来自两湖平原的天门石家河遗址、荆州枣林岗遗址、钟祥六合遗址、澧县孙家岗遗址、华容七星墩遗址等后石家河文化玉器集中出土地的文物精品，还参考最新的研究成果和学术观点，根据展览内容，在全国范围内借展来自高庙遗址、凌家滩遗址、良渚遗址、两城镇遗址、石峁遗址、陶寺遗址、盘龙城遗址、新干大洋洲商墓、三星堆遗址、金沙遗址、大辛庄遗址等众多相关遗址的珍贵出土文物，涉及全国多项重大考古发现。有如凌家滩玉人、良渚神人兽面玉冠状器、两城镇玉圭、谭家岭双鹰神面玉饰、孙家岗玉獠牙神面牌饰、陶寺玉神面、羊舌晋侯墓地 1 号墓玉神面、黄君孟夫妇墓人首龙身形玉饰，等等。深入挖掘阐释文物内涵，采用组合对比式陈列的方式，让展品恰当地匹配于展览内容，娓娓道来，在"故事"中得到最佳诠释。

展览紧跟学术动向，在最新的研究成果基础上，协调内容和展品。2016 年严家山遗址出土制玉工具、2023 年湖南华容七星墩遗址最新出土的玉凤等文物均在本次展览中首次展出。利用武汉的地理区位优势，尽可能争取文物借展，在展览后期展出了 1955 年石家河遗址首次发掘出土的重磅文物、中国国家博物馆馆藏"中华第一凤"——玉团凤，真正让石家河玉器在孕育它的江汉大地"团聚"，也令展览常看常新。

演绎——展览的形式设计

展览的形式设计思路以文物安全为首要原则，注重陈列空间形式设计的视觉空间节奏及视觉感染力，以创新的视角，现代科技手段，唤起观众的主动参与意识，引发人与物的对话。通过独特的展览布局和展品陈列方式，打造一个兼具学术性、欣

展厅效果图——展标

展厅效果图——石破天惊

赏性、互动性和教育性的展览，生动展现石家河玉器的艺术魅力与文化内涵。

　　展览的总体艺术风格突出展览主题——"神"。以深棕色的空间色调、纯黑色的陈列背景，点缀暗金色，充分烘托石家河玉器的神秘色彩，也令精巧的玉器跃然于眼中。灯光和展柜在此次展览中经过大规模提升改造，科学精准的布光和低反玻璃展柜，让文物以最真实的状态呈现。

　　展厅空间经过规划重组，依据单元内容，打破展厅固有流线，搭设多处隔墙，划分五大展览版块，各区域以艺术门洞相通，又各自独立，打造悦目多变、沉浸式

展厅效果图——中央区域

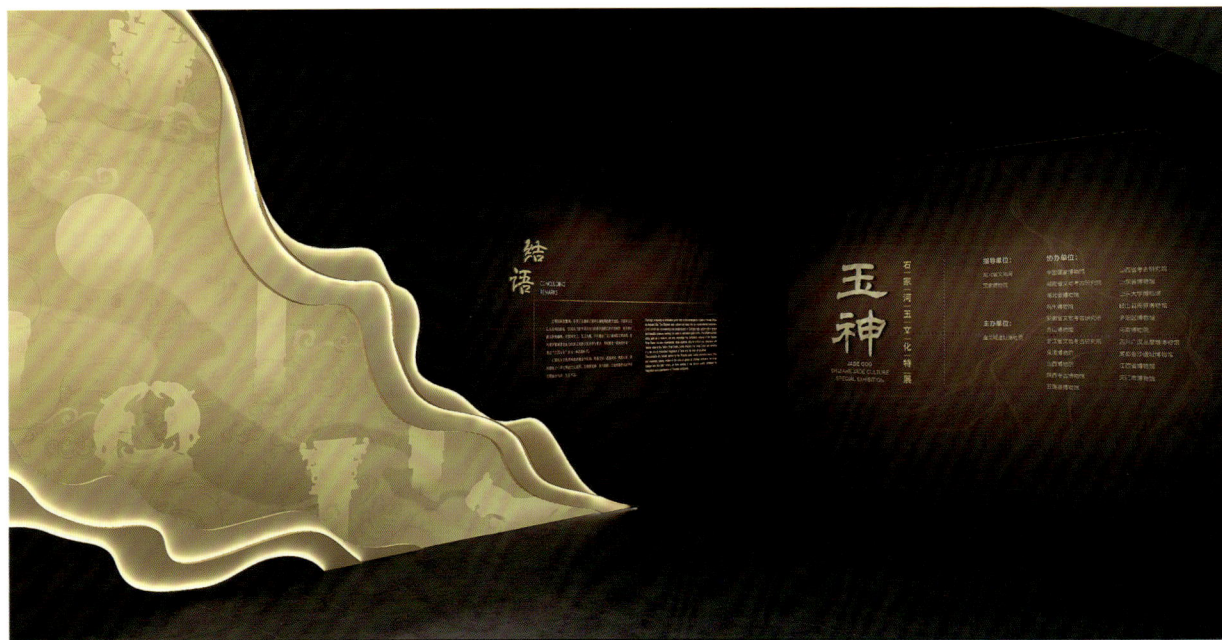

展厅效果图——结语

的观展空间。展览空间规划与展示内容的比重相对应，第一单元"石破天惊"占比20%，第二单元"琢玉为祐"占比30%，第三单元"瑶玉源流"涵盖中央区域占比40%，互动区占比10%。整体布局逻辑清晰，路线流畅，形成丰富的视觉层次和空间纵深。

展览的形式设计拒绝乏味，也避免没有根源的过度想象，力求用醒目的视觉效果，转化文物信息。艺术设计从基础结构到版面图标都充分参考文物原型。联通各

展柜版面设计——各色琳琅

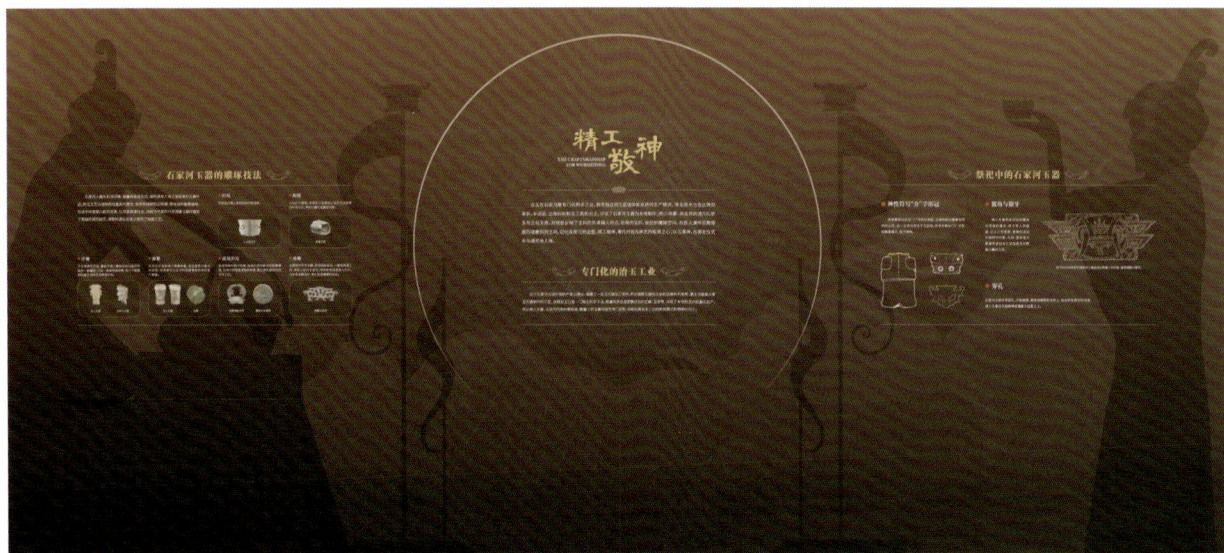

展柜版面设计——精工敬神

展览版块的四处门洞，分别选用石家河玉文化中最典型的玉器造型——玉神人、双鹰、玉蝉、玉虎的形象，以画面、雕塑、艺术灯带等多种形式手段构建，既营造了展厅氛围，又移步换景，避免了视觉疲劳。展柜柜内设计拒绝单调，分别根据单元内容和文化背景逐个设计，绘制展柜背景画，让文物回归到原本的历史场景中。

展厅设置多处艺术展项，营造和谐统一的观展氛围，辅助诠释石家河玉器"神"的特征。我们选取石家河玉文化中最典型的凤鸟形象串联展厅，入口处用灯饰将玉凤化作抽象的羽翼，引导参观流线；展厅中央以"中华第一凤"玉团凤制作光纤灯垂于空中，彰显石家河的凤鸟信仰；结语处以发光的凤尾化作时代的洪流，突出展览的主体。

展览打开策展思路，在展览的最后设置互动装置区，尊重儿童观众身高需求，以文物对比翻翻看、文物拼图、送文物回遗址等物理互动游戏，激发观众对于展览内容的回忆和思考，在趣味互动中增长知识，丰富参观体验。我们还在博物馆公共大厅中设置高清屏幕，播放文物环拍视频，延伸展览空间，为观众带来全面的视听体验。

拓展——展览的社教宣传

随着办展经验的积累和不断的学习精进，我们在临展的宣传教育方面发力创新。以"展教并重"为指导理念，我们策划了多场主题社教活动和志愿者活动；每周邀请专家面向公众开展讲座，同时线上直播；开发配套的文创产品，如魔方、冰箱贴、背包等，满足观众将文物带回家的心愿。在宣传方面，我们首次探索推出展览先导片和宣传片两支视频内容，助力展览网络传播，引起社会关注。展览期间利用全景采集技术，对展览进行全景复原，通过网上数字博物馆平台进行展示，增强展览的影响力，扩大展览影响范围。此次展览还邀请专业文物摄影师，在展前对文物全面拍照整理，用高清微距镜头记录下肉眼难以观察到的细节，为研究者和爱好者提供了详尽的研究资料，也延续了展览的生命。

百万年的人类史、一万年的文化史、五千年的文明史……中华文明始于涓微，海纳百川，广阔的中华大地上仍有许多文化故事等待我们挖掘、述说。"玉神——石家河玉文化特展"以玉为媒，打破地域边界，以全新的视角讲述石家河故事，再现中华文明多元一体格局形成的伟大进程。这是一次策展的尝试，用文化互动和传承的展陈脉络，让展览的主角有了生命，不再孤独。希望能让观众透过展览，真正领略中华文明的连续性、创新性、统一性、包容性、和平性，从中汲取强大的中国精神、中国价值、中国力量。

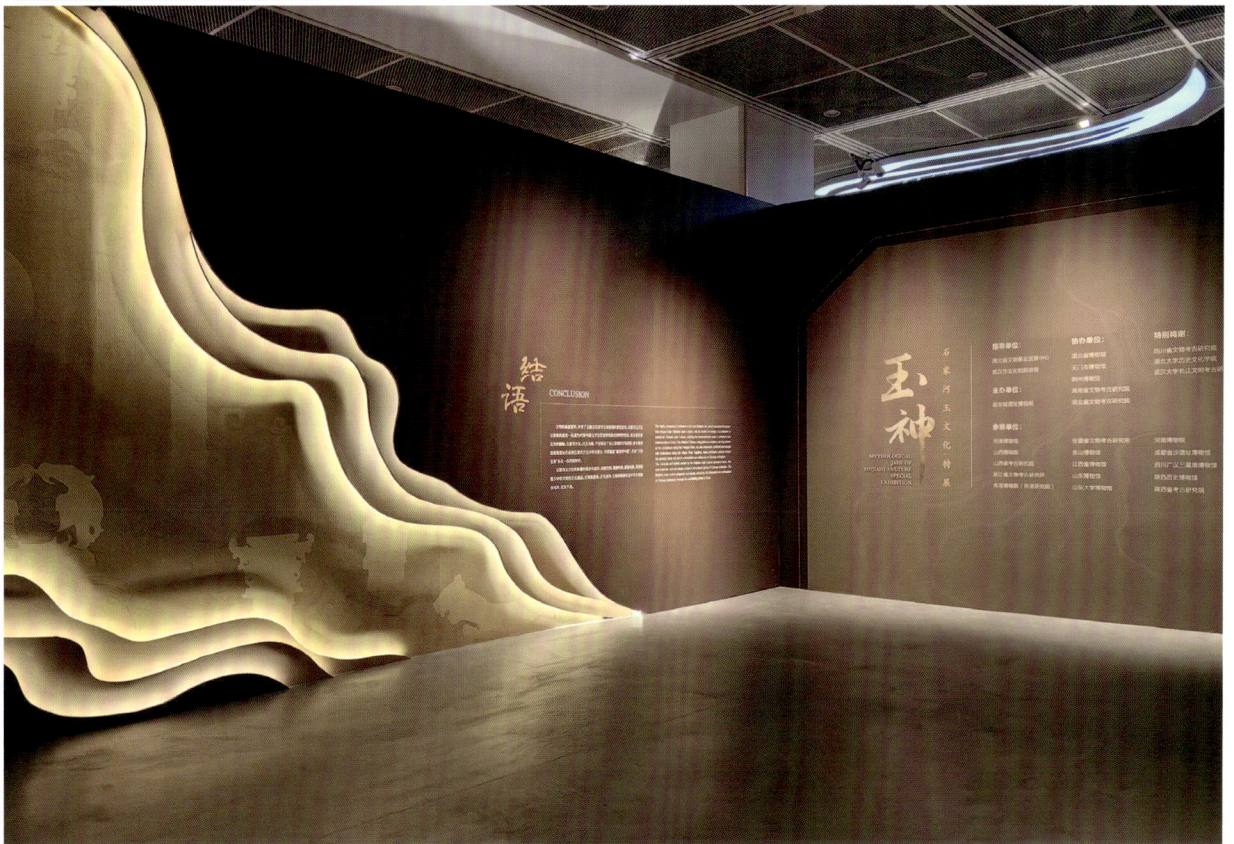

展厅实景

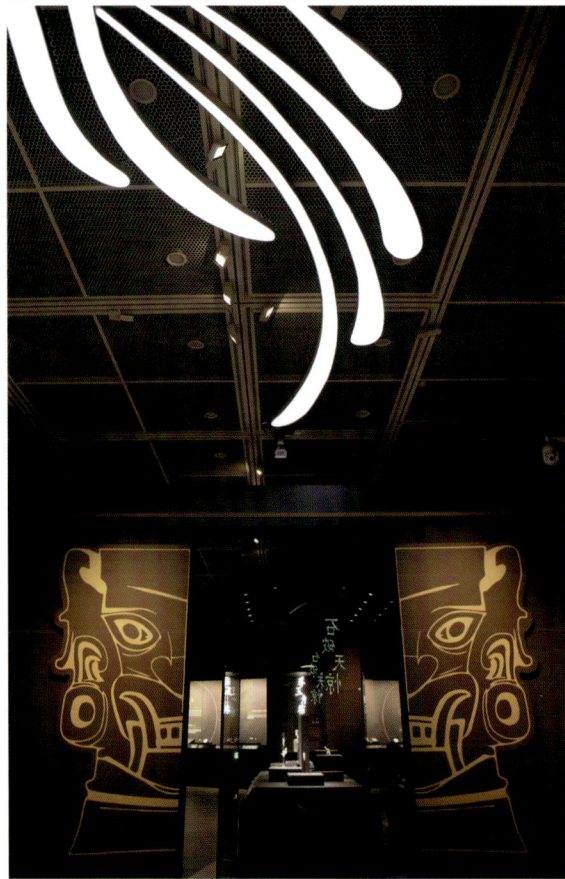

展厅实景

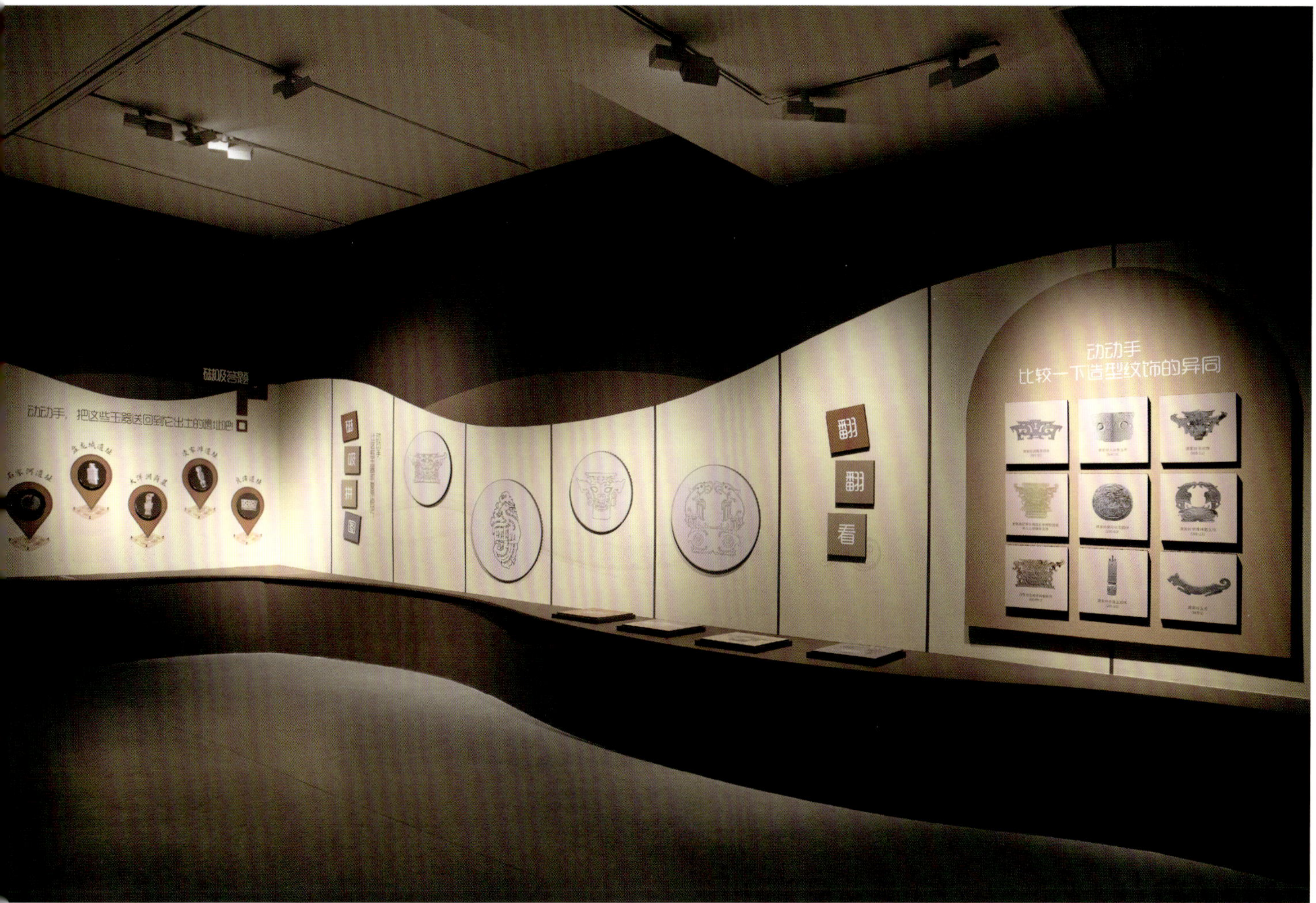
动动手，把这些玉器送回到它出土的遗址吧！
动动手
比较一下造型纹饰的异同
翻
翻
看

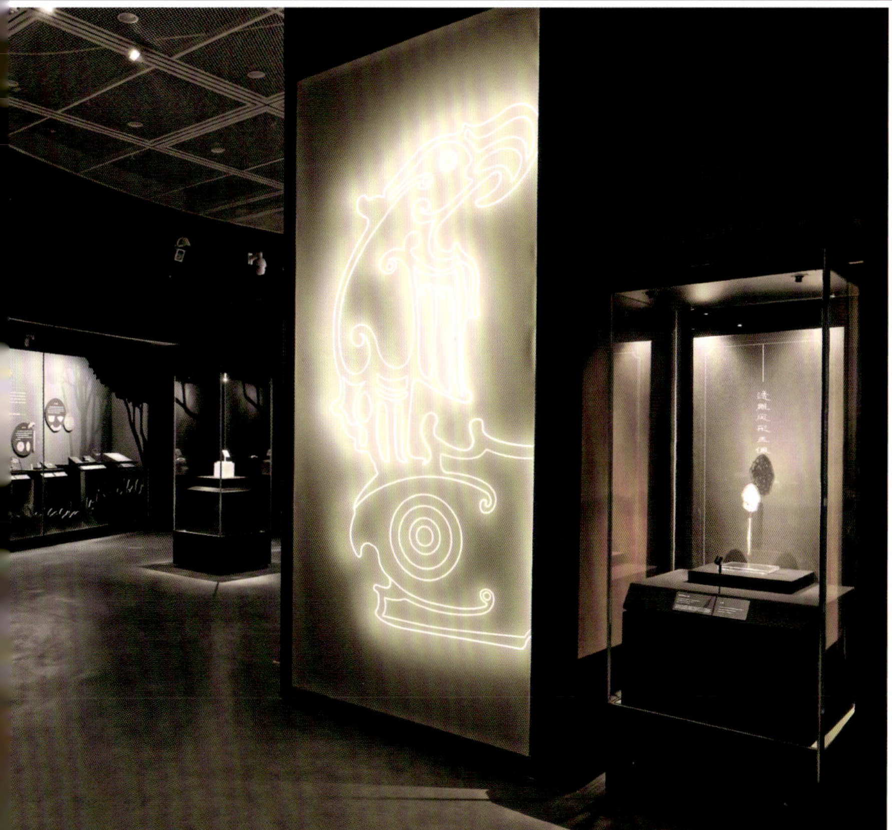

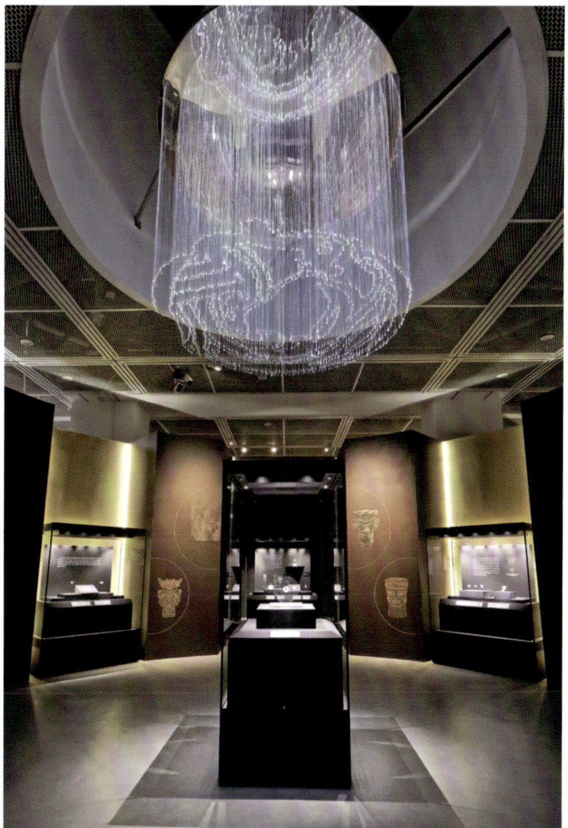

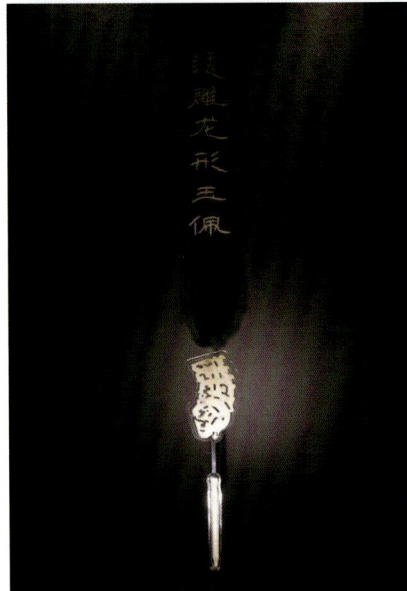

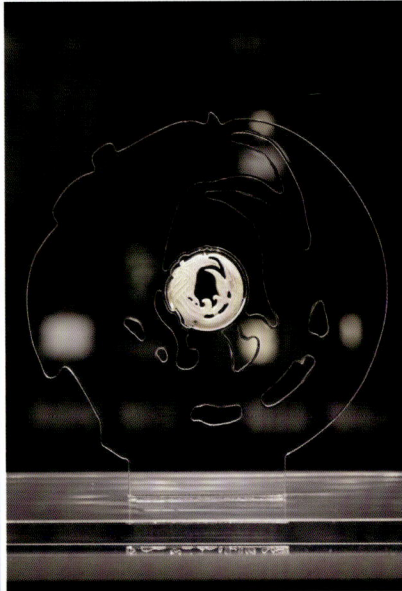

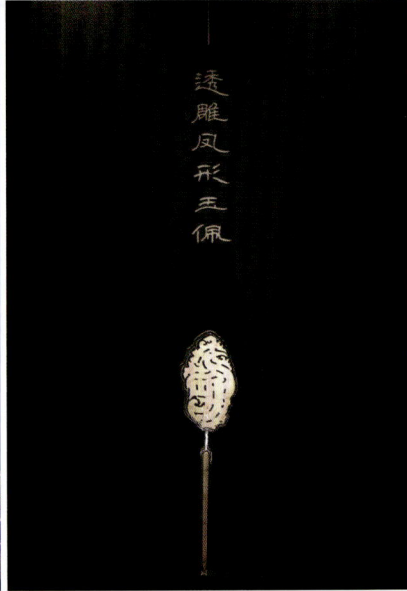

展品陈列

展览海报

"盘龙城论坛"讲座海报

讲座现场

社教活动

讲解服务

294

配套文创

志愿者创作艺术石阵

从石家河玉器看长江中游玉文化
对古蜀青铜文明的影响

王方（成都金沙遗址博物馆）

　　石家河文化主要分布在湖北、湘北及豫西南一带，最北处可延伸至黄河南岸的郑洛地区。距今约 4600～4000 年的石家河遗址群主要由湖北的邓家湾、土城、肖家屋脊、谭家岭及湖南澧县孙家岗等数十处遗址组成。从最新的考古发现与研究成果看，石家河玉器主要集中发现于距今 4300～4000 年左右的后石家河文化中[1]，以瓮棺葬里出土最多。这些类型丰富、造型生动、制作精美的玉器，再现了石家河文化琢玉业的兴盛，同时也反映出当时人们独特的精神信仰与艺术水平（表一）。

表一　石家河玉器出土情况统计表

发现时间	出土地点	件数	种类	参见报告
1955 年	湖北天门罗家柏岭遗址	40 余件	人头像牌饰、蝉形饰、龙形环、凤形环、璧	《考古学报》，1994 年第 2 期
1981～1983 年	湖北钟祥六合遗址	17 件	人头像、虎头像、蝉、璜、玦、管、笄、圆饼形器、锥形器、坠、纺轮	张绪球：《长江中游新石器时代玉器》，《东亚玉器·第一册》，香港中文大学中国考古艺术研究中心，1998 年
1987～1989 年	湖北天门肖家屋脊遗址	157 件	人头像、虎头像、盘龙、蝉、鹰、璜、管、坠、珠、圆片、笄、柄形饰、碎块	荆州博物馆、湖北省文物考古研究所、北京大学考古系：《天门石家河考古发掘报告之一：肖家屋脊》，文物出版社，1999 年
1991～1992 年	湖北荆州枣林岗遗址	133 件	人首面像、蝉、琥、璜、管、簪、端饰、珠、锛、凿、玉坯件	荆州博物馆：《枣林岗与堆金台荆江大堤荆州马山段考古发掘报告》，科学出版社，1999 年
1991 年	湖南澧县孙家岗遗址	26 件	璧、璜、龙凤佩、笄、坠	何介钧：《湖南史前玉器》，《东亚玉器·第一册》，香港中文大学中国考古艺术研究中心，1998 年

1　方勤将石家河文化分为石家河文化（公元前 2600～前 2300 年）、后石家河文化（公元前 2300～前 2000 年）。湖北省文物考古研究所编《三苗与南土：湖北省文物考古研究所"十二五"期间重要考古收获》，江汉考古编辑部，2016 年。

发现时间	出土地点	件数	种类	参见报告
2014～2015 年	湖北天门谭家岭遗址	240 余件	连体双人头像玉玦、虎座双头鹰、玉蝉、玉牌饰、虎形玉冠饰、玉虎、玉鹰、玉钺、玉管、玉珠、玉料	湖北省文物考古研究所编：《三苗与南土：湖北省文物考古研究所"十二五"期间重要考古收获》
2017 年	湖南澧县孙家岗遗址	5 件	5 件片状玉器，包括玉蛙 1、虎首 2 和器形不明的玉器残件 2	湖南澧县孙家岗遗址墓地 2017 年发掘主要收获（湖南省文物考古研究院官网）
2018 年	湖南澧县孙家岗遗址	28 件	有笄、鹰首笄和鸟首璜、獠牙神面牌饰	湖南省文物考古研究所：《湖南澧县孙家岗遗址墓地 2018 年发掘主要收获》（湖南省文物考古研究院官网）
2019～2020 年	湖南澧县孙家岗遗址	40 件	笄、璜、坠和各种牌饰等饰品	湖南省文物考古研究所：《湖南澧县孙家岗遗址墓地 2019 年发掘主要收获》（湖南省文物考古研究院官网）

石家河文化出土玉器及基本特征

根据最新的考古发现与研究成果，石家河玉器主要出现于后石家河文化时期[1]，此时期石家河文化面貌发生了某种突变，社会和文化出现了明显的转型，涌现出大量精美玉器。在石家河玉器中倍受关注的是一批小型精致的玉雕件，它们大多数出土于成人瓮棺之中，具有体积小、重量轻、纹饰简洁、做工精细等特点。玉器的种类主要有：①象生类圆雕，以人物与小型动物（虎、蝉、鸟）数量为主；②小型佩饰或挂饰，如玉璜、坠饰等；③礼器，仅见柄形器；④其他类型，包括斧、锛、凿、环、笄、圆形镶嵌件、钻头、玉管等（图一）。

各类型玉器的主要特征如下：

（一）人（神）头像

主要发现于湖北地区的各遗址中，是石家河玉器中最重要的类型。在造型上大致可分出正面像和侧面像两类，人头像基本都具有"头戴冠帽、两翼有上翘的檐角、菱形（或枣形）眼、宽（大头）鼻、耳有孔洞或戴珥、表情庄重"等基本特征[2]，形象较为写实。神人头像通常雕琢"介"字形首，头戴冠，耳垂大环，两耳上方有弯曲的兽角形装饰及齿牙，菱形目、宽鼻梁，鼻尖向外突出，口角两边常出上下獠牙

---

1 湖北省文物考古研究所编：《三苗与南土：湖北省文物考古研究所"十二五"期间重要考古收获》，江汉考古编辑部，2016 年。为叙述方便，本文仍以石家河玉器统称。

2 古方：《中国古玉器图典》，文物出版社，2007 年；方向明：《中国玉器通史·新石器时代南方卷》，海天出版社，2014 年；湖北省文物考古研究所编：《三苗与南土：湖北省文物考古研究所"十二五"期间重要考古收获》，江汉考古编辑部，2016 年。

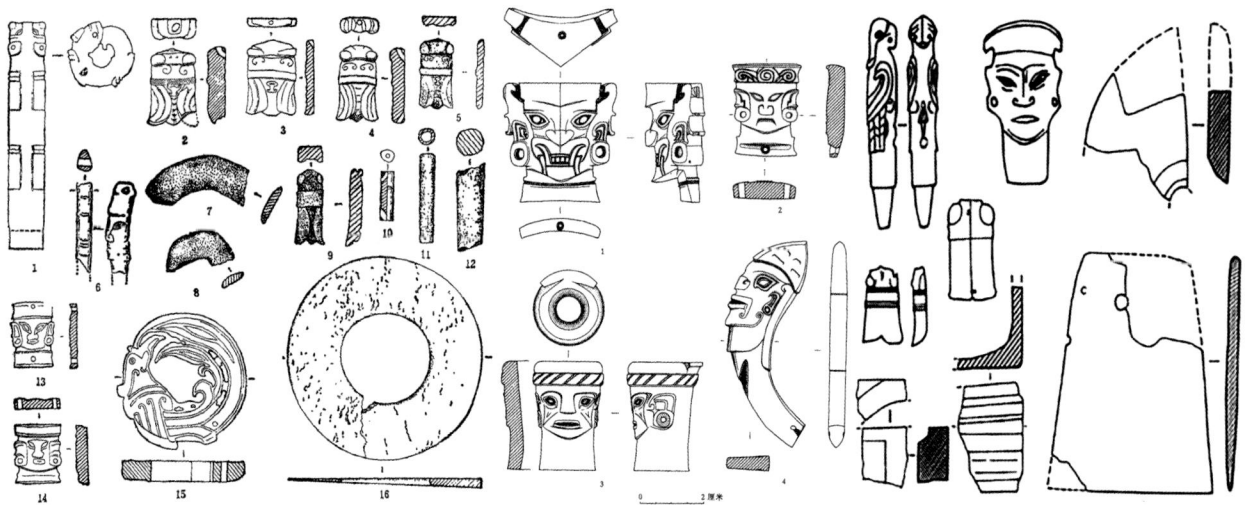

图一　石家河玉器主要类型

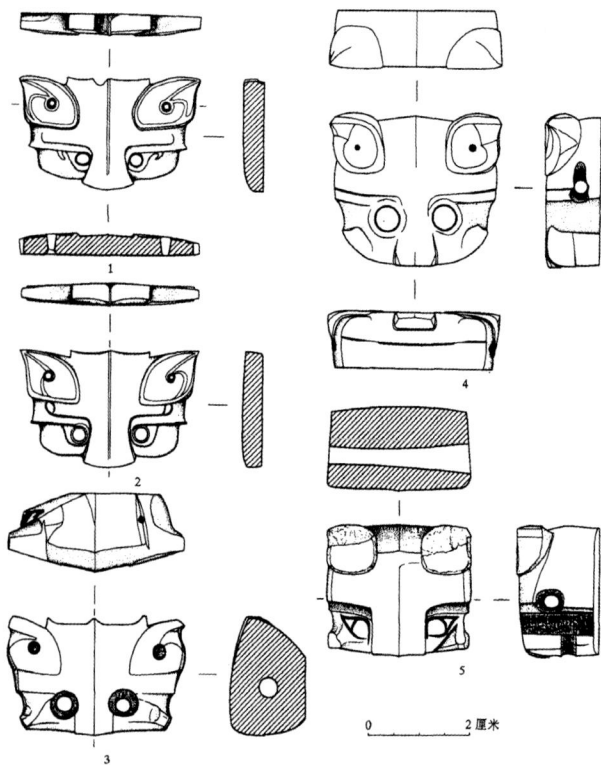

图二　肖家屋脊出土玉虎头像

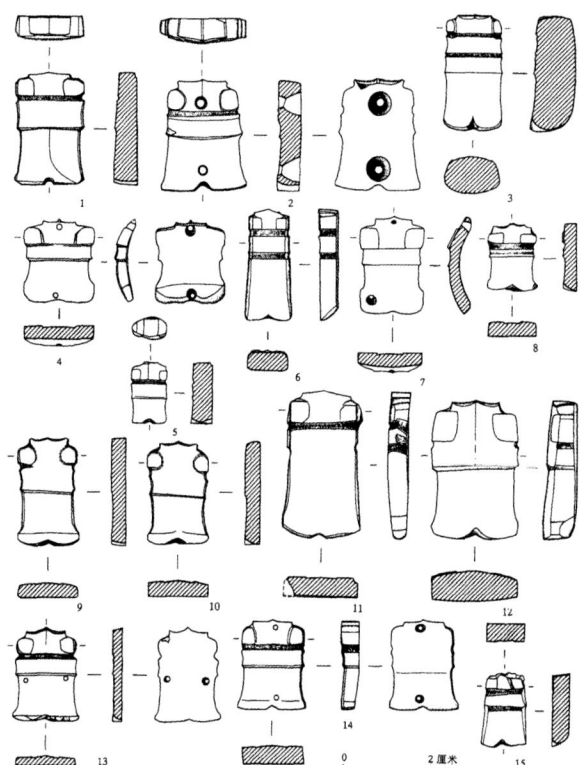

图三　石家河晚期玉蝉

各一对[1]。从出土情况看这些玉质的人头像和神人头像极有可能代表着石家河先民尊奉的神或巫师的形象[2]。

1　张绪球：《长江中游新石器时代玉器》，《东亚玉器·第一册》，香港中文大学中国考古艺术研究中心，1998年；杜金鹏：《石家河文化玉雕神像浅说》，《江汉考古》1993年第3期。

2　湖北省文物考古研究所、北京大学考古文博学院、天门市博物馆：《石家河遗珍：谭家岭出土玉器精粹》，科学出版社，2019年。

（二）动物雕像

石家河文化的动物类玉器多为写实造型，如方头卷耳、生气勃勃的玉虎头，具象写实的玉蝉，展翅飞翔的玉鹰等等，均雕刻得生动逼真，造型惟妙惟肖。

1. 玉虎头

可分为立体和平面两类，体型均较小，通常将耳部、鼻吻、眼睛、嘴部雕琢为浅凹槽的阔嘴样，且头部都有穿孔，或为佩系之用。也有作成管形的虎头像，头像与穿孔呈垂直的圆周视角（图二）[1]。

2. 玉蝉

为石家河文化玉器中最多的一种器类，体型较小，多为扁平。大多数的蝉正面弧凸，背面或平整，常有便于系挂的穿孔，一般其双目、吻凸、翅膀、体节等都有体现（图三），多数玉蝉刻有阴线勾云纹与翅脉纹，极具写实性。[2]

3. 玉鹰

通常为圆雕，作飞翔状。长喙下勾，双目圆睁，胸背宽阔，尾部较圆，额上到后颈雕琢出羽毛。双翅向后斜展，并向上抬举，翅尖突出，呈现出展翅翱翔的形态，自然生动（图四，1）。[3]

玉鹰形笄也是石家河文化的典型玉器，雕琢有简有繁。繁简方式在瓮棺中共存[4]（图四，2）。

4. 玉凤

主要见于罗家柏岭的玉团凤（图五，1）、商代妇好墓出土的石家河玉凤[5]（图五，2），以及孙家岗的透雕（龙）凤（图五，3），罗家柏岭和妇好墓的凤两翼均雕琢有象征羽毛的带钩阳纹和极长的尾羽。孙家岗的凤则以镂空透雕加阴线刻划工艺，在凤头、翅膀、颈下、尾羽下出齿状牙饰[6]。

（三）礼器

仅见柄形器，均都带有不同形状的榫，发掘者认为"似为某种装饰品的复合件"，

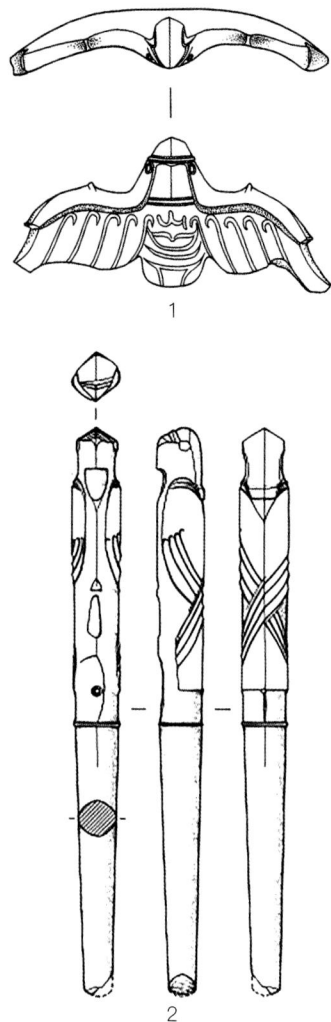

图四　石家河出土玉鹰形器
1. 肖家屋脊遗址出土玉鹰 W6:7
2. 肖家屋脊遗址出土玉鹰形笄

1　荆州博物馆、湖北省文物考古研究所、北京大学考古学系：《肖家屋脊：天门石家河考古发掘报告之一》，文物出版社，1999年，第324页。

2　荆州博物馆、湖北省文物考古研究所、北京大学考古学系：《肖家屋脊：天门石家河考古发掘报告之一》，文物出版社，1999年，第321页。

3　荆州博物馆、湖北省文物考古研究所、北京大学考古学系：《肖家屋脊：天门石家河考古发掘报告之一》，文物出版社，1999年，第328、329页。

4　荆州博物馆、湖北省文物考古研究所、北京大学考古学系：《肖家屋脊：天门石家河考古发掘报告之一》，文物出版社，1999年，第328、329页。

5　妇好墓出土玉凤学界早有共论，其材质、造型、刻纹风格都具有典型的石家河文化玉器特征，应为商代妇好收藏传世之物。杨建芳：《石家河文化玉器及相关问题》，《中国古玉研究论文集》，众志美术出版社，2010年（此文原收录于《中国艺术文物讨论会论文集·器物上》，台北故宫博物院，1992年）。

6　方向明：《中国玉器通史·新石器时代南方卷》，海天出版社，2014年。

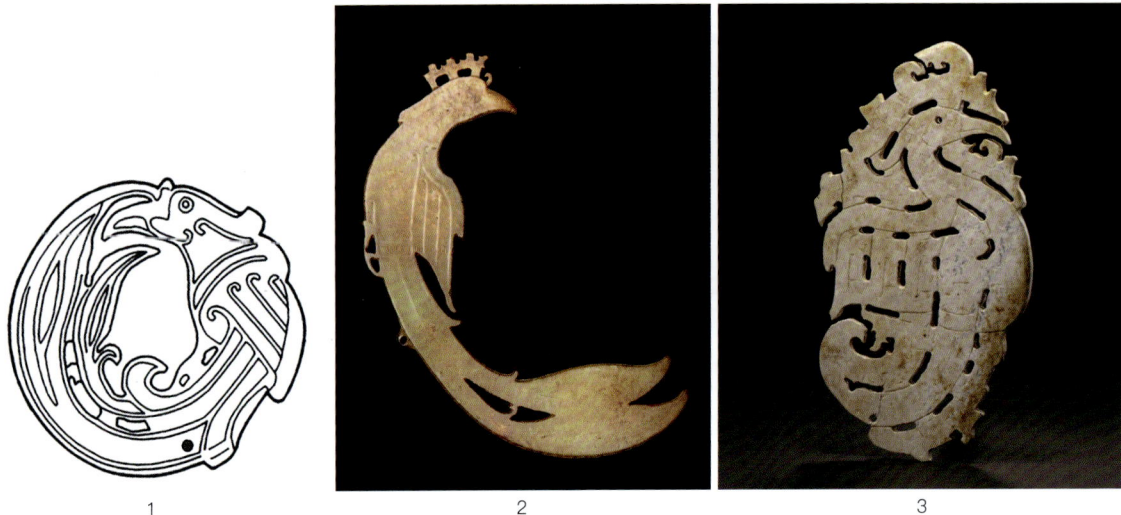

图五　玉凤
1.罗家柏岭出土玉团凤　　2.妇好墓出土玉凤　　3.孙家岗的透雕（龙）凤佩

应非单独使用[1]。

（四）其他类

主要有斧、锛、凿、玉璧、玉管形器、圆形镶嵌件等器物。斧、锛、凿等工具类玉器发现数量较少，目前仅见于湖南的石家河文化遗址中，湖北基本不见。

除历年考古出土的石家河文化玉器外，在故宫博物院、台北故宫博物院、上海博物馆、天津艺术博物馆及欧美一些博物馆和艺术机构中也曾发现一些传世或流散的具有石家河玉器典型特征的器物，其种类仍以神（人）头像、玉虎头、玉兽面像、带高冠神人头像为主体[2]。此外在商周时期中原地区的一些历史文化遗存中也有少量石家河玉器的发现，如 1985 年长安县张家坡西周墓地 M17 号中出土一件"兽面玉饰"[3]，就具有明显的石家河玉雕人像特征；同类型的器物在陕西岐山凤雏村甲组西周宫室（宗庙）基址也出有一件[4]；2005 年山西省羊舌晋侯墓地一座晋侯和夫人合葬墓中出土了一件戴冠祖神头像[5]，其造型也与石家河玉器神人头像基本一致，但该件头像又与陕西两件有所不同，是由"介"字冠和头像两部分组成；此外在河南光山

1　荆州博物馆、湖北省文物考古研究所、北京大学考古学系：《肖家屋脊：天门石家河考古发掘报告之一》，文物出版社，1999 年，第 328、329 页。

2　邓淑苹详细论述了海内外博物馆、艺术机构中收藏的几件与石家河文化玉器相关器物，并对其上的刻纹图案进行了对比与解读。邓淑苹：《再论神祖面纹玉器》，《东亚玉器·第一册》，香港中文大学中国考古艺术研究中心，1998 年；江伊莉、古方：《玉器时代：美国博物馆藏中国早期玉器》，科学出版社，2009 年，第 146～151、153 页；方向明：《中国玉器通史·新石器时代南方卷》，海天出版社，2014 年，第 268～273 页；故宫博物院：《故宫博物院藏文物珍品全集·玉器·上》，香港商务印书馆，1995 年，第 44～46 页。

3　张长寿：《记沣西新发现的兽面玉饰》，《考古》1987 年第 5 期。并收入古方《中国出土玉器全集·陕西》，科学出版社，2005 年，第 28 页。

4　古方：《中国出土玉器全集·陕西》，科学出版社，2005 年，第 27 页。

5　吉琨璋、孙永和、吕小明，等：《山西曲沃羊舌村发掘又一晋侯墓地》，《中国文物报》2006 年 9 月 29 日；方向明：《中国玉器通史·新石器时代南方卷》，海天出版社，2014 年，第 267 页。

县宝相寺黄君孟夫妇墓中也见有石家河玉器的传世遗物出土[1]，可见石家河玉器范围之广，流传时间之久。另外一些历史文化遗存中也见有受到石家河文化造型及艺术风格影响的玉器，如中原地区商代妇好墓中出土的双鹦鹉形玉佩、高冠人形玉佩[2]、江西新干大洋洲商墓中出土的神人兽面形玉佩[3]等，恰如方勤所指："后石家河文化中玉器的精美技术手法，精美绝伦的凤凰、虎、神秘人物图案，以及绘画中体现的'钺'的内涵，是中华文明的文化符号或者文化认知共同体，并被后来的国家时期文明所接受、所传承，这不能不说是长江中游地区对中华文明形成的巨大贡献。"[4]

与长江上游古蜀青铜文明的比较

关于石家河玉器与周边地区新石器时代玉器的关系学界早已有了较多讨论，如杨建芳、邓淑苹、张绪球及林巳奈夫等都曾分别对石家河文化与山东龙山文化、中原龙山文化、良渚文化的关系有所论述[5]。但关于石家河文化的流变及对其他文化的影响的学术讨论则不多。1986年，在四川广汉三星堆遗址中发现两个大型祭祀坑[6]，坑中出土了大量青铜制品、金器、玉器、象牙等珍贵物品[7]。2019年12月在三星堆遗址新一轮的考古发掘中再次发现6个祭祀坑，从各个坑中现已出土近20000余件完整器物[8]。三星堆8个祭祀坑中以造型奇绝、神秘诡异的青铜人像、青铜人头像、青铜立人、青铜人面具、青铜神树、青铜神坛和一些青铜饰件最为瞩目。这批气势磅礴、威严神圣且带有强烈地方特色与浓郁宗教祭祀色彩的青铜器，向世人展示了长江上游青铜文明的灿烂与辉煌，引起中外学者的广泛关注。同时这批器物与过去中原地区青铜文明中以青铜礼器、容器、酒器为主体的组合特征大相径庭。因此关于青铜人像、青铜面具出现的缘由一直众说纷纭，有人认为这些神像、人像、面具是受到了西方人像雕塑风格影响而产生，甚至还曾有过"天外来客"的诸多说法。近年来随着石家河文化的考古新发现，特别是2015年以来以谭家岭遗址、孙家岗遗址为代表的众多像生类玉器的出土，为我们观察三星堆青铜雕像及古蜀青铜文明又带来了新的启示，当我们将古蜀文化三星堆遗址中众多青铜人像制品乃至后续的金沙遗址中一些祭祀重器与长江中游石家河文化玉器、石家河遗址出土陶塑像等作品相比较时，竟然发现两者之间在造型特征、构图方式、崇拜对象、装饰风格等方面

1　方向明：《中国玉器通史·新石器时代南方卷》，海天出版社，2014年。
2　古方：《中国古玉器图典》，文物出版社，2007年，第125、129页。
3　古方：《中国古玉器图典》，文物出版社，2007年，第125页。
4　方勤：《早期石城和文明化进程：石峁遗址国际学术研讨会》论文摘要汇编，2016年。
5　杨建芳：《石家河文化玉器及相关问题》，《中国古玉研究论文集》，众志美术出版社，2010年，第43～53页；张绪球：《长江中游新石器时代玉器》，《东亚玉器·第一册》，香港中文大学中国考古艺术研究中心，1998年；邓淑苹：《再论神祖面纹玉器》，《东亚玉器·第一册》，香港中文大学中国考古艺术研究中心，1998年；林巳奈夫：《关于石家河玉器》，《东亚玉器·第一册》，香港中文大学中国考古艺术研究中心，1998年。
6　也有一些学者将其称为器物坑。
7　四川省文物考古研究所：《三星堆祭祀坑》，文物出版社，1999年。
8　四川省文物考古研究院：《四川广汉三星堆遗址祭祀区》，《文博中国》，2022年2月21日报道。

都有太多相似的文化因子，具体情况如下：

（一）相似的造型特征

1. 三星堆青铜人头像与石家河玉雕人（神）头像的对比

在 1986 年发现三星堆两个祭祀坑中，共发现青铜人头像 58 件[1]，头像按头顶装饰风格及造型特征可分为两类：一类为平顶；一类为辫发。这两类造型特征在石家河玉人（神）头像中均有出现（图六）。观察对比它们之间的共同性主要有：均头戴冠帽（或为辫发）；都有一对立耳，且双耳均有穿孔；都具有菱形或橄榄形大眼；均为蒜头鼻、阔嘴、短颈。不同之处在于石家河玉雕人像平均长度 3.7 ～ 5.7 厘米，体型偏小，在头像反面或侧面多有上下贯通的穿孔，因此有学者推测可能是缝缀在软质皮料或布料上使用，或是便于嵌镶或缚扎，这部分玉器可能被装饰于巫师的冠或法器上[2]。而三星堆青铜人像体量较大，通高 25 ～ 45.6 厘米，且颈部以下常呈三角形（个别平齐者有烧残痕迹），头像内腔均中空，推测可能是要插入一圆柱状物体中，在神庙（宗庙）或室外的祭祀活动中竖立使用。此外石家河玉雕人（神）像的眼睛常作平视状，神情较为亲和，与使用人的观看视角采用平视之态；而三星堆青铜人像几乎都是双眼微闭，眼睑下垂，神态庄严，隐含肃杀之气，头像插入圆柱形物体（木桩）后，与使用人的观看视角则为仰视。

关于石家河这类人像或神像的身份，早有学者提出"这种人面并非某一时期及某一地点个别人物（如首长、巫师）的造型，而是石家河文化居民及其后裔长期信奉的神祇或祖先崇拜偶像"[3]，而三星堆青铜人像全部出自祭祀坑中，是古蜀先民祭祀活动中使用之物，其身份极可能也是代表了其尊崇的神祇形象或是作为祭祀群体的象征物[4]。无疑石家河人（神）头像与三星堆青铜人像均是宗教祭祀活动中的重要物品，两者之间具有极强的文化渊源和相似的宗教观念。

2. 将三星堆青铜面具与石家河玉雕人（神）头像比较，发现两者之间的共同性有：器均呈"U"形内凹；下垂的菱形橄榄眼、蒜头形（或鹰勾形）大鼻子、阔嘴、耳朵外张且穿孔；以宽线辅助五官；均采用平面透雕与浅浮雕相结合的技法表现冠。如肖家屋脊 W6:32 玉神人头像和三星堆青铜人面具器背面均内凹，光素，颈部都有一道细凹槽。不同的是玉神人头像体量较小，从头顶到颈底有一纵向贯通的隧孔，可能是要作为缝缀或嵌镶使用；青铜人面具则体量巨大，其头顶两侧均有切割的长方形穿孔，极可能是要被铆接固定在某种物件的弧形面上使用（图七）。

3. 将三星堆出土铜兽面像（图八，1、2）、新出玉器座上的兽面像（图八，3）

1　一号坑出土铜人头像 14 件，二号坑出土铜人头像 44 件。

2　张绪球：《长江中游新石器时代玉器》，《东亚玉器·第一卷》，香港中文大学中国考古艺术研究中心，1998 年；杜金鹏：《石家河文化玉雕神像浅说》，《江汉考古》1993 年第 3 期。

3　杨建芳：《石家河文化玉器及相关问题》，《中国古玉研究论文集》，台北众志美术出版社，2010 年，第 43 ～ 53 页。

4　参见孙华、苏荣誉：《神秘的王国：对三星堆文明的初步理解和解释》，《三星堆文明丛书》，巴蜀书社，2003 年，第 81 页；段渝：《玉垒浮云变古今：古代的蜀国》，四川人民出版社，2001 年等对三星堆青铜人像性质的讨论。

图六　三星堆青铜人头像与后石家河玉雕人（神）头像的对比
1. 三星堆二号坑铜人头像（K2②：104）　　2. 三星堆二号坑铜人头像（K1：6）　　3. 三星堆二号坑铜人头像（K2②：83）
4. 肖家屋脊 W6：14　　5. 钟祥六合 W18：1　　6. 肖家屋脊 W7：4

与谭家岭出土玉人头像（W9：7）（图八，4）[1]、孙家岗玉神面像（图八，5）[2]及美国赛克勒博物馆藏双面玉雕人面像（图八，6）[3]进行比较，发现它们均采用了平面雕刻的方式，都有羽冠向外上扬并回勾的处理、椭圆（杏）形眼、蒜头鼻、阔嘴等相似的造型特征。不同之处在于石家河玉神人头像、神面像通常有明显的獠牙，而三星堆铜兽面像则无獠牙。

　　4.将三星堆戴冠人像（图九，1、2）与石家河玉高冠人像（图九，3、4）[4]比较，

1　参见湖北省文物考古研究所、北京大学考古文博学院、天门博物馆：《石家河遗珍：谭家岭出土玉器精粹》，科学出版社，2019年。
2　湖南省文物考古研究所：《湖南澧县孙家岗遗址墓地2018年发掘主要收获》，湖南省文物考古研究院官网，http://www.hnkgs.com/show_news.aspx?id=2071。
3　参见江伊莉、古方：《玉器时代：美国博物馆藏中国早期玉器》，科学出版社，2009年，第150、151页。
4　参见江伊莉、古方：《玉器时代：美国博物馆藏中国早期玉器》，科学出版社，2009年，第149页。

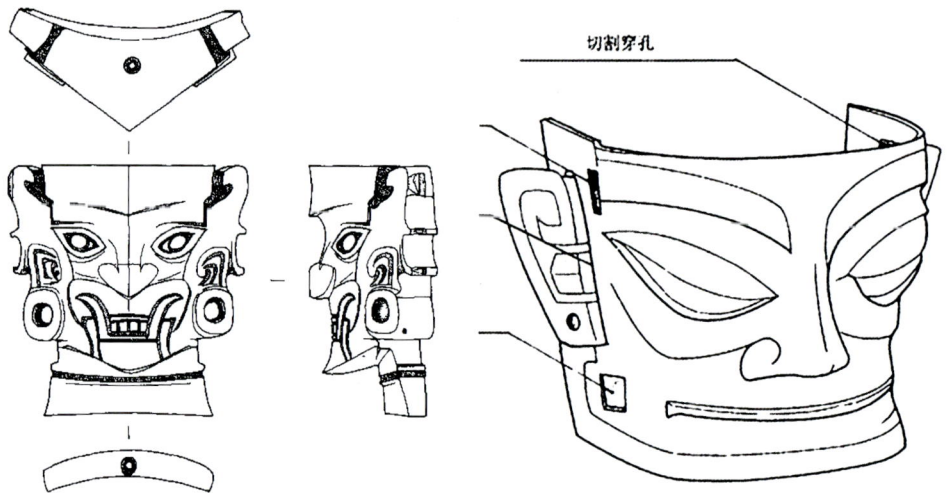

图七　肖家屋脊 W6：32 玉神人头像与三星堆青铜人面具（K2 ②：114）的比较

图八　三星堆铜兽面像与石家河玉神人像对比
1. 三星堆铜兽面像（K2 ③：228）　　2. 三星堆铜兽面像（K2 ③：231）　　　3. 三星堆三号坑新出玉器座上正中刻划兽面像
4. 谭家岭出土玉人头像（W9：7）　　5. 孙家岗玉神面像（M149：1）　　　6. 美国赛克勒博物馆收藏石家河玉神面像

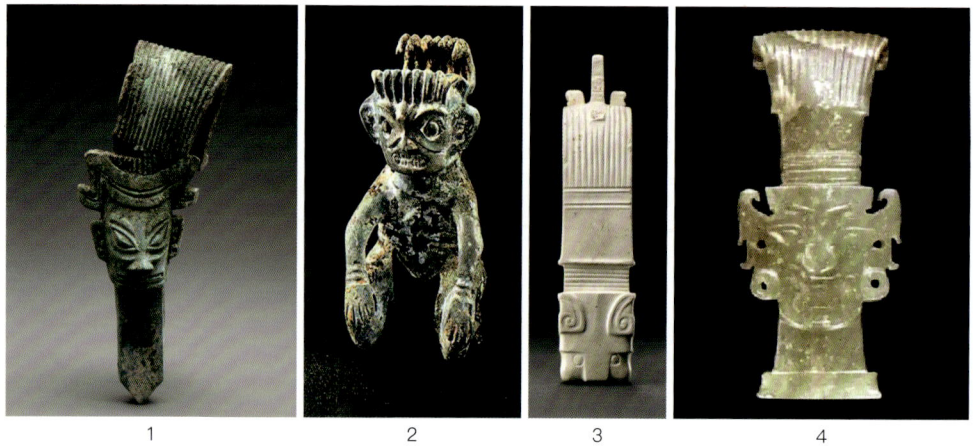

图九　三星堆高冠人像与石家河玉高冠人像的对比
1. 三星堆三号坑新出高冠人头像　　2. 铜跪坐人像（K1：293）　　　3. 石家河谭家岭出土玉冠饰（W9：60）
4. 美国史密森艺术博物馆收藏双面雕人面像

图一〇　三星堆铜人像与石家河陶塑人像对比
1. 三星堆铜跪坐人像（K2③：4）　　2. 三星堆铜立式人像（K2③：292-2）　　3. 三星堆出土陶塑立人像　　4. 石家河文化邓家湾遗址出土陶塑人像

发现两者之间均有高扬的冠饰、大而圆鼓的眼睛、如蒜头般鼻子，不同的只是平面和立面的处理。这种高冠形人物形象以后在商代妇好墓、江西新干大洋洲商墓中也有延续[1]。

　　5. 将三星堆铜跪坐人像、铜立式人像、陶塑立人像（图一〇，1～3）与石家河陶塑人像（图一〇，4）相比较[2]，发现它们都采用了坐姿或立式的姿态，人物造型大多头戴冠帽，立耳，逼真写实。不同之处是三星堆人像表达的主要是祭祀中的状态，人物神情严肃，人物手中持握的多为祭祀用品；石家河陶塑人物表达的通常为生活情景，人物神态活泼，姿态各异，人物手中多持鱼、鸡等家禽。

（二）相似的构图方式

　　在三星堆二号坑中发现的一件人形铜牌饰(图一一，1)和一件铜铃（图一一，2)[3]，其器身上都刻划有繁复的装饰纹样，将其装饰纹样与美国弗利尔美术馆藏石家河神人兽面纹束腰形玉牌饰[4]（图一一，3）、台北故宫清宫旧藏鹰纹圭器身上的纹样[5]（图一一，4）相比较，发现其装饰纹样风格、布局方式也有较多相似之处：器上部均为羽毛状头饰(或为冠饰)、旋目眼、两翼从两侧向外高翘，中间则以弦纹或网格纹间隔。后两者因其雕琢特征与石家河文化出土玉器的相似性被学界普遍共识为石家河玉器

1　古方：《中国古玉器图典》，文物出版社，2007 年，第 125、129 页。
2　参见杨权喜主编：《邓家湾》，文物出版社，2003 年，彩版一五、一六。
3　四川省文物考古研究所：《三星堆祭祀坑》，文物出版社，1999 年。
4　参见江伊莉、古方：《玉器时代：美国博物馆藏中国早期玉器》，科学出版社，2009 年。
5　方向明：《中国玉器通史·新石器时代南方卷》，海天出版社，2014 年。

图一一　装饰纹样对比
1. 三星堆人形铜牌饰局部纹饰（K2③：103-27）　　2. 三星堆铜铃（K2③：103-28）
3. 美国弗利尔美术馆藏神人兽面纹束腰形玉牌饰　　4. 台北故宫清宫旧藏鹰纹圭器身纹样

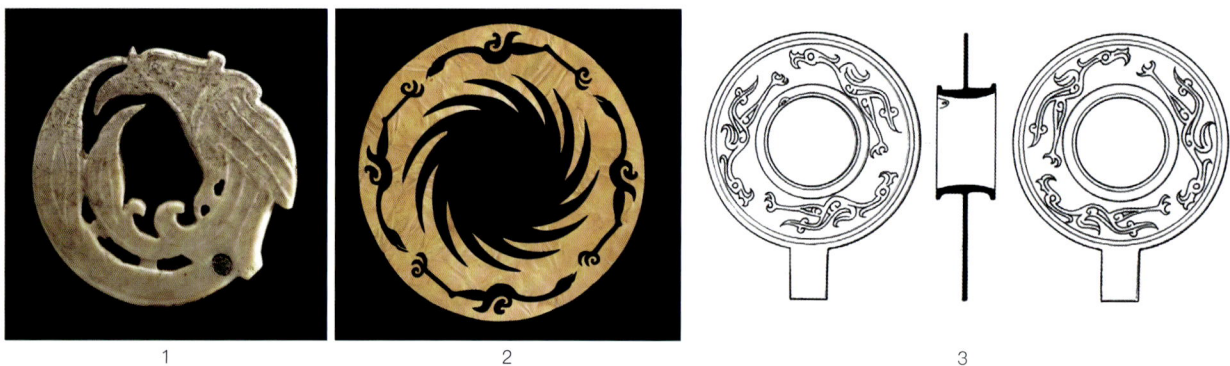

图一二　石家河玉器与金沙出土金器、铜器对比
1. 罗家柏岭 T32③A：99 玉团凤　　2. 金沙遗址出土"太阳神鸟"金箔　　3. 金沙遗址出土"三鸟绕日"铜带柄壁形器

的遗物[1]。

　　此外石家河玉器和古蜀文化三星堆、金沙遗址出土器物在布局、构图、装饰风格上也有一些相似的特征，如两者均流行以侧视半剖的形式表现人物和动物，人物和动物均采用两面对称刻划的装饰风格。还有石家河文化出土的玉凤（图一二，1）常采用围合或半围合的构图方式，在古蜀文化金沙遗址中出土的"太阳神鸟"金箔饰（图一二，2）和"三鸟绕日"铜带柄壁形器（图一二，3）也都采用了围合之态形成绕日图案，神鸟身体也均呈弯曲状，翩翩飞翔，动感十足。

（三）相似的崇拜对象
　　从石家河玉器类型看，石家河玉器除表现出人神崇拜的信仰体系外，还出现了

1　见江伊莉、古方《玉器时代：美国博物馆藏中国早期玉器》，科学出版社，2009 年，第 148 页；方向明：《中国玉器通史·新石器时代南方卷》，海天出版社，2014 年；故宫博物院：《故宫博物院藏文物珍品全集·玉器上》，香港商务印书馆，1995 年；邓淑苹：《新石器时代神祖面纹研究》，《玉魂国魄：中国古代玉器与传统文化学术讨论会文集·五》，浙江古籍出版社，2012 年，第 230～274 页。

较多的动物崇拜，主要有虎、蝉、蛙、牛、猪等，古蜀文化中除继承石家河人像、神像崇拜之风尚，在祭祀用品中亦有较多的虎、蝉、蛙、牛、猪等动物类艺术作品。二者都有明显的崇虎习俗，且在虎的造型上都以侧视构图为主，虎均作爬行状，虎嘴圆张、虎尾上翘（图一三）。在《后汉书·南蛮西南夷列传》中引《世本》记："巴郡南郡蛮，本有五姓：巴氏、樊氏、曋氏、相氏、郑氏……巴氏子务相……是为廪君……廪君死，魂魄世为白虎。巴氏以虎饮人血，遂以人祠焉。"因此过去研究巴蜀历史的学者们常把虎与巴人联系起来，认为虎可能是巴人的图腾。但从石家河文化出土众多玉虎情况看，长江中游的远古先民自古以来对虎就有着深厚的崇拜之心，崇虎的习俗亦一直延续到长江上游的古蜀文化。

玉蝉在石家河玉器中常见，多为扁平形，有的造型抽象，有的写实，但通常表现出了蝉头、双目、吻凸、双翅、体节等[1]（图一四，1）。在古蜀文化中，蝉的影子亦常出现，我们发现在三星堆出土青铜容器尊、罍（图一四，2、3），以及金沙遗址出土的几件玉器、铜器、金器上都常出现与"蝉神"或"蝉虫"相关的图像（图一四，4～6），这一形象或以金属材质单独出现，或刻划于通神、礼神的玉礼器上，且总是居于器物的显要位置；它或镂雕、或线刻、或彩绘，显然对古蜀人来说有着明确的表征意义与特殊的指向性，应是古蜀文化中一个极其重要的符号。这个图像在后来的商周铜器上演变为蝉纹或心形纹，也有学者称为蝉背纹[2]。这个图像与大溪的玉人面佩（图一四，7）、石家河玉蝉之间似乎也存在着某种联系，因此我们认为这一图像或许昭示着长江流域一个族群的历史记忆，或是部落群体重要的代表性图腾符号，它在长江上中游地区应具有独特的精神价值与宗教涵义[3]。

玉牛的形象在石家河文化中多见，古蜀文化三星堆和金沙遗址中也发现了一些铜牛首饰件，体现出两地先民都有崇拜牛的习俗。此外在三星堆、金沙遗址中还发现许多鸟、龟、蛙、猪、鸡、蛇、龙等动物性雕塑，也体现出对石家河文化中灵物崇拜思想和圆雕工艺技术的继承。除此之外，我们发现在一些石家河人（神）头像顶部还有中空的迹象，表明其可能还需与其他器物套装使用，如肖家屋脊 W6∶32 玉神人头像顶部就有一圆孔（图一五，1），其上可能还另有一个物件（如"介"字形冠）与之组合。这种复合装饰技艺在美国赛克勒博物馆收藏的石家河双面雕人面玉牌饰顶部有所体现，该器也是由上部兽面与下部兽头像共同组合的形式（图一五，2）[4]。而在三星堆遗址（图一五，3）、金沙遗址出土的青铜人像（图一五，4）及木雕神人头像（图一五，5）中我们也发现有头顶中空的处理方式，因此推测或许其上部也

---

1 参见湖北省文物考古研究所、北京大学考古文博学院、天门市博物馆：《石家河遗珍：谭家岭出土玉器精粹》，科学出版社，2019 年；王仁湘：《解码金沙蝉玉"基因"》，器晤公众号，2017 年 12 月 10 日。

2 王仁湘：《古蜀蝉崇拜及其渊源：从金沙遗址出土昆虫纹玉牌饰说起》，《夏商时期玉文化国际学术研讨会论文集》，科学出版社，2018 年。

3 王方：《玉汇金沙：试析古蜀玉器中的多元文化因素》，《夏商时期玉文化国际学术研讨会论文集》，科学出版社，2018 年。

4 江伊莉、古方：《玉器时代：美国博物馆藏中国早期玉器》，科学出版社，2009 年，第 148 页。

图一三　石家河玉虎与三星堆、金沙出土铜虎对比
1. 石家河遗址玉虎　　2. 三星堆遗址铜虎　　3. 金沙遗址铜虎

图一四　蝉纹对比
1. 石家河玉蝉　2. 三星堆一号坑出土龙虎尊腹部纹饰　3. 三星堆出土琥珀坠饰　4. 金沙出土变形昆虫纹玉牌饰其中心图案为一蝉
5. 金沙出土铜人面形器　6. 金沙出土金人面形器　7. 大溪遗址出土玉人面佩

可能还会与其他部件组合使用。

　　另外在装饰技巧方面，石家河玉器所使用的圆雕、片雕、阴线刻纹、减地阳纹、浅浮雕、透雕、镂空等琢玉技术，在古蜀文化的铜器、玉器乃至金器的制作中也被继承、融合并继续发展。如金沙出土的变形昆虫纹玉牌饰，玉料虽具有典型金沙时期玉材的特质，但器上纹饰则以娴熟的减地阳纹制作而成，这个工艺与石家河的阳纹雕刻技艺如出一辙，显然可能是受了石家河玉器工艺传统的影响。在古蜀文化时期，无论是三星堆数量众多、造型奇绝、体量巨大的青铜人物或动物雕像，还是造型各异的陶塑动植物造型，以及发展至金沙时期雕刻精美、技艺成熟的石刻圆雕作品[1]，都表现出其时圆雕技艺的活跃，这其中的一些神髓筋骨不仅让我们窥见长江中

1　王方：《对成都金沙遗址出土石雕作品的几点认识》，《考古与文物》2004 年第 3 期。

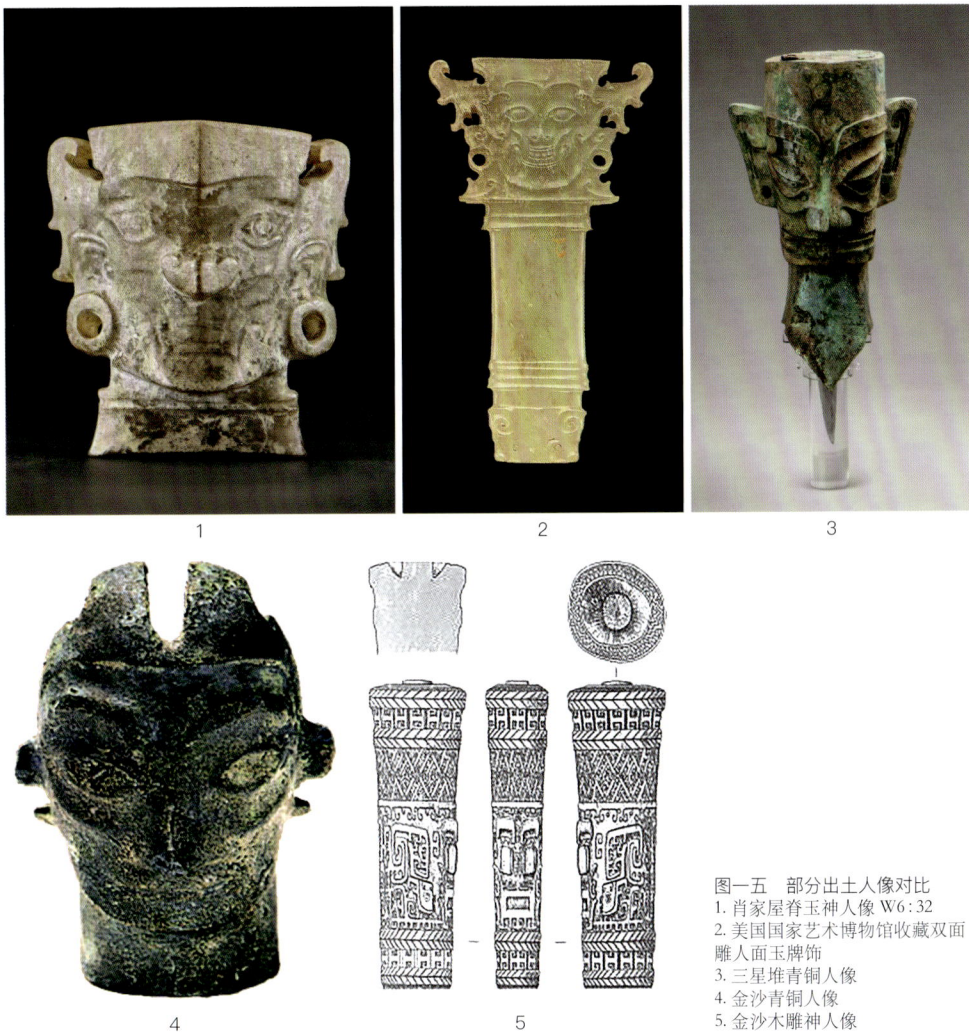

图一五　部分出土人像对比
1. 肖家屋脊玉神人像 W6∶32
2. 美国国家艺术博物馆收藏双面雕人面玉牌饰
3. 三星堆青铜人像
4. 金沙青铜人像
5. 金沙木雕神人像

游石家河文化的影子，还仿佛看到来自大溪文化的一些时代印记。比如三星堆出土的大量小型陶塑作品就体现出与大溪动物类立体雕塑品[1]、石家河小型陶塑品的一脉相承；青铜人像造型与石家河玉神人头像表现出的相似性；三星堆"祭祀"坑中那硕大无比的铜轮形器与巫山大溪文化中玉轮形器之间具有的某种相似性，以及在金沙时期大量出现的石跪坐人像与大溪文化出土玉人形器、石家河邓家湾出土陶人、秭归柳林溪玉石跪坐人像也都具有某些相似性[2]，这些物品与同时期黄河流域的文化面貌迥异，但却体现出长江流域早期文化之间在精神信仰与工艺传统上相承相续的渊源关系。

1　王方：《玉汇金沙：试析古蜀玉器中的多元文化因素》，《夏商时期玉文化国际学术研讨会论文集》，科学出版社，2018年。

2　王方：《玉汇金沙：试析古蜀玉器中的多元文化因素》，《夏商时期玉文化国际学术研讨会论文集》，科学出版社，2018年。

几点认识与思考

第一，石家河文化玉器具有较强的地域特色，特别是一系列圆雕作品具有独特的艺术风格，代表了长江中游地区这一时期玉文化的最高成就。这些玉器不仅在商周时期中原地区的玉文化中有所继承，同时更对长江上游先秦时期青铜文化的发展产生了深远的影响。

第二，长江上游古蜀青铜文明除在工艺传统上受到石家河玉器影响外，在祭祀信仰和宗教观念上也受到石家河玉文化的一定影响：与石家河祭祀内容相似，古蜀文化的祭祀活动对象仍以人像崇拜、神像崇拜为主；石家河文化时期的动物崇拜，如虎、鸟、蝉等崇拜，在古蜀文化中从三星堆到金沙始终都有明显体现；只是在三星堆和金沙的祭祀用品中，玉器种类已几乎不见人物形、动物形的象生类作品[1]，但却大量出现与石家河玉器造型相似的青铜象生制品，以及陶雕、石雕作品，甚至还有黄金制品，表明此时期物质和观念的载体可能已从玉器转化成为青铜及其他材质的物品。

第三，在造型艺术上，古蜀青铜文化以人神（巫师）像为主，从构图、结构、五官、表现手段上都体现出与石家河玉雕人像之间极其相似的文化母题元素。三星堆青铜人头像、青铜面具像应是在历史文化的传承中，对石家河玉雕人（神）像的一种发展与演变；在工艺技术上，以玉人头像、玉神人头像、玉鹰、玉虎头、玉蝉为代表的石家河玉器，利用圆雕、透雕、减地阳刻、浅浮雕线刻等技法加工而成，而这些技艺传统在古蜀文化的青铜铸造、玉器雕琢中都一直被传承并加以融合运用。

第四，长江上游青铜文明从造型意趣及表现手法等方面都体现出与长江流域早期文化的思想艺术大传统的相似性与继承性，即长江流域从高庙文化陶器上"咧嘴獠牙"纹肇始，再到河姆渡文化、良渚文化、大溪文化、石家河文化，再绵延至古蜀文化，其极其深厚的"神鬼信仰"[2]或"神祖信仰"[3]的文化系统一直在长江流域传承。

第五，《左传》载："神不歆非类，民不祀非族。"石家河玉器特征与古蜀文化庞大的青铜、玉器礼器群体，在观念—艺术—技术等诸方面都具有较多相似的文化因素，可以说古蜀青铜文明在许多方面都打上了石家河玉文化的烙印，这极可能是在长期的社会发展进程中，长江流域上中下游之间存在深层的族群渊源与多层次的文化互动关系而形成。

附记：本文系"2016 中国石家河文化玉器主题研讨会"上发言内容，此次发表时重做修改。

1　三星堆、金沙玉器种类主要以几何性、仪仗类器物为主体，如璋、戈、璧、琮、斧、锛、凿等器类。

2　徐良高：《中国三代时期的文化大传统与小传统：以神人像类文物所反映的长江流域早期宗教信仰为例》，《考古》，2014 年第 9 期。

3　邓淑苹：《万邦玉帛：夏王朝的文化底蕴》，《夏商都邑与文化·二：纪念二里头遗址发现 55 周年学术研讨会论文集》，中国社会科学出版社，2014 年。

石家河遗址出土玉器谜团的探析

方勤（湖北省文物考古研究院）

 石家河遗址出土的玉器，以其精美绝伦的造型、鬼斧神工的工艺让人惊叹，是玉器文化的巅峰之作，以至于著名玉文化学者邓聪先生称赞其是同时期中国乃至东亚治玉技术的最高水平。但是一直以来有一种观点认为，石家河遗址在后石家河文化（亦称肖家屋脊文化）时期开始走向衰落，如是，就有点让人迷惑不解，一方面是该时期玉器高度发达，影响到湖南孙家岗、七星墩，交流到陕西石峁、山西陶寺，一方面是该遗址又衰落了，这之间的矛盾怎么解释？为此，探讨玉器时代的石家河遗址到底是繁荣还是衰落十分必要。

 石家河遗址位于湖北省天门市石家河镇，地处大洪山南麓、江汉平原北部，是长江中游地区发现的沿用年代最长、面积最大、等级最高、附属聚落最多的新石器时代聚落遗址。其文化面貌历经油子岭文化、屈家岭文化、石家河文化、肖家屋脊文化（后石家河文化），主体年代距今约 5900～3700 年[1]。石家河周边呈半月形分布有 17 个城址，包括大悟土城、安陆王古溜、孝感叶家庙、黄陂张西湾、应城门板湾、应城陶家湖、天门笑城、天门龙嘴、荆门城河、荆门马家垸等，这些城址大一点的达 70 万平方米，小一点有几万平方米至 20 多万平方米不等。2022～2023 年，为配合"中华文明探源研究"之"长江流域文明进程研究"和"考古中国"之"长江中游文明进程"项目，湖北省文物考古研究院联合北京大学考古文博学院、天门市博物馆发掘了张家湾、谭家岭、三房湾等遗址，发掘面积 1300 平方米，同时对石家河古城进行了全面的调查、勘探和局部试掘，取得了阶段性的成果，表明石家河古城由内城、城壕（护城河）、外郭城，以及水利系统构成；内城面积 177.5 万平方米，加上城壕内面积 224.8 万平方米，加上外郭城共 348.5 万平方米，是长江中游同期最大的城址。确认的北城墙由严家山—黄家山—京山坡构成；东城墙由毛家岭—台上—黄金岭—杨家湾构成；南城墙由杨家湾—三房湾构成；西城墙由严家山—西城墙构成，城墙除了东北进水的水门（毛家岭与京山坡之间）和东南出水的水门（杨家湾与三房湾之间），形成了一个完整的闭合。石家河古城的水利系统主要包括三条从城北部进入城壕（护城河）和城内的水系、水门、拦水坝、小型水库、东河引水工程等。西部水系在扁担山与鲁台寺之间注入北城壕；中部水系流经鲁台

---
1 方勤、向其芳：《石家河遗址：持续见证长江中游文明进程》，《人民日报》（文化遗产版），2020 年 10 月 31 日。

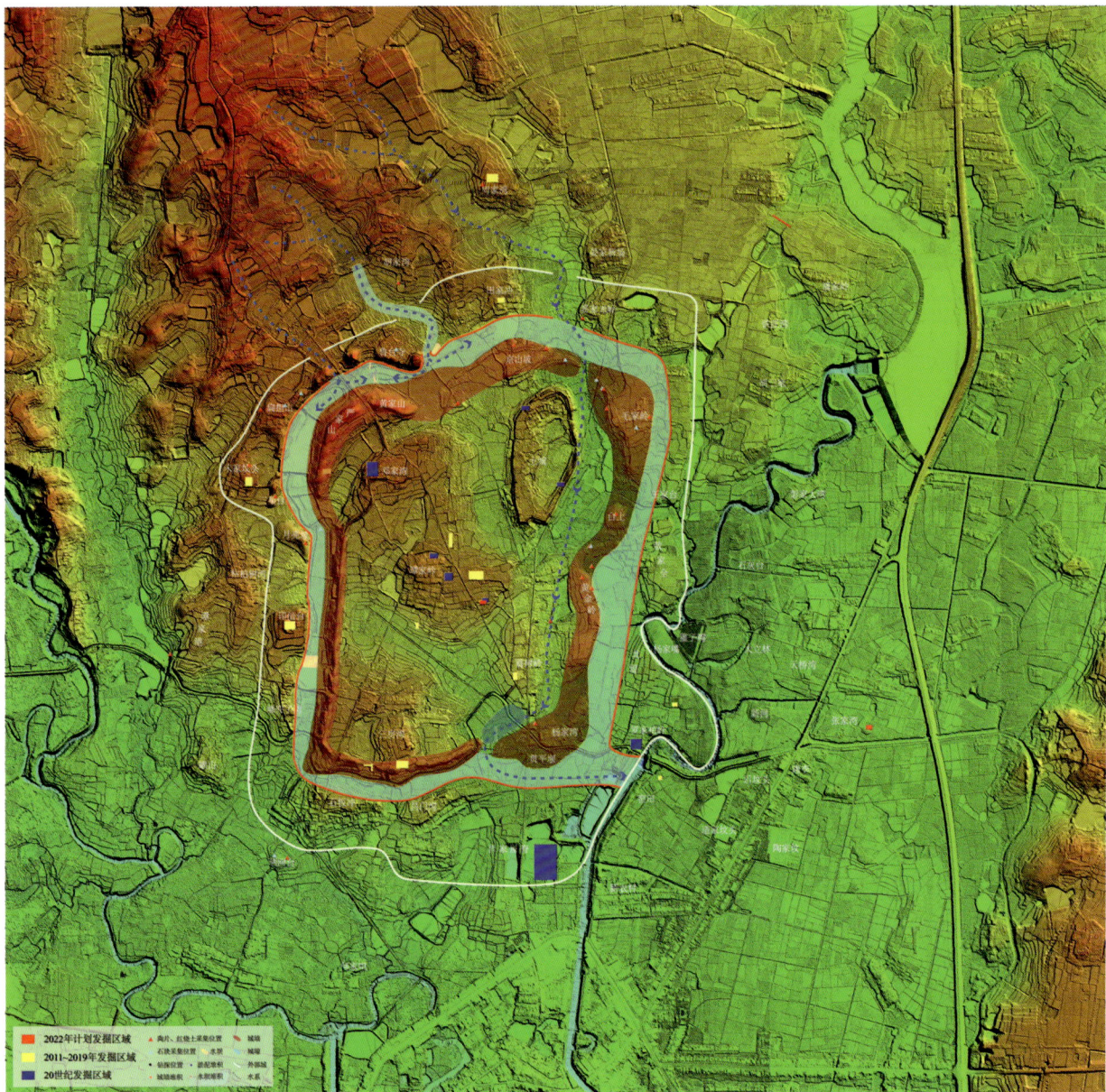

石家河古城布局图

寺与胡家湾之间并在鲁台寺东部注入北城壕，入水口宽约 73 米；东部水系在田家冲与晏家光岭之间注入北城壕，并在毛家岭与京山坡之间的东北水门进入城内，流经土城与毛家岭之间、蓄树岭与黄金岭之间，然后通过杨家湾与三房湾之间的东南水门注入南城壕并最终流向东河。此外，我们不仅在东南水门附近发现了可以蓄水抗旱的小型水库，而且还在北城壕和西城壕发现了拦水坝 [1]。石家河古人兴建的大型水利系统，不仅可以有效地应对洪涝灾害，还可以蓄水抗旱、灌溉农田，极大地保证了古城人群的生产和生活。

1　湖北省文物考古研究院、北京大学考古文博学院、天门市博物馆：《天门石家河城址及水利系统的考古收获》，《江汉考古》2023 年第 1 期。

石家河玉文化特展

张家湾遗址为一处后石家河文化时期的遗址，共发现灰坑、灰沟、柱洞等遗迹，出土陶器、石器等遗物。后石家河文化时期石家河古城仍然沿用了较长一个时间段，不仅在古城内严家山遗址点、三房湾遗址点、谭家岭遗址点发现了后石家河文化时期的房址、灰坑和瓮棺葬，而且还进一步扩展到古城东南部的低洼地带之张家湾遗址。此外，在干涸的西护城河内解剖的探沟揭示，有稳定的后石家河文化时期的沉积层，说明石家河大城在肖家屋脊时期仍然在使用[1]。

石家河遗址前后时间跨度长达 2200 多年，可以分成三个文化期，第一个时期是油子岭文化，这时期的代表是谭家岭城，第二个时期是屈家岭文化、石家河文化期，这时期的代表是邓家湾遗址、石家河城，大城建于屈家岭晚期，距今约 5000年，第三个时期是后石家河文化，也是玉器繁荣时期，石家河城仍在使用，并扩展到东河以东的张家湾遗址，说明此时石家河遗址并没有衰弱。衰落之前的距今4100～3700 年间，后石家河文化时期的繁荣甚至扩张，造就了石家河玉文化的辉煌。石家河出土的多数玉器，表面都有精美的线刻、勾连图案，有复杂的透雕和细如针尖的钻孔，并普遍使用了减地阳刻工艺、浅浮雕工艺等，类型丰富，形态优美。

石家河的玉器主要出自瓮棺，令人称奇。在这之前的石家河并没有瓮棺葬的做法，这种做法应该是北方的风俗，如河南洛阳王湾遗址、河南禹州瓦店遗址等地曾有出现。石家河以前曾经有过的瓮棺葬，一般是用来埋葬孩童的，但石家河出土玉器所在的瓮棺却是用来葬成人的。与玉器同时期的后石家河文化时期，从陶器可见石家河文化面貌发生了较大变化，出现了此前并不见的高柄豆、浅盘肥圈足盘、小口广肩瓮组合，而这些却见于王湾三期文化，因此，当是中原文化强植于石家河地区。石家河大城很可能是先民所称的"三苗国"都城[2]。曾经有很多先生提到"禹伐三苗"之事，他们继而指出，既然大禹攻伐三苗，发生战争了为什么玉器还可以这么发达呢？其实文献记载的"禹伐三苗"，有一种观点是大禹不是靠战争而是最终靠德政降伏了三苗。我们在石家河遗址考古现场的观察也证明了这个判断，在山西清凉寺遗址考古人员观察到了史前战争暴力的存在，但是在石家河遗址非但没有观察到这类暴力或战争遗存，反而是一片祥和景象。说明文献中记录的"禹征三苗"不是大禹大军南下，而是以德服人。当时中原文化与江汉地区三苗的友好融合，使石家河地区得到更好发展、甚至扩张，从而产生了如此发达的文化和玉器，影响范围到湖南七星墩、孙家岗地区，并与陕西石峁、山西陶寺地区有广泛交流。

石家河玉器的产地也是学者关心的问题。石家河的玉器不是本地产的，也不是来自河南的独山玉，应是来自新疆、甘肃等地区。为此，许多学者推测玉器可能不是本地制作的，是在别的文化制作，交流到石家河的。但考古发掘在一个瓮棺里面发现了玉器的废料和一个石英钻头，出土的玉器废料和加工用的工具钻头，说明了石

1　湖北省文物考古研究院、北京大学考古文博学院、天门市博物馆：《天门石家河城址及水利系统的考古收获》，《江汉考古》2023 年第 1 期。

2　严文明：《邓家湾》，文物出版社，2003 年，序言。

家河的玉器确实是在本地生产的。如果史前时代人们是把成品从外地带来石家河，那么就不会在瓮棺中出现废料和工具。加工玉器的玉料则肯定是来自外地的，经检测玉料来自西部地区，诸如甘肃、新疆等地，玉料的质地非常好，我们本地没有这样高品质的玉料出产。

石家河的玉器非常精美，超乎想象。如出土玉鹰的嘴是活动的，嘴部玉器硬度大，可以塞进硬度稍小的鹰嘴之中，表现了设计者的匠心独运。罗家柏岭出土、现在收藏在中国国家博物馆的玉团凤，有"中华第一凤"之誉，工艺娴熟、造型成熟。这些玉器在4000年前无论是在构思上还是线条的运用上都达到了我们无法想象的高度，因此当时的学者认为是西周时期的作品。还有C形的玉龙，比较接近红山文化，这也体现了我国古代先民文化交流传承。湖南澧县孙家岗出土了一件后石家河文化的凤冠，它出于土坑墓之中，跟石家河的瓮棺葬又有所不同。这两种不同的葬式，是否代表着不同的族属，背后的文化差异值得进一步探究。

石家河出土的玉人分两个体系：有獠牙等特征；没有獠牙，与正常人一致。前一类的眼睛很凸出、有獠牙的，是石家河先民关于神的造型，表达先民想象中的神的形象：如有千里眼的能力，先民认为要表现眼睛能看得到千里之远就在造型上把眼睛突兀出来；獠牙造型的出现是基于同样的道理，古代先民观察到老虎等猛兽都是有獠牙的，因此会对獠牙的强大产生一种敬畏，那么在制造玉人的时候就会把獠牙的造型也放上去，将玉人神格化，让它拥有獠牙一般的强大力量。三星堆人造出的凸眼的神，其逻辑思维与石家河先民一样，后石家河文化的玉人出现在4000年前，比三星堆要早六七百年，当是石家河影响三星堆，因而三星堆人不是外星人，出现的奇特人物是受到后石家河文化传承影响的中国神的造型。三星堆遗存是神庙属性的，出土的器物造型并不是人本身的直接写照，其逻辑跟现在寺庙见到的千手观音造像是一样的，现实生活中没有一千只手的人存在，造像表达的是观音法力无边的愿望。基于这样的逻辑，三星堆先民把眼睛、耳朵的造型做了更夸张化的处理，更凸出的眼睛作为千里眼的象征，更夸张的耳朵作为顺风耳的代表。石家河的玉人像，它的冠两侧有一对鸟的形象，长江流域的先民观察鸟可以飞上天的特性，赋予其沟通天地的神秘内涵，类似王朝时代的君权神授的理念。孙家岗出土的神人像玉器，基本造型与石家河地区的几乎一样，有冠和一对鸟，但它的造型更加夸张，眼睛更加凸显，獠牙更加明显，其年代大致已经进入夏的纪年范畴，神化特色更鲜明。

除这类夸张神造型的玉人像外，石家河出土的玉人还有一类造型跟普通人比较接近。罗家柏岭出土的石家河玉人，跟普通人类似，其形象比较严肃，推测是一个地位重要的王或者一个军事首领的形象，当是做出了杰出贡献，先民为了纪念并希望能够继续保佑他们，制作了这个人像。后石家河文化的玉人大致可以分成两类，一种就是夸张化神的造型，还有一种普通人的造型，是对英雄或首领的纪念。这说明后石家河文化已经慢慢形成了两个并存体系，一个是神庙中祭祀神灵之用，一个是纪念先民敬畏的首领之用。三星堆也有类似人的造型，当存在着神、人两个体系。

石家河的罗家柏岭出土了玉璧和玉琮，造型简洁化。良渚玉器距今约5000年，而后石家河文化中玉距今约4000年。良渚文化传播过程中存在逐渐减弱的情况，但是良渚文化对后石家河文化是有影响的，或者说是有关联的，存在交流现象。一个现象值得关注——石家河出土了十余件玉璧，都出土于罗家柏岭，而瓮棺中几乎不见。玉璧是具有祭天等功能的礼器，罗家柏岭是具有祭天功能的大型祭祀场所，比较吻合。具有祭天功能的礼器不见于瓮棺之中，反证瓮棺的主人确实属于巫师等特殊阶层。石家河出土的玉器都是比较小的，原料来自遥远的西部，相对珍贵，因而多加工成小件；另外，多数玉器穿孔充当坠件或者挂件，彰显佩戴人的身份地位，其中可能就包含巫师等特殊阶层。

到距今3700年以后，石家河遗址衰落甚至消亡了。值得注意的是，此时进入二里头文化强势扩张时期，二里头的代表性礼器牙璋，不见于石家河遗址，却出现在荆州市汪家屋场遗址，是否意味石家河地区的人群迁移至距水源更近的长江边？可能是自然环境的变化，包括水系统的变化和交通网络的变化，二里头夏王朝崛起带来的政权新格局，造成了石家河城址的衰落。牙璋是二里头文化的标志性礼器，它出土在汪家屋场，说明江汉地区同样受到了二里头文化的强力影响。

值得注意的是，石家河遗址出土的玉器在国内其他地区也有发现，如陕西榆林石峁出土的玉虎、玉鹰，山西襄汾陶寺遗址出土的玉神面，山东临朐西朱封遗址出土的牌饰，这表明这些地区先民之间存在广泛文化交流。石家河玉器表现出极强的艺术性，同样体现石家河艺术特色的，还有出土数以万计的陶塑，包括陶塑人偶、陶塑动物等。这些陶塑造型生动活泼，堪称美术作品。这些陶塑跟玉器大致同期，共同构建了石家河文化发达的艺术。而近期的考古发掘也表明，后石家河时期或者说肖家屋脊时期的玉器时代，石家河大城仍旧在使用，而且还在扩张，势力跨过东河到达张家湾遗址，这与同期发达的石家河玉器相匹配。

后　记

　　拂去尘埃，石家河古城再现昔日辉煌，大型城址、罕见的祭祀遗存、神秘精美的玉器……一次次发现震撼世人。石家河遗址作为长江中游新石器时代晚期区域文明中心，在两湖地区早期社会演进中占据核心地位，是研究长江中游乃至整个早期中华文明进程的关键。文明的高度繁荣，孕育出耀眼的石家河玉文化。玉，既是精神信仰的寄托，又是手工业技术、审美意识和时代精神的集中彰显，始终与中华文明的发展主线紧密相扣。石家河玉文化正是大众认识石家河遗址、了解新石器时代晚期至夏商这一中华文明形成关键期的最佳切入口。

　　本次展览联合全国 12 个省、直辖市的 22 家文博机构共同举办，展品来自中国国家博物馆、天津博物馆、山西博物院、山西省考古研究院、浙江省文物考古研究所、良渚博物院（良渚研究院）、安徽省文物考古研究所、含山博物馆、江西省博物馆、山东博物馆、山东大学博物馆、河南博物院、成都金沙遗址博物馆、四川广汉三星堆博物馆、陕西历史博物馆、陕西省考古研究院（陕西考古博物馆）、湖北省博物馆、湖北省文物考古研究院、荆州博物馆、天门市博物馆、湖南省文物考古研究院等文博机构，展览的圆满举办和图录的顺利出版，均离不开这些单位的鼎力支持和倾情帮助，在此表示由衷的感谢。特别感谢中国社会科学院学部委员、中华文明探源工程首席专家王巍先生，湖北大学历史文化学院孟华平教授为本书作序；感谢湖北省文物考古研究院方勤院长、成都金沙遗址博物馆王方馆长为本书撰写研究文章，极大地提升了图录的学术水平。还要感谢各参展单位负责馆际沟通、借展及提供文物资料的同仁。感谢文物摄影师任超、科学出版社编辑郑佐一和其他相关工作人员，他们的辛勤工作保障了图录顺利面世。最后要诚挚感谢在本次展览和图录出版中全情付出的全体同事。

　　受编者水平的限制，图录难免存在疏漏和不足，敬邀专家和读者指正。

编　者